BERGH

Im vorliegenden fünften Band der Reihe YEHUDI
MENUHINS MUSIKFÜHRER gibt der international bekannte englische Schlagzeuger James Holland eine
fachkundige Darstellung der Geschichte des Schlagzeugs und der Konstruktion der verschiedenartigen
Instrumente. Seine Erläuterungen zur Aufführungspra-
xis und zur Stellung des Schlagzeugs im Orchester, in
der Kammermusik und als Soloinstrument bieten eine
umfassende Information über diese variationsreiche
Instrumentengruppe. Daneben setzt sich der Autor
auch mit den Problemen der Interpretation auseinander und scheut sich nicht, Kritik an Komponisten, Dirigenten und Musikverlagen zu üben.

James Holland
DAS SCHLAG~ ZEUG

Yehudi Menuhins Musikführer

Edition Sven Erik Bergh

Originaltitel: PERCUSSION
Copyright © 1978, 1983 by James Holland

Aus dem Englischen
von Karl-Albrecht Herrmann

Fachliche Beratung:
Jeff Beer und Karl Setzer

Lektorat: Liselotte Weiss
und Michael Quinn

Edition Sven Erik Bergh in der Europabuch AG
© 1983 by Europabuch AG, Erlenweg 6, CH-6314 Unterägeri (Zug)
Alle Rechte der Verbreitung, auch durch Film, Funk, Fernsehen,
fotomechanische Wiedergabe, auszugsweisen Nachdruck und
Tonträger jeder Art, sind vorbehalten.
Schutzumschlag: Volkmar Börner
Schrift: 11 Punkt Times Digiset
Gesamtherstellung: Mohndruck Graphische Betriebe GmbH, Gütersloh
ISBN 3-7163-0136-1

Inhalt

Vorwort von Pierre Boulez

In den letzten dreißig Jahren hat sich die Rolle des Schlagzeugs im Orchester – wie auch in der Kammermusik – völlig verändert: Wurde das Schlagzeug in der Musik früher nur gelegentlich eingesetzt, so übt es heute eine oft tragende Rolle aus. Dabei geht die Fülle der Möglichkeiten häufig zu Lasten des Überblicks.

Zwei Gefahrenmomente machen sich bemerkbar: Am auffälligsten zeigt sich, daß die neuen Instrumente meist ungewohnt sind, sich oft noch im Stadium der Entwicklung und Verfeinerung befinden und daß zudem ihre Herstellungsnormen von Land zu Land variieren. Das Fehlen dieses internationalen Standards hat in den letzten Jahrzehnten zu allerlei Auswüchsen und Varianten geführt, die jeglicher Logik entbehren. Darüber hinaus sind unsere traditionellen Schlaginstrumente aufgrund zunehmender Kontakte mit anderen Kulturkreisen der Erde durch eine Vielzahl von Instrumenten bereichert worden. So benutzen wir jetzt eine Reihe von Instrumenten, die noch unlängst der Musikethnographie zugeordnet waren.

Ein zweites Gefahrenmoment liegt in der mangelhaft ausgerichteten und definierten Zielsetzung. Die vorhandene Fülle eines neuen Instrumentariums verlangt nämlich nach einem streng musikalischen Ordnungsdenken und einer klaren musikantischen Verwendung. Modernes Schlagzeug ist weit mehr als ein primitives, exotisches Schaustück, das lediglich Reize und Freuden wie die eines orientalischen Bazarbummels auszulösen vermöchte.

Kein noch so phantastisches Überangebot an Klängen kann das ordnende Denken ersetzen. Wir befinden uns hier in einem Bereich, dessen Hauptgefahren in der zügellosen Ausbreitung und Oberflächlichkeit zu finden sind. Daher sollte zunächst in einem ersten wichtigen Schritt die Erforschung der Instrumentaltechniken erfolgen und damit auch diejenige der *raison d'être* der Instrumente selbst.

Der Komponist, der sich in der Instrumentation bestens auskennen sollte, wird die wesentlichen von den nebensächlichen Funktionen dieser sich ständig wandelnden Instrumentengruppe zu trennen wissen. Der Schlagzeuger und Interpret, mit diesen Funktionen gleichermaßen vertraut, wird seinerseits alles für die in der heutigen Musik überaus wichtige Rolle dieses Instrumentalbereiches hergeben und mit seinem Können gebührend beitragen.

Die Probleme werden sich aber wohl erst nach Jahren tagtäglicher Auseinandersetzung mit ihnen bereinigen lassen: Es gibt eine Menge Fehlerquellen – von der Unerfahrenheit des Komponisten bis hin zum mangelnden Fachwissen des Bearbeiters oder Musikverlegers ...!

Pierre Boulez und der Autor bei der Probe

Jimmy Holland scheint mir die ideale Einstellung zu haben. Während der vielen Jahre meiner Zusammenarbeit mit dem BBC Symphony Orchestra sah ich ihn kaum je den Kopf verlieren; dagegen erlebte ich oft, wie er sich und uns mit erstaunlichem Geschick aus kritischen Situationen heraushalf. Als Künstler, ohne Zweifel, aber auch als Organisator der Schlagzeuggruppe seines Orchesters bedeutet seine Erfahrung eine wertvolle Gabe. Dank dieses Buches werden wir nicht länger zu den wenigen auserwählten Nutznießern gehören, in Zukunft werden es viele sein.

Da dieses Buch humorvoll und lebendig geschrieben ist, vermittelt es über Informationen und Wissen hinaus auch ein großes Lesevergnügen.

Pierre Boulez

Einführung des Herausgebers

Wir wissen, daß der Pulsschlag der Melodie voranging und daß wir es beim Schlagzeug tatsächlich mit dem elementarsten und uralten Bestandteil des Lebens selbst zu tun haben, mit dem Rhythmus des Universums. Vielleicht setzt sich aus diesem Grunde die Entwicklung des Schlagzeuges unvermindert fort und ändert sich so rasch – denn alles entspringt aus dem Pulsschlag. Es gibt kein Material, das nicht einen ihm eigenen Klang abgibt, es gibt auch keine Form, die diesen Klang nicht beeinflußt, keine Haut, kein Glas, keinen Stein, die sich nicht erkennbar machen durch den Klang, den sie hervorbringen oder mitproduzieren. Es ist ein beträchtlicher Unterschied ob man einen Gegenstand schlägt oder ob man das innewohnende Leben und den Ton hervorlockt: das eine ist eine dumme, gefühllose, brutale Handlung; das andere ist schöpferische Belebung. Die Naturvölker wußten sehr viel um den Klang des Beseelten und Unbeseelten, denn sie beurteilten einen unbekannten Gegenstand, indem sie ihn leicht anschlugen; sie versuchten, ihn eher zu belauschen, als ihn nur anzusehen.

Es ist interessant, die Rückkehr des Schlagzeuges mit dem Anwachsen der Schlagzeuggruppe in Orchestern zu beobachten. In gewisser Hinsicht ist es eine Rückkehr von der Gregorianik, den melodischen Modulationen im Dienste des Wortes, und von der volltönenden Harmonie, die so viel unserer klassischen, europäischen Musik beherrschte und in der der Rhythmus ganz hinter die Harmonie zurückzutreten schien. Man könnte sagen, daß heutzutage Harmonie teilweise Lärm geworden ist, wobei Rhythmus als Bindeglied funktioniert. Aber auch hierbei müssen wir unterscheiden zwischen dem Rhythmus unserer Technologie von Wiederholung und Entwicklung und dem geschmeidigen, lebenden Rhythmus unseres Lebens, in dem Ebbe und Flut ununterbrochen abwechseln zu neuen und unerwarteten Formen; denn im Meer sind keine zwei Wellen gleich, und keine zwei Menschen oder Pulsschläge ähneln sich genau in der lebenden Materie.

Ich weiß, daß dieses Buch sehr viel Information bringen wird über ein Thema, das genauso anspruchsvoll ist wie Rhythmus selbst. Faszinierend sind auch die Instrumente, die, obwohl in erster Linie Schlaginstrumente, außergewöhnliche musikalische Ausdruckskraft erreichen, etwa wie die Tabla und so seltsame Instrumente wie der »Bauchtopf«, den ich im südlichen Indien hörte, dessen Tonhöhe verändert wird durch die Menge des vorgeschobenen Bauches, den der Spieler in die Öffnung dieses großen Topfes schiebt. Als Instrument ist er ohne Zweifel einzigartig, in wundervoller Weise übt es sowohl die Bauchmuskulatur, wie es sie gleichzeitig zu muskalischem Ausdruck einsetzt.

Ich bin James Holland für dieses faszinierende, informative und anregende Buch zu Dank verpflichtet. Ich weiß, daß es Anklang finden wird bei Berufsmusikern, Laien und auch beim breiten Publikum.

Yehudi Menuhin

Einleitung

Jedes Buch über Schlagzeug wird sich zwangsläufig von seinen »Stallgefährten« aus derselben Gruppe unterscheiden. Die Schlagzeugfamilie ist so verschiedenartig, ihre Techniken sind so unterschiedlich, daß sogar bei anderen Berufsmusikern über dieses Thema große Verwirrung herrscht – und hier schließe ich besonders Komponisten und Dirigenten mit ein.

Schon vor Jahrhunderten erreichte die Violine als Musikinstrument ihre endgültige Form; der berühmteste Geigenbauer, Antonio Stradivari, dessen Instrumente heute so gesucht sind, lebte vor dreihundert Jahren. Im Gegensatz dazu weiß ich mit Bestimmtheit, daß – während ich dieses Buch schreibe – sich die Welt des Schlagzeuges in zehn Jahren weiterentwickelt haben wird, Teile des Buches werden überholt sein und andere Teile unvollständig. Ich habe mir kürzlich den Spaß gemacht, in der Ausgabe einer berühmten Musikenzyklopädie von 1950 unter Schlagzeug nachzuschlagen: Nur achtzehn Schlaginstrumente waren aufgeführt. In Berios *Circles,* geschrieben 1962, also nur zwölf Jahre später, werden etwa zweiunddreißig Instrumententypen notiert, für nur zwei Spieler! Während der letzten Jahre hat sich auch eine Tendenz entwickelt, daß Komponisten Folkloreinstrumente aus vielen Teilen der Welt verwenden. Während dies viel mehr Farben für die Palette des Komponisten bedeutet, kann es auch zu Problemen für den Spieler führen, da das ursprüngliche Instrument oft nicht greifbar ist. Die *Ancient Voices of Children* von Crumb verlangen z.B. Tibetische Gebetsteine und Japanische Tempelglocken; letztere sind nun kein Problem mehr, seitdem Orchester regelmäßig Japan besuchen, aber ich gestehe, daß wir anstelle der genannten Gebetsteine Steine vom Strand von Brighton verwendet haben.

Der Berufsschlagzeuger muß nicht ein Instrument beherrschen, sondern viele, dabei muß er mehrere unterschiedliche Techniken anwenden. Ganz allgemein könnte man die Instrumente in Pauken, Schlaginstrumente mit bestimmter Tonhöhe, kleine Trommel, Drum-Set und, was man frei unter »Latin« versteht, einteilen.

Drum-Set bedeutet ein Kombinationsschlagzeug, das vom Spieler unabhängiges Spiel von Händen und Füßen erfordert. »Latin« ist ein allgemeiner Ausdruck, der alle lateinamerikanischen Instrumente umfaßt (Congas, Bongos usw.). Dazu kommt noch eine Reihe, die weniger vielseitige Fertigkeiten, aber dennoch etwas Beherrschung erfordert – Orchesterbekken, Fingerkastagnetten, sogar Flexatone.

Es sollte gleich gesagt sein, daß es niemanden gibt, der alle oben erwähnten Instrumente beherrscht. Je verschiedenartiger das Schlagzeug geworden ist, um so mehr haben die Spieler sich zu spezialisieren gesucht. Ich hoffe, in diesem Buch die allgemeine Welt des Schlagzeuges, wie sie heute besteht, umfassend zu behandeln. Die Spezialisten müssen sich weiter nach Literatur umschauen, die speziell für ihr Lieblingsgebiet des Schlagzeuges geschrieben wurde.

Die USA waren in der Welt bei der Gründung von richtigen Schulen für Schlagzeugunterricht führend, und die dortigen Einrichtungen für den Schlagzeugschüler sind beneidenswert. Vor allem ein Mann hatte sehr großen Einfluß auf das Orchesterschlagzeug in den Staaten: Saul Goodman, der nach mehr als vierzig Jahren als erster Solopauker des New York Philharmonic Orchestra unlängst in den Ruhestand trat. Im Gegensatz dazu wurde man in England *trotz* der hiesigen Verhältnisse ein guter Spieler – und nicht *wegen* ihnen. Obwohl man zugeben muß, daß sich seit etwa 1975 die Möglichkeiten verbessert haben, so gibt es doch noch erstrangige Musikhochschulen, die sich nur wenig oder gar nicht um die Bedeutung des Schlagzeuges im heutigen Musikleben kümmern.

»Schlagzeug« ist ein allgemeiner Begriff, der alle Instrumente umfaßt, bei denen der Klang durch Anschlagen hervorgerufen wird. Darüber hinaus erwartet man von der Schlagzeuggruppe, daß sie jeden ungewöhnlichen Klang oder jede Wirkung realisiert, die ein Komponist im Sinne hat. In einem Symphonieorchester neigen Schlagzeuger dazu, von den Pauken als von einer gesonderten Gruppe zu sprechen; so benötigt die *Scheherezade* von Rimskij-Korssakow »Pauken und fünf Schlaginstrumente«. In dieser Hinsicht habe ich das Gefühl, daß wir in England merkwürdigerweise führend sind: seit einiger Zeit wird in diesem Land die Schlagzeuggruppe vom Haupt(Solo)schlagzeuger geleitet; in Europa und USA ist es üblich, daß die gesamte Schlagzeuggruppe vom Pauker angeführt wird. Das war zu der Zeit ganz natürlich, als die Pauken offensichtlich den Hauptteil der Schlagzeuggruppe bildeten; in der letzten Hälfte des 20. Jahrhunderts scheint es mir jedoch eine veraltete und merkwürdige Ungereimtheit zu sein. Da ich recht oft auf dem Stuhl des Paukers gesessen habe, bin ich davon überzeugt, daß der Pauker mit sich selbst genug zu tun hat, ohne sich auch noch um die Schlagzeuggruppe kümmern zu können. Sie umfaßt oft zehn oder mehr Spieler, und der Hauptschlagzeuger hat eine große Organisationsaufgabe, ehe überhaupt eine Note gespielt wird. In den *Rituels* von Boulez z.B. haben die neun Spieler fast hundert Geräte zu bedienen, die Schlägel nicht mitgerechnet.

Allein die Tatsache, daß das Schlagzeug sich so rasch entwickelt hat, ist vermutlich die Ursache für die große Unwissenheit, die auf diesem Gebiet herrscht. Da ich recht viel mit so verschiedenen Musikern zusammengearbeitet habe wie Benjamin Britten und Pierre Boulez in ihrer doppelten Eigenschaft als Komponisten und Dirigenten, war ich immer besonders beeindruckt sowohl von ihrer Kenntnis über Schlagzeug wie auch von ihrer Bereitschaft zu fragen, wenn sie unsi-

14

cher waren. Allein diese Einstellung von so bedeutenden Musikern macht mich wohl Komponisten und Dirigenten gegenüber ungeduldig, die sich weder gut vorbereitet haben noch die Wirkung eines Schlagzeuges kennen. Ich bin einem Komponisten begegnet, dem nicht bekannt war, daß man normalerweise für ein Vibraphon und für ein Glockenspiel verschiedene Schlägel verwendet, und einem weltberühmten Dirigenten, der nicht einmal von einem Marimbaphon gehört hatte – ich finde es schwierig, diese Art von Ignoranz zu entschuldigen. Wenn ich schon von Dirigenten spreche, so sollte ich vielleicht auch eine merkwürdige falsche Ansicht erwähnen, zu der einige besonders zu neigen scheinen: Häufig erwartet ein Dirigent von einem Schlaginstrument einerseits ein so leises Pianissimo, daß es nur für die ersten beiden Zuhörerreihen hörbar ist, und andererseits, daß dasselbe Instrument ein ganzes Symphonieorchester übertönen soll! Schlaginstrumente sind in der Regel kaum in der Lage, solche Erwartungen eher zu erfüllen als andere Orchesterinstrumente. Eine Glocke, wie sie im Orchester verwendet wird, kann nicht dasselbe Klangvolumen hervorbringen wie eine, die mehrere Tonnen wiegt und im Turm der St. Paul's Cathedral in London hängt.

Musikverleger sind eine weitere Quelle der Klage für den Schlagzeuger. Warum machen sich viele Verleger nicht klar, daß sich die Noten meist nicht unmittelbar vor unseren Augen befinden, wie eine Zeitung? Da die Instrumente um uns herumstehen, müssen die Noten in größerem Abstand gelesen werden. Ich habe einmal einem Verleger eine Marimbaphon-Stimme von Boulez' *Domaines* zurückgeschickt; sie bestand aus einer Photokopie der Partitur, und Boulez ist bekannt für seine mikroskopisch kleine Handschrift. Einige Tage später wurde ich von dem Verleger angesprochen und gefragt, warum ich die Stimme zurückgeschickt hätte. Nach meiner Erklärung kam der Kommentar: »Ach so, Sie wollen sie *nur lesbar* haben!« Warum machen sich Verleger zudem nicht klar, daß man zum Umblättern eine Hand frei haben

muß? Und endlich die Frage der Anordnung der Schlagzeug-
parts. Manchmal wird so gedruckt, daß jeder einzelne Spieler
nur seine eigene Stimme hat, dann wieder wird in der Art einer Partitur für Schlagzeug gedruckt. Welche der beiden Methoden für ein bestimmtes Werk die beste ist, sollte dem Ur-
teil eines erfahrenen Spielers überlassen bleiben, aber unglücklicherweise scheinen die meisten Verleger eine starke
Aversion dagegen zu haben, die Spieler, die tatsächlich mit
dem gedruckten Material arbeiten müssen, zu Rate zu ziehen.
Brittens *Young Person's Guide to the Orchestra* ist ein klassi-
sches Beispiel für das Unheil, das ein Verleger anrichten
kann; Schönbergs *Gurrelieder*, die an einer Stelle zwei Pauker
und zehn Schlagzeuger erfordern, sind ein Beispiel für ein
Werk, das niemals in Partiturform für das Schlagzeug hätte
gedruckt werden dürfen. Die Schwierigkeiten für den Spieler
bei Schlagzeugpartituren bestehen darin, zu versuchen, seine
eigene Zeile herauszusuchen, und anscheinend haben Verleger ihre Freude daran, durch Austauschen der Zeilen zu versuchen, den Spieler reinzulegen. Siehe Beispiel auf der nächsten Seite.

Es ist auch in keiner Weise ungewöhnlich, am Anfang einer
Partitur zu lesen, daß soundso viele Spieler verlangt werden,
um dann bei näherem Hinsehen festzustellen, daß der Komponist sein Handwerk nicht beherrschte und daß außerdem
noch zwei Spieler nötig sind.

Natürlich sind diese Ärgernisse unbedeutend, aber trotzdem störend, zumal sie so unnötig sind, und die Mehrzahl
von uns sind der Ansicht, daß schon das Spielen allein genug
Probleme aufwirft, mit denen wir uns herumschlagen müssen.

In meiner zwanzigjährigen Berufserfahrung habe ich sehr
große Veränderungen in Spielnormen, Instrumenten und Anforderungen an den Spieler miterlebt. Der größte Teil der
Veränderungen gereichte zweifellos zum Vorteil, und mögen
die Anforderungen an den Spieler auch gestiegen sein, so ist
die Arbeit um so vieles befriedigender.

16

Es fällt mir sehr schwer zu glauben, daß die Entwicklung des Schlagzeuges in absehbarer Zukunft wirklich beendet sein wird – Schlagzeug scheint zu einer unendlichen Entwicklung bestimmt zu sein.

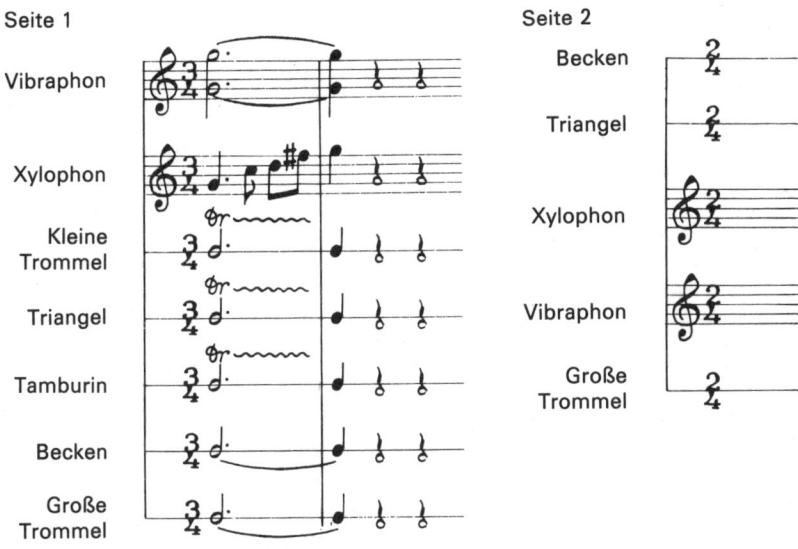

Auf Seite 2 ist die Reihenfolge der Instrumente nicht nur abgeändert, die Partitur läßt plötzlich zwei Zeilen aus, nur weil die kleine Trommel und das Tamburin einige Takte *tacet* haben.

Erster Teil

Die Pauken oder Kesselpauken

1.
Ein kleiner geschichtlicher Überblick

Pauken oder Kesselpauken können in Europa etwa bis ins 13. Jahrhundert zurückverfolgt werden. Wie bei vielen anderen Schlaginstrumenten wurden sie ursprünglich bei offiziellen Veranstaltungen verwendet, manchmal in einem Wagen montiert, aber normalerweise eher zu beiden Seiten eines Pferdes befestigt. So können sie natürlich noch heute gesehen werden, bemerkenswerterweise werden sie von den Musikkorps der königlichen Regimenter benutzt, der berittenen Eliteabteilung der britischen Armee, den Wachregimentern. Wäh-

Das Pferd ist Hannibal, eines der berühmtesten englischen Paukenpferde. Der Reiter ist der Kavallerist Johnson, jetzt bekannter als David Johnson, Schlagzeuger im BBC Symphony Orchestra.

rend die Kessel- oder Orchesterkesselpauken in der Regel aus Kupfer hergestellt werden, sind diese festlichen Pauken oft aus Silber und haben einen geringeren Durchmesser, das größere Instrument mißt wohl nicht mehr als etwa 60 cm im Durchmesser.

Im 16. und 17. Jahrhundert besaß der Kesselpauker einiges Ansehen. James Blades* berichtet uns, »daß in Deutschland im Jahre 1623 durch kaiserliches Dekret die Kaiserliche Gilde der Trompeter und Kesselpauker gegründet wurde, deren Mitglieder Anspruch auf erhebliche Vorrechte hatten.« Im 17. Jahrhundert begannen Pauken im Orchester zu erscheinen. Gewöhnlich wurde ein Paukenpaar benutzt, in Quarten gestimmt, und zu der Zeit wurden die Pauken oft als transponierende Instrumente betrachtet, sie wurden im Baßschlüssel in c notiert, während die tatsächlichen Töne zu Beginn folgendermaßen angegeben wurden:

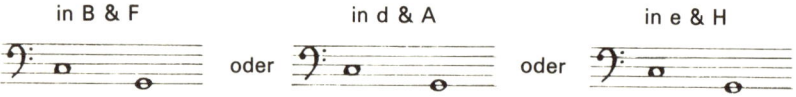

Noch heutzutage ist es nicht ungewöhnlich, auf Werke aus der Zeit zu stoßen, die noch so notiert sind. Eine auffallende Ausnahme zur Normalstimmung der damaligen Zeit entwickelte sich mit den Brüdern Philidor in Frankreich. 1685 komponierten sie einen Marsch für zwei Kesselpauker, ein Paukenpaar wurde in der Normallage c und G gestimmt und das andere Paar darüber auf e und g. Das hohe g war fast mit Sicherheit auf den Instrumenten der damaligen Zeit schwer zu erzielen, aber der Marsch ist ein wirkungsvolles kurzes Stück und der Zeit sehr weit voraus.

Schon in diesem frühen Stadium der Komposition für Schlagzeug herrscht Unklarheit über die Absichten der Kom-

---

* James Blades, *Percussion Instruments and their History* (2. Auflage 1975, London)

ponisten. Der Wirbel wird üblicherweise durch die Abkür-
zung *Tr* angezeigt, obwohl einige Komponisten nur ♩ notieren, und es scheint, daß andere einen Wirbel meinten, wenn
sie ♩ schrieben. Es wurden manchmal zusammenhängende
Gruppen von Sechzehntel- und Zweiunddreißigstelnoten geschrieben, und je nach dem Tempo kann das den Spieler zu
einer wirbelähnlichen Ausführung veranlassen. Natürlich treten häufig erhebliche Zweifel auf, was ein Wirbel sein soll
und was nicht. J.S.Bach (1685–1750), der normalerweise die
Trillerabkürzung *Tr* für einen Wirbel verwendete, ließ oft
letzte Noten ohne jede Bezeichnung. Natürlich unterschieden
sich die Pauken sehr von den hochentwickelten Instrumenten, die die professionellen Pauker heutzutage benutzen, aber
meinte Bach im Ernst, daß der Pauker die Schlußnote nur anschlagen sollte, während der Rest des Orchesters eine ausgehaltene Note mit einem Crescendo spielte? Zwischen den
Musikwissenschaftlern gibt es über solche Fragen viele Dis-
kussionen – nach meiner Ansicht liegt ein Wirbel als Ab-
schluß gewöhnlich richtig, und an dieser Stelle muß wohl –
ohne sich auf den Komponisten berufen zu können – die Musikalität des einzelnen Spielers die letzte Entscheidung tragen, vorausgesetzt natürlich, der Dirigent hat über diesen
Punkt keine klare Vorstellung.

Beethoven (1770–1827) wertete den Gebrauch der Pauken
im Orchester auf, sowohl im Hinblick auf die Stimmung wie
auch auf den Rhythmus. Er verwarf die Einschränkungen,
nur in Quarten oder Quinten zu notieren, und der Pauker im
Orchester erhielt neue verantwortungsvolle Aufgaben – etwa
am Anfang des Violinkonzertes, zusammen mit dem Solisten
im Finale des Fünften Klavierkonzertes, und einen sehr wesentlichen Part im zweiten Satz der Neunten Symphonie, um
nur drei Beispiele zu erwähnen. (Ein Spitzenpauker sollte in
der Neunten das Publikum seine Autorität über das Orchester
»spüren« lassen und nicht nur die Noten spielen.)

Bis zu dieser Zeit wurden die Instrumente oft mit Hilfe von
Vierkantschrauben gespannt. Es liegt auf der Hand, daß das

Nachstimmen der Pauke mit einem losen Schlüssel etwas Zeit in Anspruch nahm, und es wurden Experimente angestellt, um diese Methode zu verbessern. Die erste Verbesserung waren T-förmige Griffe oder Flügelschrauben. Diese waren natürlich schneller zu handhaben und vor allem auch leiser. Das Nachstimmen mit einem losen Schlüssel konnte sich als störend laut herausstellen, wenn das Orchester dann gerade pianissimo spielte. Der einzige Nachteil war, daß diese Flügelschrauben etwa 5 cm über das Schlagfell hinausragten und doch recht im Wege waren, wenn der Spieler eine rasche Tonfolge auf zwei Pauken zu spielen hatte. Aber dieses Problem wurde schließlich gelöst, indem man den Griff beim Schlagfleck des Spielers anbrachte, nach außen gebogen, ohne die Schlägel zu behindern.

Berlioz (1803–1869) begründete eine neue Auffassung über das Schlagzeug im allgemeinen und das Komponieren für Pauken und deren Spieltechnik insbesondere. Er ist wohl der erste Komponist gewesen, der vorschrieb, welche Art von Schlägel benutzt werden sollte, und der seine Verwunderung und seinen Ärger darüber ausdrückte, daß andere Komponisten solche Anweisungen unterlassen hatten. Sogar bei Beethoven hat er das Fehlen einer Anleitung für den Spieler in dieser Hinsicht bemängelt. So enthalten die Paukenstimmen bei Berlioz Angaben über die Schlägel mit Köpfen aus Holz, lederüberzogen oder mit Schwammköpfen. Aber sein Einfluß auf das Komponieren für Pauke beschränkte sich keineswegs nur auf seine klaren Anweisungen für den Spieler. Die berühmte *Grande Messe des Morts* erfordert sechzehn Pauken mit zehn Spielern, sechs mit je einem Paar Pauken und vier mit je einer Pauke. In seiner *Symphonie Fantastique* sind für den Donnereffekt im dritten Satz vier Pauker notwendig. Im vierten Satz, dem *Marsch zum Schaffott*, werden die zwei Spieler zusätzlich angewiesen, neben der Angabe der Schlägelart, die Pauken zu dämpfen, außerdem erhalten sie auch genaue Anweisungen über die Schlägelführung:

Beide Schlägel spielen den akzentuierten Schlag zu Beginn der Sextole, und die rechte Hand spielt die restlichen fünf alleine.

Diese Stelle wird noch immer bei den meisten Pauken-Probespielen verlangt. Die Tatsache, daß die meisten heutigen Dirigenten ein wesentlich rascheres Tempo nehmen als die angegebenen ♩ = 72, steigert natürlich die Probleme erheblich.

Einige Komponisten gerieten auch durch die Begrenzung der Stimmöglichkeit bei den Pauken in Verlegenheit. Da die Instrumente bei einem Tonartwechsel nicht sofort umgestimmt werden konnten, hatte der Komponist nur die Wahl, entweder die Pauken fortzulassen oder sie Töne spielen zu lassen, die nicht zur neuen Tonart paßten. Daher der Wunsch einiger Dirigenten, Paukenstimmen umzuschreiben, von denen sie der Ansicht sind, daß man sie mit Hilfe der modernen Maschinenpauken verbessern könnte.

Sir Malcolm Sargent war einer der Dirigenten, der diese Idee vertrat, aber nachdem ich Sir Malcolms Version der Paukenstimme von Mendelssohns *Ruy Blas* Ouvertüre erduldet habe, muß ich doch sagen, daß nach meiner Ansicht die Originalfassung zum größten Teil besser ist.

Im 19. Jahrhundert gab es bei der Konstruktion von Pauken wichtige Experimente mit allen möglichen mechanischen Vorrichtungen. Außer dem Stimmen mit Hilfe von Pedalen gab es Pauken mit einem Hauptstimmhebel, der die Stimmung veränderte, und auch ein System, bei dem der Spieler die Pauke selbst drehte, um die Tonhöhe zu verändern. Jedoch war das Ergebnis all dieser Neuerungen sehr begrenzt, weil die Probleme beim Bau von für Konzerte geeigneten Maschinenpauken äußerst schwierig waren. Am Ende des vorigen Jahrhunderts fanden fast alle Neuerungen in Deutschland statt. Insbesondere überwanden die Pedalpauken aus

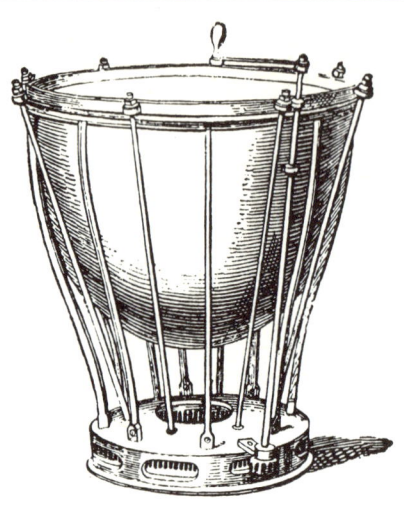

1   2

1 Europäische Schraubenpauke, um 1740
2 Eine deutsche Pauke mit Zentralstimmhebel, um 1812
3 Deutsche Drehkesselpauke, 1851
4 Italienische Pauke, 1840, mit Zentralhebel und innenliegendem
  Mechanismus

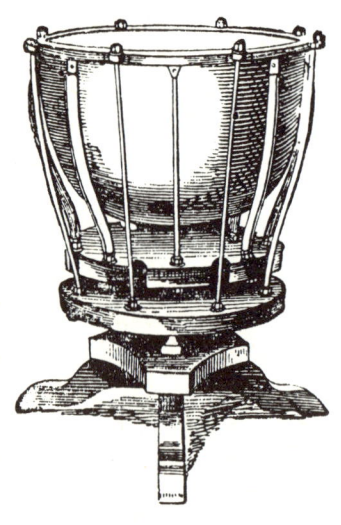

3   4

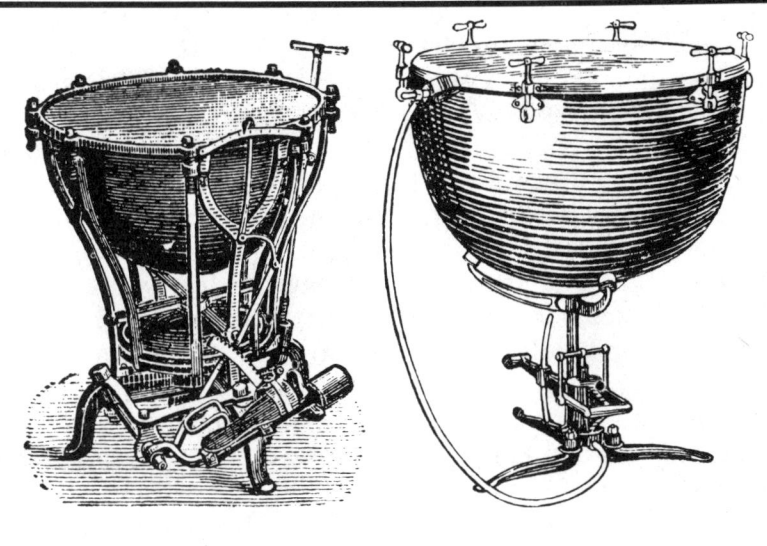

5   6

5 *Dresdner Pedalpauke, 1881*
6 *Hydraulische Pedalpauke, Ludwig 1911*
7 *Ausgleichspedal, Ludwig 1921 –,*
  die Vorgängerin des gegenwärtigen Ludwig Mechanismus
8 *Premier, Modell mit Ritzelpedal, 1938*

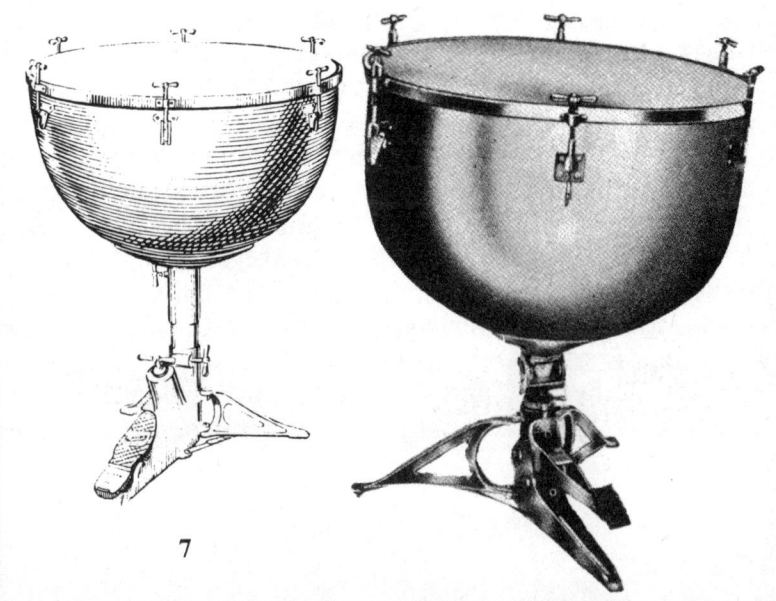

7

Dresden die bisherigen größten Probleme, nämlich erstens, daß der umfangreiche Mechanismus *innerhalb* des Kessels des Instrumentes zur Folge hatte, daß der Ton erheblich an Qualität verlor, und zweitens, daß jede Veränderung an der Stärke oder Beschaffenheit des Schlagfells den Mechanismus in Unordnung brachte – es gab keine Möglichkeit, die Spannung an einem bestimmten Punkt des Schlagfells durch den Mechanismus zu korrigieren. Diese alten Dresdner Pedalpauken kann man noch heute in Gebrauch finden, und viele der heutigen Instrumente sind verbesserte Abarten desselben Mechanismus, mit einigen Verfeinerungen. Im Dresdner Grundmodell befindet sich der ganze Mechanismus außerhalb des Kessels, und das Pedal, das auf Zahnstangenmechanismus basiert, wird ausgeklinkt durch eine Seitwärtsbewegung des Absatzes.

Berlioz hat natürlich einen großen Einfluß auf die gesamte Entwicklung der Orchestermusik ausgeübt; seinen Einfluß auf die Notation für Schlagzeug und Pauken könnte man vergleichen mit dem Beginn einer Revolution. Er entledigte sich der herkömmlichen Fesseln, und alle bedeutenden Komponisten nach ihm entwickelten ganz natürlich weiter, was er begonnen hatte. Tschaikowskij, Mahler, bis hin zu Strawinsky – ein kurzer Vergleich ihres Kompositionsstils für Pauken mit etwa demjenigen einer Haydn-Symphonie zeigt, wie die Anforderungen an den Orchesterpauker gewachsen sind.

Trotz aller Experimente und Neuerungen waren die handgestimmten Pauken noch lange nicht verdrängt. Als jedoch die Komponisten des 20. Jahrhunderts für mehrere Pauken schrieben und sehr rasches Umstimmen erwarteten, begannen Pedalpauken für einige Werke unentbehrlich zu werden. Der Däne Nielsen (1865–1931) war wahrscheinlich der erste bedeutende Komponist, der Glissandi für Pauken geschrieben hat. In seiner vierten Symphonie *Det Uutslukkelige* um 1915 komponiert, schreibt er für zwei Pauken, einer an jeder Seite des Orchesters, und fordert von den beiden Spielern Glissandi in Mollterzen, wegen der erheblichen Entfernung zwischen den Spielern ist es außerordentlich schwierig, die Vierte präzise zu Gehör zu bringen.

Während Nielsen der erste gewesen sein mag, der die Glissandi für die Pauken geschrieben hat, war Bartók (1881–1945) sicherlich der erste, der die Möglichkeiten der Pedalpauken in vollem Umfang erkannte. Bartóks Einfluß auf Pauken und Schlagzeug war im 20. Jahrhundert ebenso weitreichend, wie es der von Berlioz im 19. Jahrhundert gewesen war. Zarte Glissandi, bewegte Baßlinien – die meisten Spieler müssen Bartóks Paukenstimmen mit Erstaunen und Angst zur Kenntnis genommen haben, als sie zum ersten Mal erschienen. Sehen wir uns einmal den vierten Satz des *Konzertes für Orchester* an:

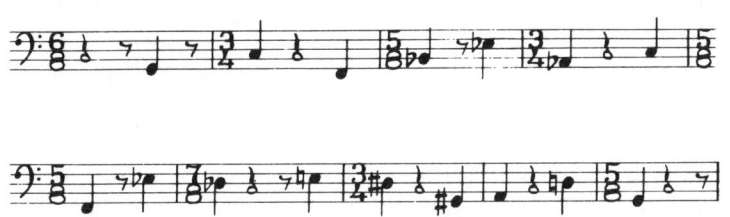

Etwa zehn verschiedene Töne in diesen wenigen Takten – und praktisch jeder Takt mit einem Wechsel der Taktbezeichnung. Offensichtlich eine Passage mit erheblichen Problemen für den Spieler, was wohl der Grund dafür ist, daß sie eine weitere beliebte Probespiel-Stelle ist!

Obwohl Sir Henry Wood Pedalpauken in England eingeführt hatte (diese Instrumente befinden sich noch in der Royal Academy of Music in London), hatten die Schraubenpauken einen sehr langsamen Tod. Einige Spieler hegten große Vorurteile gegen die Maschinenpauke, und es ist tatsächlich so, daß in London noch in den fünfziger Jahren der Pauker des London Philharmonic Orchestra, der verstorbene Peter Allen, es vorzog, für die meisten Werke vier Schraubenpauken zu benutzen. Zur gleichen Zeit verwendete der verstorbene James Bradshaw im Philharmonia Orchestra bei klassischen Programmen seine Pedalpauken mit festgeschnallten Pedalen. Mit Bewunderung werde ich mich jedoch immer an die außerordentliche Geschicklichkeit dieser beiden Spieler bei der Handhabung einer Gruppe von Schraubenpauken erinnern. Es gab auch einen übertrieben konservativen Herrn, der um keinen Preis auf einer Pedalpauke spielen wollte. Er hielt dogmatisch an seinen Schraubenpauken fest, ungeachtet der Bartók-Glissandi.

Der verfügbare Tonumfang der Pauken, von dem man einmal glaubte, er sei ungefähr eine Oktave über dem F im Baßschlüssel, hatte sich ständig erweitert. Berlioz ging nicht über diesen Tonumfang hinaus, anscheinend aus dem Gefühl heraus, daß, je tiefer der Ton war, eine um so größere Pauke erforderlich sein würde, und daß die Schwierigkeit, ein passendes Schlagfell zu finden, größer würde. Er war jedoch davon überzeugt, daß der Umfang nach oben erweitert werden könnte. Um die Mitte des 20. Jahrhunderts war das C ganz normal geworden, und der Umfang nach oben hatte sich bis zum c′ und noch höher erweitert. In seiner *Création du Monde* geht Milhaud (1892–1974) bis zum f′, und während das mit der passenden Paukengröße möglich ist (im Durchmesser etwa 35,5 cm oder 38 cm), so werden solche Töne auf den normal hergestellten Pedalpaukengrößen unausführbar sein.

Eine noch unerwähnte Neuerung ist die des Kunststoffelles. Sie tauchten in England um 1960 auf, und wie viele Neuerungen stießen sie in einigen Kreisen auf heftige Opposition und Mißtrauen. Aber die großen Verbesserungen in der Qualität der Kunststoffelle und die immer zunehmende Verknappung der guten Kalbschlagfelle haben dazu geführt, daß die Mehrzahl der Spieler nun den industriell hergestellten Ersatz akzeptiert. Dazu kommt, daß das Kunststoffell viel weniger anfällig für atmosphärische Veränderungen und somit entschieden von Vorteil ist, wie in Fernsehstudios, wo durch die

Beleuchtung eine große Hitze entsteht, oder, umgekehrt, in der Royal Festival Hall in London, wenn die feuchte Luft von der Themse durch die Klimaanlage hereingeblasen wird.

Heutzutage steht dem Pauker eines Symphonieorchesters vermutlich eine Gruppe von mindestens fünf Pedalpauken zur Verfügung, normalerweise etwa 32, 30, 28, 25 und 22,5 Zoll (= 80, 75, 70, 62,5 und 56 cm) im Durchmesser, obwohl die Größen etwas unterschiedlich sind, je nach dem Hersteller. Wie wir sehen werden, wird der Tonumfang eines jeden Instrumentes den Vorstellungen des einzelnen Spielers gemäß etwas verschieden sein. Aber der normale Musiker wird wahrscheinlich diese fünf Pauken mit Kunststoffellen und einem Tonumfang von annähernd zwei Oktaven haben.

Pauken (die Bezeichnung Kesselpauke wird wohl jetzt seltener benutzt) scheinen für die meisten heutigen Komponisten wenig Anziehungskraft zu besitzen. Der jüngste Aufschwung der Popularität und der Entwicklung des Schlagzeugs betrifft mehr die anderen Instrumente. Trotzdem wird der Pauker auch weiterhin in jedem Symphonieorchester eine Schlüsselposition innehaben.

2.
Die Konstruktion der Pauken

Die Schale oder der Kessel der Pauke ist normalerweise aus Kupfer und wird entweder gezogen, oder, was heute seltener ist, handgetrieben. Einige Instrumente haben Fiberglaskessel, sind jedoch von minderer Tonqualität und nicht ausreichend für ein professionelles Symphonieorchester. Die beiden einzigen Vorteile von Fiberglaskesseln sind: sie sind wesentlich leichter und dadurch viel besser zu transportieren, und sie sind erheblich preiswerter.

Die Form des Paukenkessels ist überraschend variabel – von halbkugelförmig bis parabelförmig ...

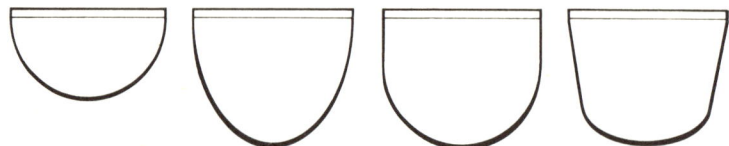

Eines ist absolut erforderlich, nämlich daß der obere Teil des Kessels ein regelrechter Kreis ist – jede Abweichung würde einen reinen Ton unmöglich machen. Der Rand des Kessels ist nach innen gebogen und mit einem eingefügten Reifen verstärkt. Dieser Teil des Instrumentes ist der ganzen Anspannung ausgesetzt, und es ist wichtig, daß er völlig frei von Schmutz oder Fett ist, denn über ihn wird das Schlagfell gespannt, und jeder Fremdkörper würde die Tonqualität beeinträchtigen. Das Schlagfell wird über einen sogenannten Wikkelreifen montiert (für ein Kunststoffell wird ein Metallreifen verwendet), und über dem Wickelreifen sitzt der Spannreifen. Das ist ein Stahlreifen, der an Spannschrauben befestigt das Schlagfell über dem Kessel der Pauke spannt. Mit einem Gestell oder montierten Beinen ist dies die Grundform des handgestimmten Instrumentes.

Es gibt verschiedene Arten von Stimmechanismen, von denen der Pedalmechanismus am verbreitetsten ist, da man die Stimmung des Instrumentes verändern kann, ohne die Hände des Spielers zu beanspruchen. Andere Mechanismen, denen man begegnet, sind a) die Kettenpauke: die Spannschrauben sind durch eine Kette, ähnlich einer Fahrradkette miteinander verbunden, und wenn eine Spannschraube gedreht wird, bewegen sich alle gleichzeitig; b) die Drehkesselpauke: das Spanngestänge ist unterhalb des Kessels verbunden, so daß das Drehen des Kessels die Spannung des Schlagfells verstärkt oder verringert, und c) die Maschinenpauke: in der Wirkung ähnelt sie der Kettenpauke: die Spannschrauben sind verbunden, so daß alle anderen sich gleichermaßen bewegen, wenn die Hauptschraube (Kurbel) gedreht wird.

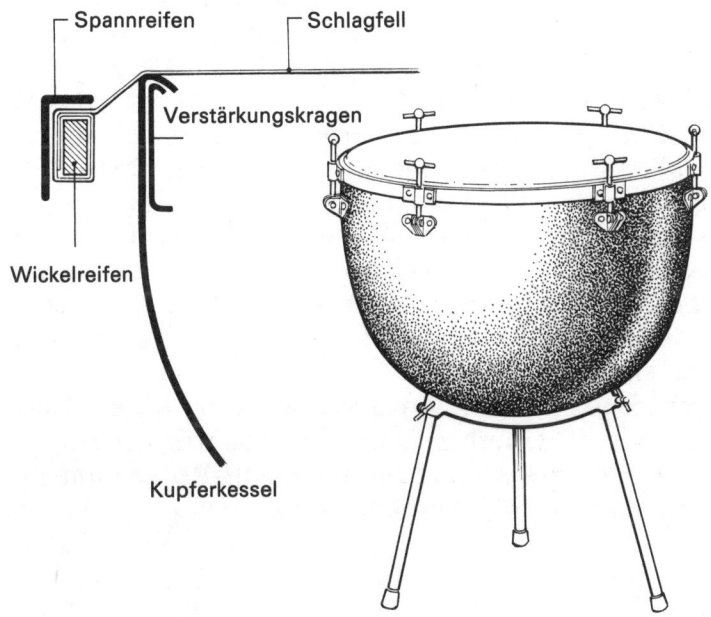

Spannreifen · Schlagfell · Verstärkungskragen · Wickelreifen · Kupferkessel

Paukenfabrikanten

Es gibt mehrere große Paukenfabrikanten und einige kleinere Firmen, die auf Bestellung hochqualifizierte Pauken herstellen. Die Ludwig Drum Company, Chicago, hat seit 1921 Pedalpauken hergestellt, die mit einer Federaufhängung versehen sind. Grundsätzlich wird die Spannung des Schlagfells gegen die Federspannung des Pedals ausbalanciert, so daß das Pedal in jeder Lage fest stehend bleibt. Die Pedalbewegung überträgt sich durch ein Gestänge auf die Spannschrauben. Ludwig produziert 32-, 29-, 23- und 20-Zoll-Pauken (= 80, 72,5, 57,5 und 50 cm), bei einigen Modellen auch 30-Zoll (= 75 cm) Größen. Das Universal-Modell hat ein abtrennbares Fußgestell, so können Kessel und Pedalmechanismus getrennt verpackt werden. Bei diesem Modell und dem Standard-Symphonic, das Außenverstrebungen hat, befindet sich der Mechanismus, der das Pedal mit dem Spanngestänge verbindet, *innerhalb* des Kessels. Nach meinem Geschmack ist das Professional-Symphonic-Modell das beste von Ludwigs Angebot. Dieses hat eine doppelte Ringaufhängung, d.h. der Kessel der Pauke hängt in einem äußeren Trägerring und ist nicht direkt an den Verstrebungen befestigt. Der Mechanismus befindet sich außerhalb des Kessels, das Pedal ist durch ein Gestänge, das durch die äußeren Verstrebungen geschützt ist, mit den Spannschrauben verbunden. Das Ludwig-Dresden-Modell ist mit diesem identisch, mit Ausnahme des Pedalmechanismus, der, wie man sich denken kann, dem originalen Dresdner Pedalmechanismus ähnlich ist: ein gezahnter Hebel, der durch einen Seitwärtshebel eingeklinkt wird. Es gibt auch einen Stimmhebel für Feinstimmung, der es ermöglicht, die mit dem Pedal festgelegten Töne etwas höher oder tiefer zu stimmen.

Unter Lizenz bringt Ludwig jetzt auch die Ringer-Pauken auf den Markt. Günther-Ringer-Pauken wurden bisher in West-Berlin hergestellt und für die »Rolls-Royce« unter den Pauken gehalten. Die Werbung lautet nun: »Ludwig, unter

Lizenz von Günther Ringer«, es ist jedoch nicht genau bekannt, wieviel von Ludwig gemacht wird und wieviel Ringer beisteuert. Die Kessel sind handgetrieben, und der Pedalmechanismus ist nach dem Dresdner-Modell, mit einem pistolengriffartigen Feinstimmer.

Ludwig stellt auch Konzert-Maschinenpauken her. Sie sehen aus wie die konventionellen Schraubenpauken, haben aber auch einen Hauptstimmhebel. Der Mechanismus befindet sich im Kessel, und die Beine schieben sich teleskopartig in der Pauke ineinander, damit sie besser transportfähig ist.

Das Angebot von Ludwig, das übrigens das größte aller Hersteller ist, hat wahlweise ein Stimmeßgerät als zusätzliches Zubehör. Es wird seitlich festgeklemmt, und der Anzeiger wird durch den Druck des Spannreifens bewegt.

Die Premier Drum Company Ltd. stellt Pedalpauken in den Größen 32, 30, 28, 25 und 22,5 Zoll (= 80, 75, 70, 62,5 und 56 cm) her. Der parabolisch geformte Kessel »schwebt« in einer äußeren Aufhängung. Das zentrale Hauptpedal wirkt auf eine Kupplung mit Kugellager, und ein fußbetriebener Feinstimmer ist auch vorhanden. Die Kessel sind in Höhe und Winkel verstellbar, und der Stimmanzeiger wird durch das Pedal in Bewegung gesetzt – die Strecke der Pedalbewegung steht im Verhältnis zur Bewegung des Anzeigers. Dieser kann an beiden Seiten der Aufhängung angebracht werden.

Die Slingerland Drum Company stellt die Philharmonic-Grand und die Supreme-Modelle her, und zwar in 32, 30, 29, 26 und 23 Zoll (= 80, 75, 72,5, 65 und 57,5 cm) Größen. Beide Modelle haben ein Hauptpedal mit Kugellagerhebel, der Mechanismus ist im Inneren des Kessels, sie sind in Höhe und Winkel verstellbar. Die Philharmonic-Grand hat ein abtrennbares Fußgestell, die Supreme hat außen unbewegliche Verstrebungen. Der Stimmanzeiger wirkt durch das Pedal.

Die Pauken von Rogers werden nur in Größen von 29, 26, 23 und 20 Zoll (= 72,5, 65, 57,5 und 50 cm) hergestellt, und (außergewöhnliche Ansprüche ausgenommen) bin ich der Ansicht, daß sie kaum von Berufspaukern in Betracht gezo-

Heute gebräuchliche Paukenmodelle: Oben links: Ludwig-Universal. Oben rechts: Ludwig Professional-Symphonic. Mit Erlaubnis der Ludwig Drum Co. Mitte links: Premier Pauken. Mit Erlaubnis der Premier Drum Co. Ltd. Unten links: Rogers Pauken. Mit Erlaubnis der Rogers Drum Co. Rechts oben: Hinger Pauken. Mit Erlaubnis der Hinger Touch-Tone Corp. Rechts Mitte: Das Ludwig-Dresden-Modell.

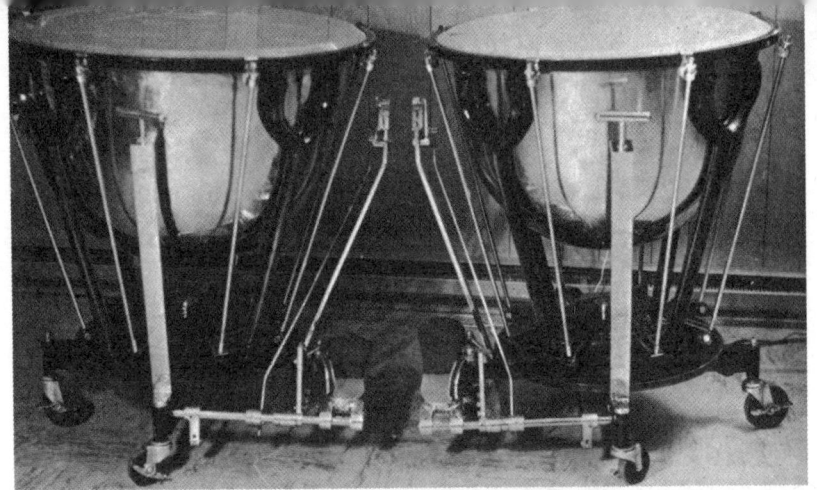

gen werden. Der aufgehängte, halbkugelförmige, fest verschlossene Kessel ist platiniert. Es wird behauptet, daß der Abstand der Pedalbewegung chromatischen Intervallen entspricht, ein Stimmhebel unter dem Kessel sorgt für die Synchronisation von Stimmvorgang und Pedaltätigkeit. Ein Feinstimmer ist auch vorhanden. Das ganze Gestänge befindet sich außerhalb des Kessels.

Die Hinger Touch-Tone Corporation wurde von Fred und William Hinger gegründet (Fred Hinger ist Solopauker in der New York Metropolitan Opera). Diese Pauken sind nach

Maß angefertigt in Größen von 31, 28, 25, 22 und 20 Zoll (= 77,5, 70, 62,5, 55 und 50 cm) und vereinigen in sich mehrere Verbesserungen gegenüber dem Dresdner-Modell, auf dem sie basieren. Der ganze Kessel kann, ohne das Schlagfell zu beeinflussen, gedreht werden: So ist der Spieler in der Lage, den jeweiligen Schlagfleck zu wählen. Das Pedal wird durch eine Fuß-, nicht durch eine Beinbewegung reguliert, und die Zacken der Zahnstange liegen so nahe beisammen, daß sich der Spieler ausschließlich auf das Pedalstimmen verlassen kann. Trotzdem ist außerdem ein Stimmhebel vorhanden, jede halbe Drehung entspricht einem Halbtonschritt der Tonleiter. Auch sind die Kessel auf rotierenden Scheiben montiert, so daß der Klang durch die Schwingungen verstärkt wird, die durch den Kessel zurückkehren, anstatt durch den Boden verlorenzugehen.

Die American Drum Company wurde durch Walter Light, Pauker im Orchester von Denver, gegründet. Diese Instrumente basieren wieder auf dem Dresdner-Mechanismus. Sie bestehen aus gehämmerten Kesseln, einem gegossenen Aluminiumrahmen und einem Stimmhebel. Die normalen Größen liegen zwischen 22 und 31 Zoll (= 55 und 77,5 cm), jedoch können andere Größen in Auftrag gegeben werden, und interessanterweise sind auch Kessel von 19, 20 und 21,5 Zoll (= 47,5 50 und 54 cm) erhältlich.

Wie so oft über Paukenspiel, so bestehen über die verschiedenen Pedalmechanismen große Meinungsunterschiede. Was mich anbetrifft, sind das Ausgleichs-Pedal von Ludwig und die Reibungskupplung von Premier beide schnell und gut. Es können jedoch für Unvorsichtige Probleme auftreten, wenn sie mit dem ausbalancierten Pedal von Ludwig Kalbsfelle verwenden. Wie ich schon erklärte, wird die Spannung des Fells durch die Federkraft des Pedals ausgeglichen. Wenn die Felle austrocknen, etwa durch Fernsehscheinwerfer, und der Spieler die ständig steigende Stimmung der Pauke nur durch Anpassung des Pedals ausgleicht, dann wird er einen Punkt erreichen, wo das Pedal die tiefste Stellung hat und nirgends mehr »halten« kann. Umgekehrt, wenn sehr feuchte Bedingungen herrschen, wird sich das Pedal zur höchsten Stellung hin bewegen. In diesen Situationen hilft nur, die Spannschrauben um das Fell herum zu ändern, damit dessen Spannung, je nach den klimatischen Bedingungen, im Gleichgewicht zum Pedal bleibt. Da die teureren Modelle nur Spannschrauben mit quadratischen Köpfen haben, würde das mühsam und zeitraubend sein.

Es dauert lange, bis man sich an die Zahnstangenkupplung des Dresdner-Pedals gewöhnt hat. Ich finde, man kann es mit dem Gaspedal eines Autos vergleichen, das in einer Stellung eingerastet ist, und das man nur lösen kann, wenn man das Pedal mit dem Absatz zur Seite stößt, um die Geschwindigkeit des Autos zu verändern. Nach meiner Meinung kommt noch ein weiterer Nachteil hinzu, und zwar, daß das Pedal sich normalerweise an der Seite des Instrumentes befindet, anstatt an der bequemeren zentralen Lage (mit Ausnahme des Ludwig-Dresden-Modells), und daß das Pedal in der Art eines Steigbügels geformt ist und für die Bedienung den ganzen Fuß erfordert. Sowohl der Ausgleichsmechanismus von Ludwig als auch die Reibungskupplung von Premier können, falls erforderlich, mit der Fußspitze bedient werden. Ich mag die Nachteile übertreiben, aber Kollegen, die auf dem Mechanismus des Dresdner-Modells gelernt haben, geben zu, daß sie es jetzt bei vielen modernen Werken langsam und umständlich finden würden. Es ist jedoch interessant, daß die Mehrzahl der amerikanischen Symphonieorchester die eine oder andere Machart dieses Pedals benutzen, im Gegensatz zu England. Ich muß zugeben, daß ich weit davon entfernt bin, die Popularität des Dresdner-Mechanismus in den USA und Europa zu verstehen.

3.
Der Paukenschüler

Sobald der Schüler sich dazu entschlossen hat, Pauker zu werden, kommt eine Anzahl Probleme auf ihn zu. Zunächst einmal ist es nicht zweckmäßig, nur Pauke allein zu lernen, losgelöst vom Rest der Schlagzeugfamilie. Gewöhnlich ist in jedem Orchester ein Spieler nur für die Pauke engagiert, und deshalb ist eine Stelle als Pauker nur sehr selten verfügbar.

Zweitens hat der Schüler es mit fast unüberwindlichen Problemen zu tun, die ausschließlich sein Instrument betreffen.

Unbequemlichkeiten, die den Harfen- und Kontrabaßspielern durch die Größe ihrer Instrumente verursacht werden, sind nur Lappalien im Verhältnis zu denen, die einem am Anfang stehenden Pauker begegnen! Ein Satz Pauken benötigt einen sehr großen Raum, und das bedeutet, daß nur wenige es sich leisten können, zu Hause zu üben. Dazu kommt, daß Pauken sehr kostspielig sind: Ein neuer Satz von fünf Pauken wird um die 60 000 bis 65 000 DM kosten, und natürlich ist es sehr schwierig und teuer, sie zu transportieren. Daher ist der Schüler meistens darauf angewiesen, in seiner Schule oder Hochschule zu üben oder im Probenraum, ehe das übrige Orchester eintrifft. Hinzu kommt, daß die weitverbreitete Haltung der Toleranz gegenüber dem Üben anderer Instrumentalisten beim Paukenspieler sehr rasch in Intoleranz umschlägt. Wenn er jedoch ein entschlossener Kerl ist, wird der Schüler alle diese kleinen Schwierigkeiten auf die eine oder andere Weise überwinden. Um dem zukünftigen Pauker einige der Übungsschwierigkeiten zu erleichtern, besteht die Möglichkeit, Remo Rototoms zu beschaffen. Diese rangieren in der

Größe von 18 bis 6 Zoll (= 45 bis 15 cm) und geben mit den passenden Schlagfellen einen klaren paukenähnlichen Ton von sich; durch Drehen der Trommel wird die Tonhöhe geändert. Sie sind unschätzbar als Tomtoms mit bestimmter Tonhöhe und sogar als Ersatz für außergewöhnlich hohe Paukentöne.

Unterricht von einem guten Berufsspieler wird natürlich von großem Wert sein. Unter allen Umständen sollte der Schüler sich von Anfang an darauf konzentrieren, einen möglichst guten Klang hervorzubringen. Ausgehend von den vielen vorhandenen Schulen sollte er zunächst nur mit zwei Pauken arbeiten, ehe er sich mit den viel größeren Schwierigkeiten befaßt, die vier oder fünf mit sich bringen.

Technik

Es gibt zwei grundlegende Faktoren beim Paukenspiel: die Schlagtechnik – die Art, wie der Spieler die Pauke schlägt – und das Stimmen des Instrumentes.

Fast alle Orchestermusiker spielen heutzutage im Sitzen, gewöhnlich auf einem Drehstuhl. Das ermöglicht dem Pauker, beide Füße für die Pedale zur Verfügung zu haben, und bietet maximale Bewegungsfreiheit. Das ist sehr notwendig, wenn man die Entfernung beim Bewegen um vier oder fünf Instrumente – oft um mehr als 180 Grad – in Betracht zieht. Wenn der Spieler stehen muß, was oft der Fall ist, wenn Pauken in Verbindung mit vielen anderen Schlaginstrumenten (bei nur einem Spieler) benutzt werden, dann hat er natürlich nur einen Fuß zum Nachstimmen.

Von den zwei grundlegenden Methoden, die Schlägel zu halten, ist die eine ähnlich dem entsprechenden Griff bei der kleinen Trommel: die Handfläche zeigt nach unten, und der Schlägel dreht sich zwischen dem Daumen und dem Mittelglied des Zeigefingers, während die anderen Finger mithel-

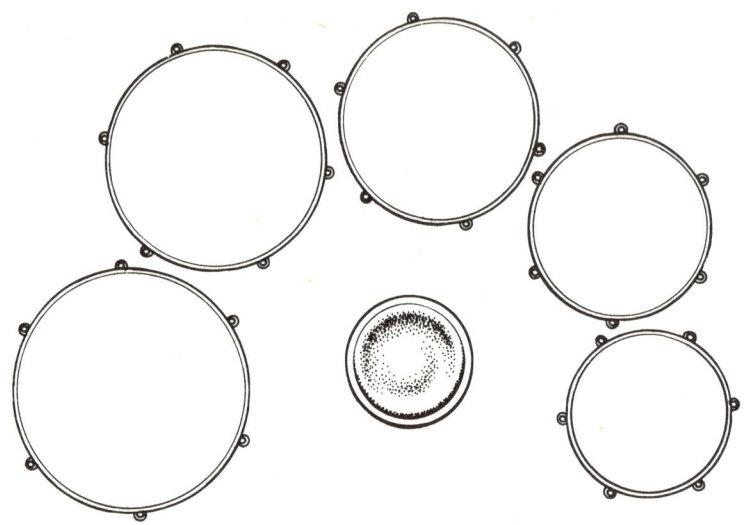

Die britische Aufstellung der Pauken.

fen, das Schwingen des Schlägels zu kontrollieren. Bei der anderen Methode ist die Hand so gedreht, daß der Daumen über dem Schlägel liegt und dieser zwischen dem Daumenende und dem Endglied des Zeigefingers geschwenkt wird; die anderen Finger kontrollieren wieder die Bewegung des Schlägels.

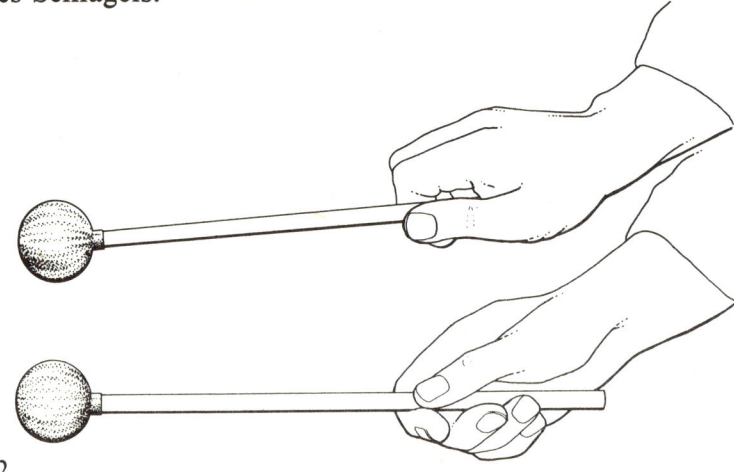

Welcher Grundgriff auch immer verwendet wird, die Hauptelemente der Technik bleiben konstant: Die Finger führen die Hauptbewegung aus und dann das Handgelenk; von Anfang an sollte ein Schüler daran denken, den Unterarm nur bei Fortissimo-Spiel zu benutzen. Der Ton muß aus dem Instrument »herausgezogen« werden, der Schlägel sollte möglichst kurze Zeit auf dem Schlagfell bleiben. Die Bewegung sollte das Gegenteil sein vom festen Einschlagen eines Nagels mit einem Hammer, denn jedes »Durchziehen« würde den Ton abwürgen. Es ist wichtig daran zu denken, den Schlägel nicht zu fest zu halten, denn das würde die natürliche Resonanz der Pauke hemmen.

Der normale »Anschlagpunkt« befindet sich gut 10 cm vom Rand entfernt. Ein kurzer Versuch wird zeigen, daß dies die beste Stelle für die Tonqualität ist. Je näher am Rand, desto dünner der Klang, und das kann vom Spieler für Pianissimo-Spiel ausgenutzt werden. Die Mitte der Pauke wird nur einen toten, dumpfen Ton hervorbringen.

Ein Paukenwirbel wird durch eine rasche Folge von Schlägen mit abwechselnden Schlägeln produziert, im Gegensatz zum Doppelschlag, zwei links zwei rechts, wie beim Wirbel auf der kleinen Trommel. Die natürliche Resonanz des Instrumentes wird die Lücken zwischen den Schlägen ausfüllen, und es entsteht ein gleichmäßiger, ununterbrochener Klang. Die Resonanzdauer einer Pauke hängt von der Größe des Instrumentes, der Tonhöhe, in der es gestimmt ist, und von der Art des Schlägels ab. Wenn wir ausgehen von einem Satz von Instrumenten mit makellosen Schlagfellen, dann wird das 32-Zoll(= 80 cm)-Instrument mehr Resonanz haben als das zu 20 Zoll (= 50 cm). Gleichermaßen wird auf einer 32-Zoll-Pauke bei einem großen F etwas mehr Resonanz sein, als wenn dieselbe Pauke zu ihrem höchstmöglichen Ton hochgetrieben würde, vielleicht einem H. Daraus folgt, daß der Spieler die Geschwindigkeit seines Wirbels der Tonhöhe und dem Instrument anpassen muß. Der höchste Ton auf der kleinsten Pauke wird sehr wenig natürliche Resonanz haben, um die Lücke zwischen den Schlägen auszufüllen, daher wird ein sehr schneller Wirbel erforderlich sein, während der gleiche rasche Wirbel auf den tiefen Tönen der 32-Zoll-Pauke den natürlichen Klang nur ersticken würde. Die Geschwindigkeit des Wirbels wird auch von der gewünschten Lautstärke bestimmt. Obwohl dies alles für den Nichteingeweihten sehr kompliziert klingen mag, so werden in der Praxis die feinen Varianten von Geschwindigkeit und Intensität des Wirbels durch einen Computer im Hirn des Spielers kontrolliert; er wird nicht dasitzen und ständig verstandesmäßig Entscheidungen über solche Dinge treffen!

Es wird dem Schüler bald einleuchten, daß es oft unmöglich ist, eine Passage zweihändig – links rechts links rechts etc. – zu spielen. Unter diesen Umständen ist die Lösung, entweder die »Kreuzschlag-Technik« anzuwenden oder zwei Töne mit demselben Schlägel zu spielen. Welche Spielart zu verwenden ist, richtet sich nach der jeweiligen Passage, dem Tempo und der Lautstärke. Am Ende von Berlioz' *Symphonie Fantastique* haben wir ein Beispiel für die Kreuzschlag-Technik.

Wenn der Spieler mit links beginnt, dann muß er für das sechste Achtel jedes Taktes über Kreuz schlagen. Während er das fünfte Achtel e mit seiner Linken schlägt, geht die Rechte über die Linke, um das sechste Achtel H zu spielen.

Zwar ist diese Technik großartig anzusehen, sie verlangt jedoch erhebliche Geschicklichkeit, wenn ein guter, gleichmäßiger Klang beibehalten werden soll. Bei der anderen Kreuzschlag-Technik bleibt eine Hand eher hinter der anderen, als daß sie drüber geht. Das kann bei einer Passage über drei Pauken eine große Hilfe sein:

44

Die linke Hand wird hinter der rechten gehalten und spielt nur die d's, während die rechte Hand vorne kreuzt, um das g auf der hohen Pauke und das A auf der tiefen Pauke zu spielen.

Ein »Überkreuz-Spiel« würde bei solch einer Passage sehr unbeholfen und schwerfällig sein – die andere Kreuz-Technik beseitigt dagegen alle Probleme.

Als Beispiel für eine schnelle Passage, die Doppelschlag-Technik erfordert, können wir Bartóks *Musik für Saiteninstrumente, Schlagzeug und Celesta* anführen.

Die beste Lösung der Schwierigkeiten, die diese Passage enthält, ist die Anwendung der Abfolge LRLL RLRR, da beide der genannten Überkreuz-Methoden zu unbeholfen wären.

Der Spieler wird seine Stimme an den kritischen Stellen mit den Schlägelangaben bezeichnen müssen, man sollte das nicht dem Zufall überlassen, da es mit Sicherheit eine Katastrophe zur Folge hat, wenn man eine komplizierte Stelle mit dem falschen Schlägel beginnt.

Es ist auch von großer Wichtigkeit zu wissen, wie und wann man die Pauken »dämpft«, d.h. den Klang beendet. Man tut es, indem man den Handballen oder die Fingerspitzen gegen das Schlagfell drückt. Das ist notwendig, um die geschriebenen Notenwerte zu spielen, und auch weil die anderen Pauken »mitschwingen« würden. Oft ist es wünschenswert, eine Pauke zu dämpfen, wenn die andere geschlagen wird:

Bei dieser Passage kann man das c dämpfen, wenn das f angeschlagen wird und umgekehrt.

Das wird in der Stimme niemals angezeigt; das Gehör des Spielers muß ihm sagen, wann es notwendig ist. Bei einem Fortissimo-Abriß muß der Spieler alle Pauken möglichst rasch abdämpfen. Es ist eine sehr nützliche Hilfe, die von vielen Spielern angewandt wird, ein Filzpolster zu haben, etwa 15 mal 10 cm, das mit einer Kordel am Rahmen von jedem Instrument befestigt ist. Wenn eine Passage nur zwei der vier oder fünf Pauken erfordert, dann können diejenigen zeitweilig mit diesen Polstern gedämpft werden, die nicht unmittelbar gebraucht werden.

Das Stimmen

Eine Vorbedingung für einen guten Pauker ist es, die Pauken genau stimmen zu können. Verhältnismäßig wenig Menschen besitzen ein absolutes Gehör (die Fähigkeit, irgendeinen Ton spontan aus dem Gedächtnis zu erkennen), und normalerweise wird der Schüler sich im Erkennen von Intervallen üben müssen wie natürlich auch in der Fähigkeit des Umstimmens, während er Pausentakte zählt und das Orchester spielt. Der Spieler kann die Stimmung überprüfen, indem er ins Schlagfell singt oder summt oder indem er es ganz leicht mit den Fingern antippt. Eine Quinte, Oktave oder Dezime in die Pauke gesungen wird das Schlagfell reagieren oder »antworten« lassen, wenn der richtige Ton erreicht ist. Ein einfaches Beispiel: Wenn die Pauken auf A und d gestimmt werden sollen, dann kann der Spieler das Orchester-A nehmen und das d überprüfen, indem er in diese Pauke das a singt – wenn die Pauke auf dem d steht, wird sie auf die reine Quinte reagieren.

Doch bei einer Mozart-Symphonie nur an A und d denken zu müssen, ist einfach im Vergleich zu *Sacre du Printemps* (Strawinsky), wo man mit einem ungeheuren Klangvolumen des Orchesters und mit komplizierten Bezeichnungen der Takte, die man in den Pausen zu zählen hat, die Pauken umstimmen muß. Anfangs scheint es dem Schüler eine Unmöglichkeit, gleichzeitig zu zählen und umzustimmen. Mit Übung gewöhnt man sich jedoch daran, und ein erfahrener Spieler wird ganz unbekümmert achtzig Takte im Vier-Viertel-Takt zählen und dabei Zeitung lesen können! (Es soll jedoch Dirigenten geben, die das nicht gerne sehen!)

Heutzutage sind die meisten Pauken mit einem Tonanzeiger ausgestattet, der die Tonhöhe der Pauke anzeigt. Der Tonanzeiger funktioniert entweder durch die Pedalbewegung oder durch die Druckveränderung des Spannreifens.

Auf jeden Fall muß der Tonanzeiger vorher eingestellt werden, benötigt meist häufige Regulierung und gibt nur einen ungefähren Anhaltspunkt – der Spieler sollte sich mehr auf sein Ohr als auf sein Auge verlassen! Er muß sich an das »Gefühl« für das Pedal bei den verschiedenen Intervallen gewöhnen. Dennoch muß man zugeben, daß der Tonanzeiger ein Vorteil und für viele zeitgenössische Werke oft unentbehrlich ist.

Intonation ist für den Pauker häufig eine Frage des Kompromisses. Eine Pauke kann im Pianissimo völlig rein klingen und doch etwas zu tief sein, wenn sie im Forte gespielt wird; und natürlich gilt auch das Gegenteil, eine Pauke kann im Fortissimo stimmen und im Pianissimo zu hoch sein. Manchmal hat der Spieler Zeit, dieses auszugleichen, manchmal aber nicht. Außerdem wird eine im Fortissimo angeschlagene Pauke anfangs oft zu tief klingen und dann zu ihrem eingestimmten Ton hochsteigen.

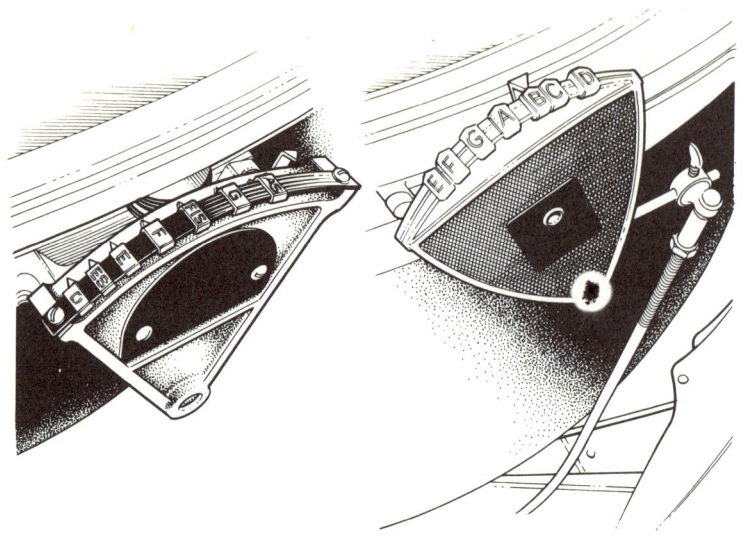

Links: Der Ludwig-Tonanzeiger, der durch die Druckveränderung des Spann-reifens in Gang gebracht wird.
Rechts: Der Premier-Tonanzeiger, der durch das Pedal in Bewegung gesetzt wird.

Die meisten Komponisten heute geben Umstimmungen nicht an, und der Spieler wird seine Stimme durchgehen müssen und alle Angaben zum Stimmen eintragen. Es gibt keine allgemeinen Regeln dafür, und jeder Spieler kommt zu einer eigenen Lösung. Einige Methoden funktionieren bei bestimmten Situationen, aber nicht bei anderen – ganz klar, je komplizierter und zahlreicher der Wechsel der Tonhöhe, um so schwieriger ist es, eine ideale Lösung zu finden. Die einzige richtige Lösung ist eine Kombination von Anweisungen, je nach den verschiedenen Umständen. Entweder über den Notenlinien so angeben:

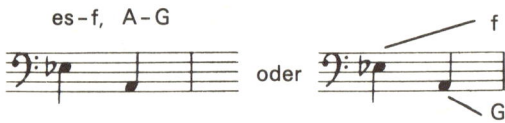

Die andere Möglichkeit ist, eine Linie zu benutzen, um die verschiedenen Tonhöhen auf derselben Pauke anzuzeigen,

daß heißt, das A wird zum G pedalisiert und gleich zurück zum A.

Eine andere Methode ist es, zu Beginn die Töne zu verzeichnen, mit später angezeigten Veränderungen der Tonhöhe: F C Es Fis ... -D-E –. (Das C verändert sich zu D und das Es zu E) ... Fis-Es- (F zu Fis, E zurück zu Es). Der Nachteil dieser Methode ist jedoch, daß der Spieler leicht die alten Tonhöhen, die nicht angezeigt sind, vergißt – bei nur kurzer Zeit zum Umstimmen muß der Spieler nicht nur die neue Tonhöhe wissen, sondern auch seinen Ausgangston. Bei einer Stelle wie dieser aus Brittens *War Requiem* muß der Spieler die Umstimmungen folgendermaßen anzeigen:

Ganz klar ist, daß er überhaupt keine Zeit hat zurückzublikken.

Der vierte Satz von Bartóks *Konzert für Orchester* bietet deutlich Probleme: Einige Spieler ziehen es vor, diese Passage nur auf zwei Pauken zu pedalisieren, andere bevorzugen drei, wieder andere vier:

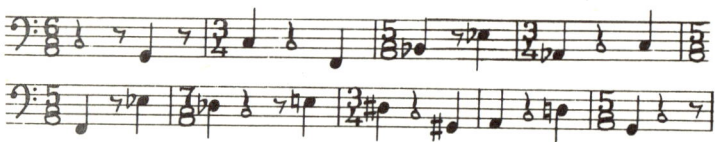

Ich selber bin der Ansicht, daß die Methode mit zwei Pauken nicht gut ist; es gibt z.B. keine Möglichkeit, von es nach des zu spielen ohne ein kleines, aber hörbares Glissando. Die Verwendung einer dritten Pauke, die man auf es lassen kann, umgeht dieses Problem. In gleicher Weise kann die Benutzung von vier Pauken nur dazu verhelfen, die Passage »klarer« klingen zu lassen. Spieler mögen Umstimmungen in die Stimmen einzeichnen, aber die meisten Spieler werden diese berühmte Passage auswendig gelernt haben.

Normalerweise stellen britische und amerikanische Spieler ihre Pauken so auf: das größte Instrument links, das kleinste rechts, was recht logisch erscheint, wenn man an die Tasteninstrumente denkt – die tiefsten Töne links bis hin zu den höchsten rechts. Die meisten Pauker sonst in Europa stellen sie jedoch anders herum. Dafür gibt es zwei Theorien. Die erste lautet, daß früher Kontrabaßspieler manchmal den Pauken zugeteilt wurden, und natürlich liegt bei denen die tiefste Saite rechts – daher stellten sie selbstverständlich die Pauken so herum. Die zweite Theorie besagt, daß die montierten Pauken auf Tonika und Dominante gestimmt wurden, und da der stärkste Schlag auf der Tonika benötigt wurde, und die meisten Spieler rechtshändig waren, wurde die größere Pauke rechts aufgestellt. Ich weiß nicht, welche Theorie die richtige ist; vielleicht steckt in beiden etwas Wahres (s. Abb. Seite 42).

Obwohl es selbstverständlich scheinen mag, ist es wesentlich zu erwähnen, daß das Schlagfell, ob Kalbfell oder Kunststoff, rundherum den gleichen reinen Ton hervorbringen muß, ohne Schwebungen. Das mag wie eine einfache Angelegenheit klingen, aber in der Praxis ist es oft ein schwer erreichbares Ideal. Eine erhebliche Geldsumme für neue Schlagfelle, Kalb oder Kunststoff, auszugeben, ist unglücklicherweise keineswegs eine Garantie für einen makellosen Paukenklang. Felle beider Arten, die gut genug sind für ein professionelles Symphonieorchester, sind schwer zu finden, und vor allem solche aus Kunststoff, die maschinell auf den Spannreifen aufgestanzt werden, verlangen erhebliches Geschick und viel Geduld, wenn sie mit Erfolg montiert werden sollen.

Schlägel

Es ist eine sehr persönliche Angelegenheit, welche Paukenschlägel man bevorzugt. Der Stock selbst kann aus Malakka-Rohr sein oder, heute sehr viel öfter, aus einem steifen Holzstab, einem Aluminium- oder Bambusrohr.

Der Kopf des Stockes kann kugelförmig, zylindrisch oder birnenförmig sein (siehe nächste Seite).
Für den normalen Gebrauch wird ein professioneller Pauker viele Paare von Filzschlägeln haben, die alle verschiedene Klangschattierungen hervorbringen. Der Kern des Kopfes kann aus verschiedenem Material sein: Filz, Holz, Korken, Gummi oder Kunststoff, und der Filzüberzug von verschiedenen Qualitätsgraden und Schichten. Sie alle ermöglichen dem Spieler eine unendliche Variation der Schlägel und somit eine große verschiedenartige Auswahl von Klangfarben. Er wird wahrscheinlich auch einige Schlägel mit lederüberzogenen Köpfen haben und einige mit Holzköpfen. Einige Spieler haben eine große Antipathie, Holzschlägel zu verwenden, da sie das Gefühl haben, daß sie ihre wertvollen Felle beschädigen.

Ich selber stimme dieser Meinung nicht zu, obwohl man Holzschlägel – und vor allem die für kleine Trommeln – mit großer Vorsicht verwenden muß. In einigen Werken von Britten sind Schlägel für kleine Trommel vorgeschrieben, und man muß sie auch unbedingt benutzen.

Die Schlägel für kleine Trommel können schon ein Schlagfell leicht beschädigen oder es sogar bei unbesonnenem oder schwerem Spiel durchbohren. Je kleiner der Schlägelkopf für kleine Trommel ist, um so größer die Gefahr. Eine Möglichkeit, die Gefahr bei gleichzeitigem Erzielen der vom Komponisten beabsichtigten Klangfarbe zu verringern, ist die Verwendung von Hinger-Touch-Tone-Schlägeln für kleine Trommel: das sind mit einer Oxydschicht überzogene Aluminiumschlägel ohne Spitze oder Kopf.

Der dickere Teil des Schlägels ist ein Gummistreifen, den man nach Wunsch des Spielers verschieben kann, um das Gleichgewicht des Schlägels zu regulieren. Verschiedenartige

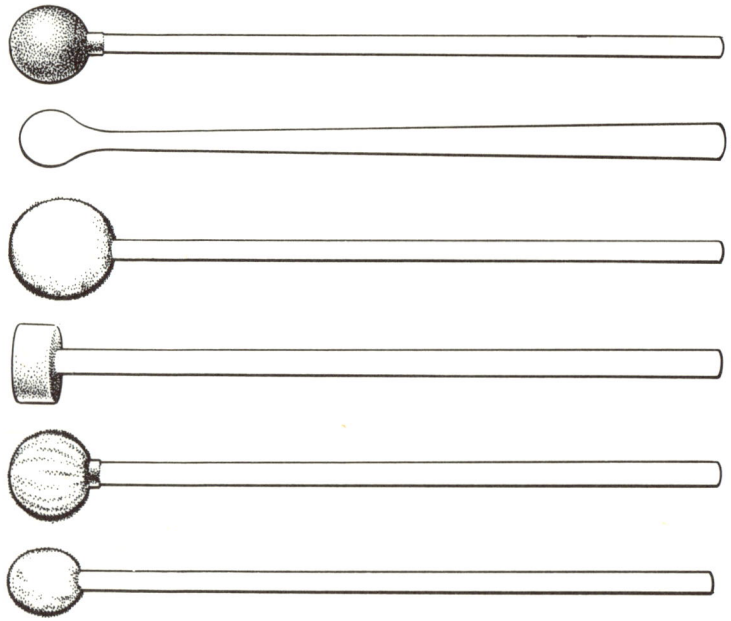

Tom, Tom der Sohn des Pfeifers *Britten, »Turn of the Screw«*

Hinger-Touch-Tone-Schlägel für kleine Trommel

Kombinationsschlägel ergänzen die Ausstattung eines Paukers. Wenn sie sich auch etwas unbequem oder unausgewogen anfühlen, so können sie für bestimmte Werke von unschätzbarem Wert sein.

Die Länge und das Gewicht von Paukenschlägeln hängen von der persönlichen Vorliebe ab. (Das gilt freilich für alle Schlägel.) Jeder einzelne Spieler muß entscheiden, was für ihn ausgewogen und »richtig« ist. Es ist schwierig, Paukenschlägel in einem Laden zu kaufen. Einige Spieler stellen sich ihre eigenen her, andere beschaffen sie sich allmählich aus verschiedenen Ländern.

Sehr wenige Komponisten geben an, was für eine Art Schlägel verwendet werden soll, mit Ausnahme von Holzschlägeln, die einen völlig anderen Klang hervorbringen. Sonst wird die Wahl üblicherweise dem Spieler überlassen, obwohl Dirigenten oft nach einem »härteren«, »trockneren« oder »runderen« Klang verlangen. Natürlich unterscheiden sich die Klangvorstellungen der Pauker genauso wie die anderer Instrumentalisten. Einige bevorzugen einen sehr harten, spröden Ton, andere einen weicheren Klang mit mehr Resonanz. Man kann nicht sagen, was richtig oder falsch ist, es ist eine Geschmacksfrage. Man sollte aber daran denken, daß Pauken im Abstand von einigen Metern völlig anders klingen als für den Spieler selbst, und so ist es nicht schlecht, wenn der Spieler mal aus einiger Entfernung den Klang seiner Instrumente und Schlägel hört.

Größe und Tonumfang der Instrumente

Wir kommen wieder zurück auf die persönlichen Vorstellungen der Spieler, nicht so sehr die Größe der Pauken betreffend als vielmehr den Tonumfang jedes einzelnen Instrumentes.

Die Ludwig-Pauken werden in Größen von 32, 29, 26, 23 und 20 Zoll (= 80, 72,5, 65, 57,5 und 50 cm) gebaut, mit einer in einigen Modellen auch erhältlichen 30-Zoll-Pauke (= 75 cm), während Premier-Pauken in 32, 30, 28, 25 und 22,5 Zoll (= 80, 75, 70, 62,5 und 56 cm) hergestellt werden.

Über den Tonumfang der größten Pauke herrscht wenig Meinungsverschiedenheit, da sie so eingerichtet sein muß, daß die tiefsten Töne erreicht werden können, die der Spieler je spielen soll. Man kann deshalb davon ausgehen, daß ihr tiefster Ton das C ist, eventuell sogar ein Kontra-H von zweifelhafter Qualität. Der höchste Ton dieser Pauke ist wohl ein A oder möglicherweise sogar ein H, je nach dem Schlagfell. In ähnlicher Weise wird der Tonumfang der kleinsten Pauke von dem gewollten höchsten Ton bestimmt; wenn der Spieler in der Höhe ein h wünscht, dann wird wahrscheinlich der tiefste Ton von annehmbarer Qualität ein e oder f sein. Es muß betont werden, daß der Tonumfang jeder Pauke von dem jeweiligen Schlagfell abhängt, und daß etwa nur eine Dur-Terz in der Mitte des Tonumfanges Töne von höchster Qualität und Resonanz hervorbringt. Kunststoffschlagfelle führen zwar zu einem größeren Tonumfang, aber die tiefen Töne sind meistens von geringerer Qualität. Das hat einige Spitzenspieler dazu verleitet, Pauken für einen Tonumfang einzurichten, der wesentlich höher liegt, als man früher für möglich oder wünschenswert gehalten hätte. Die 28-Zoll-Pauke (= 70 cm), von der man bisher glaubte, daß ihr wirkungsvoller Tonumfang etwa vom F bis c läge, wird nun häufig auf A bis f eingerichtet. Eine Folge davon ist, daß das f, wenn auch ein reiner Ton, wenig oder gar keine Resonanz hat, und für mein Ohr zumindest endgültig das runde, spezifische Paukentimbre verliert, indem es mehr wie ein Tomtom mit bestimmter Tonhöhe klingt.

Man kann also sagen, daß der Tonumfang einzelner Pauken nicht wie bei den meisten Instrumenten vorher festgelegt ist. Das folgende Diagramm zeigt den für meine Begriffe wirkungsvollsten Tonumfang des normalen Satzes von fünf Pauken wieder:

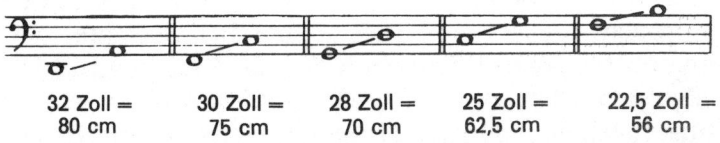

32 Zoll =	30 Zoll =	28 Zoll =	25 Zoll =	22,5 Zoll =
80 cm	75 cm	70 cm	62,5 cm	56 cm

Ich habe ausdrücklich den wirkungsvollsten Tonumfang gesagt, denn normalerweise werden dem Spieler nach beiden Seiten darüber hinaus Töne zur Verfügung stehen, die er bei

Bedarf spielen kann. Das kann sein, wenn ein Komponist ein rhythmisches Motiv von mehreren Tönen in enger Lage geschrieben hat; der Spieler hat keine Zeit, die Töne mit dem Pedal zu ändern, und muß sich schließlich für einen Ton minderer Qualität entscheiden.

Der tiefste der vier Töne ist es, dem Spieler bleibt keine andere Wahl, als dafür die vierte Pauke zu benutzen.

Einige Spieler haben mehr als den Satz von fünf Pauken, was ihnen ermöglicht, in unangenehmen Situationen eine zusätzliche Pauke dazuzunehmen. Ob das durchführbar ist, hängt jeweils von der Partitur ab. Wegen der schlechteren Qualität der tiefsten Töne bei Verwendung eines Kunststoffelles sind einige Spieler nun der Ansicht, es wäre die beste Lösung, ein Instrument von 33 oder 34 Zoll (= 82,5 oder 85 cm) Durchmesser als tiefstes zu wählen; das, so glauben sie, würde die Qualität der tiefsten Töne verbessern.

Der Pauker leidet mehr als andere Spieler unter den Schwierigkeiten mit seinen Instrumenten. Wegen des Gewichtes und der Unbeholfenheit der Pauken ziehen es kleinere Berufsorchester vor, bei auswärtigen Gastspielen Pauken auszuleihen, und der Spieler muß sich in jeder Stadt an andersartige Pauken gewöhnen. Meistens findet er sehr minderwertige Instrumente vor.

Nach meinen Erfahrungen sind meistens diejenigen die besten Spieler, die sich wirklich übertrieben um ihre Pauken kümmern, die sie absolut rein halten und mit Scheiben oder gepolsterten Deckeln usw. bruch- und stoßsicher schützen. Wie die meisten anderen Instrumentalisten haben sie es nicht gern, wenn irgendein unbekannter Spieler daherkommt und in ihrer Abwesenheit die Pauken benutzt. Folglich werden die Pauken auf Tournee entweder zweitrangig oder ausgeliehen sein; ob so oder so – der Spieler hat Glück, wenn er einen guten klaren Ton bekommt, denn man hört nie sagen: »Der arme Pauker hat seine Sache sehr gut gemacht, wenn man bedenkt, was für fürchterliche Instrumente er benutzen mußte!«

Der Pauker hat im Orchester eine einzigartige Position. Meistens sitzt er hinten isoliert, von seinen Instrumenten umgeben – ganz anders als seine Vorgänger zu Mozarts Zeit. Während er im 18. Jahrhundert nur die Trompeten mit unterstützt hat, so hat er nun eine wesentliche Rolle, zum Beispiel im Schlußtanz von *Sacre du Printemps,* ein äußerst schwieriges Obligato in Brittens *Nocturne* für Tenor-Solo, sieben obligate Instrumente und Streichorchester (siehe unten) oder eine führende Stimme in vielen Werken von Bartók.

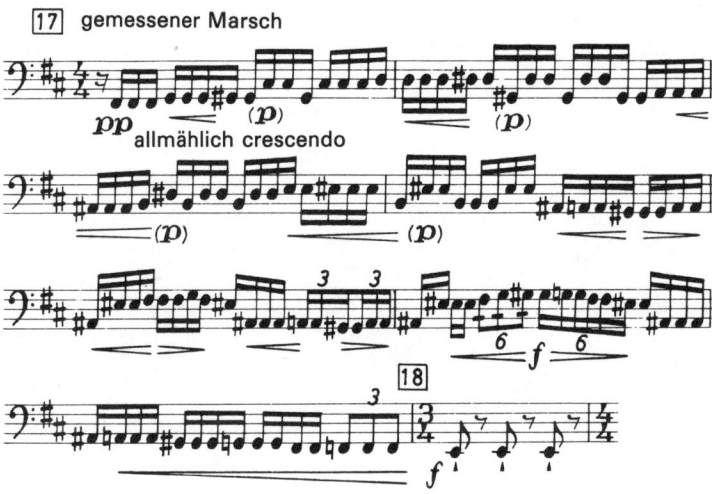

Der Pauker hat Probleme und Schwierigkeiten, mit denen kein anderer Stimmführer kämpfen muß. Dank seiner Aufgaben und Verantwortung ist er einer der wichtigsten Musiker im modernen Symphonieorchester.

Zweiter Teil

Die Schlaginstrumente

4.
Allgemein gebräuchliche Schlaginstrumente

Dieser Teil des Buches soll alle meist verbreiteten und verwendeten Schlaginstrumente enthalten, mit Ausnahme der Pauken und der konventionellen Malletinstrumente. Mir scheint eine einfache, *alphabetische Aufzählung** bei weitem besser zu sein als die übliche Einteilung der Instrumente in Membranophone, Idiophone, Aerophone etc., denn mir ist noch nie ein Schlagzeuger begegnet, der diese Art Nomenklatur benutzt.

Als ich dieses Buch schrieb (im Frühjahr 1977), waren dies die Instrumente, denen man am ehesten begegnet. Jedes Volksinstrument und dessen Varianten zu behandeln und jede unterschiedliche Schreibweise anzuführen, ist indes ein Ding der Unmöglichkeit. Ich hoffe aber, daß das behandelte Gebiet weit genug gefaßt ist, um die meisten Fragen zu beantworten und manches Mißverständnis auszuräumen. Als eine weitere Hilfe habe ich nach Möglichkeit die Instrumentennamen auf Deutsch, Englisch, Französisch, Italienisch und Spanisch genannt und alternative Bezeichnungen hinzugefügt.

Viele Schlaginstrumente haben einen Doppelcharakter: mal kennt man sie mit bestimmter, mal mit unbestimmter Tonhöhe. Die Verfügbarkeit von Instrumenten ist je nach Städten und Ländern unterschiedlich. Wenn ein Komponist für einen zweioktavigen Satz Glocken schreibt, die er in Sälen

---

* Die Aufzählung in der deutschen Ausgabe ist analog dem englischen Original, um den inneren Zusammenhang nicht zu zerstören, doch konnte die alphabetische Reihenfolge so nicht streng eingehalten werden. Anm. des Lektors.

und Studios überall in Deutschland sieht, dann dürfen wir uns nicht wundern, wenn er überrascht ist, daß sie woanders nicht erhältlich sind.

Antike Zimbeln

Engl.: Antique Cymbals
Franz.: Crotales, Cymbales antiques
Ital.: Crotali
Span.: Crotalos

Sie sind unterschiedlich bekannt als antike Zimbeln, Crotales, Fingerzimbeln und aus Messing, Bronze oder einer anderen Metallegierung gefertigt. Strenggenommen waren Crotales ursprünglich Metallkastagnetten, eher wie Miniaturzimbeln, und wurden von Tänzern schon vor zweitausend Jahren benutzt. Heute ist die Definition etwas anders, und wie bei vielen anderen Schlaginstrumenten gibt es solche mit bestimmter und unbestimmter Tonhöhe. Crotales haben jetzt im allgemeinen bestimmte Tonhöhe, Antike Zimbeln entweder bestimmte oder unbestimmte, Fingerzimbeln unbestimmte Tonhöhe. Welche Bezeichnung der Komponist auch verwenden mag, als allgemeine Regel kann gelten, daß Fingerzimbeln gemeint sind, wenn keine bestimmte Tonhöhe angegeben ist.

Fingerzimbeln haben einen Durchmesser von nur 2–3 Zoll (= 5–7,5 cm) und werden paarweise gespielt. Sie können wie Miniaturbecken oder wie kleine Glocken geformt sein und werden jetzt immer öfter von Komponisten und Bearbeitern verwendet. Der Klang soll ohne bestimmte Tonhöhe sein, etwa wie eine Triangel.

Crotales sind wesentlich schwerer, da der Rand etwa 3/16 Zoll (= 5 mm) dick ist, und der Durchmesser etwa zwischen 2,5 und 5 Zoll (= 6,25 und 12,5 cm) beträgt. Ob Fingerzimbeln oder Crotales, sie haben einen sehr charakteristisch ho-

Crotales, mit Erlaubnis von M. Grabmann.

hen, klaren, glockenähnlichen Klang, der sehr durchdringend ist; in der Tonhöhe unterscheiden sie sich ein ganz klein wenig voneinander, so daß eine kleine Dissonanz entsteht. Wahrscheinlich war der erste bemerkenswerte Gebrauch von Crotales im Orchester bei Berlioz im *Königin-Mab*-Scherzo von *Romeo und Julia* (b'' und f'''). Debussy verwendete sie effektvoll am Ende von *L'Après-Midi d'un Faune* (e'' und h'') aber auch sonst häufiger. Die Crotales erklingen zwei Oktaven höher als notiert. Wahrscheinlich haben diese Komponisten die Crotales extra herstellen lassen. Einige Spieler neigen heute dazu, ein Crotale eher mit einem Schlägel anzuschlagen als eines mit einem anderen derselben Tonhöhe zusammenzuschlagen. Für mein Ohr ist das ein deutlicher Verlust an Tonqualität, wenn diese Spielart bei Werken wie denen von Berlioz oder Debussy übernommen wird.

Heute schreiben Komponisten für einzelne Crotales oder für ganze Sätze von chromatisch gestimmten Crotales, die mit Schlägeln gespielt werden ähnlich denen, die für ein Glockenspiel benutzt werden. Der chromatische Crotale-Satz wird hauptsächlich von Avedis Zildjian in Amerika und von Bernhard Kolberg und Royal Percussion in Deutschland hergestellt.

Ein zweioktaviger Tonumfang von c'–c''' ist normal (es klingt zwei Oktaven höher als notiert), obwohl es dafür keine bestimmte Begrenzung gibt.

Da die tieferen Crotales um die 4,5 Zoll (= 11,25 cm) Durchmesser haben, so wird man leicht einsehen, daß zwei Oktaven eine »Klaviatur« von etwa 5 Fuß (= 150 cm) Breite ergeben. Hier gibt es für den Spieler ein ungewöhnliches Risiko, daß gerade in der Mitte der Crotales eine Stelle ist, die er nie treffen darf, da das nur einen »toten« Klang hervorbringen würde, völlig anders als der schöne, glockenähnliche, charakteristische Crotale-Klang! Der chromatische Satz von Crotales erscheint häufig bei zeitgenössischen Komponisten – bemerkenswert bei Olivier Messiaen in Werken wie *Sept Hai Kai* und *Des Canyons aux Étoiles*. Ein gutes Beispiel für die Verwendung von Fingerzimbeln und einzelnen Crotales ist in George Crumbs *Ancient Voices of Children*. Der Crotale-Klang ist sehr durchdringend und resonant, er dauert zehn bis fünfzehn Sekunden an, so daß es von großem Vorteil ist, wenn man die chromatisch gestimmten Crotales auf einem Ständer mit eingebauter Dämpferleiste, ähnlich der für das Vibraphon verwendeten, montieren kann.

Amboß

Engl.:   Anvil
Franz.:   Enclume
Ital.:   Incudine
Span.:   Yunque

Wie der Name schon besagt, soll der beabsichtigte Klang der eines angeschlagenen Schmiedeambosses sein. Da diese natürlich außerordentlich schwer und unpraktisch sind, wird eine große Auswahl von Ersatzmöglichkeiten benutzt, um die richtige Wirkung zu erzielen: kurze Enden von Gerüst- oder Eisenbahnschienen – praktisch alles, was den Amboßklang hervorbringt, ohne zu klangvoll oder schön zu klingen.

Wagner verwendete im *Rheingold* tatsächlich achtzehn Ambosse, und dann gibt es natürlich den berühmten Amboß-Chor in Verdis *Il Trovatore*. Wie man sich denken kann, erscheint der Amboß im allgemeinen jedoch verhältnismäßig selten und dann auch nur, um an einer bestimmten Stelle Farbe und Wirkung beizusteuern wie z.B. in Waltons *Belshazzar's Feast*.

Große Trommel

Engl.:   Bass Drum
Franz.:   Grosse caisse
Ital.:   Gran cassa
Span.:   Bombo

Der Ursprung der großen Trommel ist nicht genau bekannt, obwohl es den Nachweis für die Existenz einer Trommel dieser Art in alten Zeiten gibt, und es erscheint möglich, daß sie aus dem Mittleren Osten stammt. Heutzutage ist die große Trommel im Orchester ein wesentliches Schlaginstrument, Teil der Trommelausstattung einer Pop-Gruppe oder für eine Marschkapelle. Obwohl dieselbe Bezeichnung benutzt wird, handelt es sich tatsächlich um drei recht verschiedene Instrumente. Trotzdem gibt es Ähnlichkeiten in der Funktion, die eine große Trommel in einer Pop-Gruppe oder einer Marschkapelle ausüben soll: Sie soll den Hauptpulsschlag liefern, der für eine Kapelle so wichtig ist.

Die Verwendung in einer Pop-Gruppe und Tanzkapelle

Für eine Pop-Gruppe oder eine große Tanzkapelle ist die große Trommel nur ein – wenn auch ein sehr wichtiger – Teil einer Trommelausrüstung (für einen Spieler). Sie wird mit einem Fußpedal bedient (vgl. auch Kapitel 6, Ständer und Zubehör). Der Kessel, gewöhnlich aus Sperrholz und mit einer Art Kunststoffschicht überzogen, ist in vielen Farben und verschiedenen Ausführungen zu haben. Dabei wird die Größe der Trommel von persönlichen Vorstellungen und von der Mode bestimmt. Ja, die Mode . . . In den dreißiger Jahren waren es oft große Trommeln mit einem Schlagfell-Durchmesser um die 28 Zoll (= 70 cm) und einer Zylindertiefe von 18 Zoll (= 45 cm). Heutzutage scheint die beliebteste Größe 22 x 14 Zoll (= 55 cm x 35 cm) zu sein. Die Trommel hat vorn »Sporen«, um sie in ruhiger Lage zu halten, das Pedal ist an der Rückseite befestigt. Es gibt verschiedene Ausführungen, so daß Tomtoms und/oder Becken oben drauf montiert werden können.

Abbildung mit Erlaubnis der Premier Drum Co.

Das Fußpedal ist für den Spieler genauso wichtig wie die Trommel selbst; es wird sehr stark beansprucht und muß vollkommen ausbalanciert sein, so daß der Fuß des Spielers eine sehr rasche Folge von Schlägen ausführen kann. Der Schlägel kann aus hartem Filz oder Holz sein oder einen harten Kern haben, der mit Lammwolle überzogen ist – auch wieder je nach Vorliebe. Den gewünschten Klang beschreibt man vielleicht am besten als toten, dumpfen Schlag; er wird gewöhnlich erreicht durch Dämpfer im Inneren oder durch Umwikkeln der äußeren Oberfläche des Schlagfells. Bei Bandaufnahmen entfernen einige Spieler sogar das Resonanzfell völlig und legen eine Decke in den Kessel der Trommel, um den gewünschten Klang zu erzielen. Die meisten Spieler, die an einem Trommel-Set sitzen, benutzen ihren rechten Fuß für das Pedal der Baßtrommel und den linken für die Charlestonmaschine; einige Spieler bevorzugen einen Satz mit zwei Baßtrommeln, wobei der linke Fuß entweder für die Charlestonmaschine oder die zweite Baßtrommel benutzt wird. Der Trommler muß ein gleichmäßiges Tempo halten, während er der Kapelle gleichzeitig den rhythmischen Impuls gibt. Ein guter Spieler wird die Kapelle »antreiben«; das heißt aber nicht, daß er eilt.

Die Verwendung in Marschkapellen

Der Baßtrommler in einer Marschkapelle bestimmt den Hauptpulsschlag für die Kapelle und für die, die hinterher marschieren; er ist verantwortlich für die Festsetzung und Beibehaltung des richtigen Tempos. Zusätzlich signalisiert er dem Rest der Kapelle durch den »Doppelschlag« (zwei Schläge dicht nacheinander), wann sie aufhören soll zu spielen. Das normale Marschtempo in England beträgt 112 oder 120 Schritte in der Minute. Nach alter Tradition marschieren Regimenter jedoch in verschiedenen Geschwindigkeiten – in einigen Fällen bis zu 160 Schritte pro Minute. Der Trommler der großen Trommel schlägt die Trommel in der Mitte mit einem harten Filzschlägel; das erzeugt einen kräftigen Schlag, der noch in erheblicher Entfernung zu hören ist. Die durchschnittliche Größe einer großen Paradetrommel beträgt etwa 12 Zoll (= 30 cm) in der Breite und etwa 28 Zoll (= 70 cm) im Durchmesser. Alle Marschtrommeln wurden früher üblicherweise mit Schnüren gespannt, die modernen sind eher mit Spannschrauben versehen; und die Kunststoffelle beseitigen nun alle klimatischen Probleme, welche die Spieler vordem mit Kalbsfellen hatten.

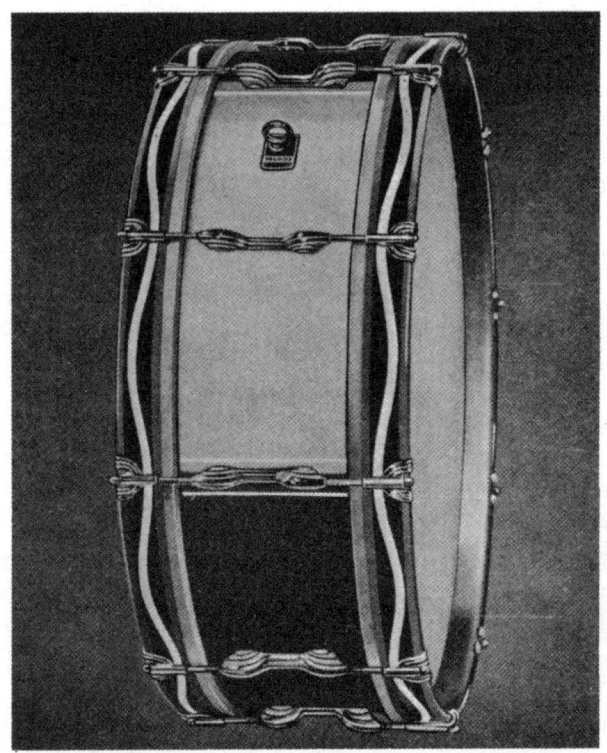

Abbildung mit Erlaubnis von George Potter und Co. Ltd.

Fragen Sie einen früheren Schlagzeuger einer Militärka-
pelle nach Paraden im Regen, als noch Kalbsfelle verwendet
wurden, und Sie werden mit Sicherheit Lustiges zu hören bekommen!

Die Verwendung im Orchester

Die große Trommel im Orchester unterscheidet sich fast in jeder Hinsicht von der obengenannten. Natürlich sind große
Schwankungen in der Größe möglich, wahrscheinlich wird
jedoch ein Symphonieorchester über eine große Trommel

von etwa 18 Zoll (= 45 cm) Zylinderbreite und 40 Zoll (= 100 cm) Durchmesser verfügen. Vermutlich aus geschichtlichen Gründen waren in Deutschland Trommeln verbreitet, deren Zylinderbreite größer war als der Durchmesser. Die Trommel kann senkrecht auf einem Gestell stehen oder auf einem Ständer montiert sein, bei dem der Winkel regulierbar ist.

Wenn die Schraube durch die Trommel hindurchführt, geht ein Teil des Tonvolumens verloren. Besser ist es, die Trommel aufzuhängen. Der große Vorteil für den Spieler: die Trommel kann je nach Belieben im Winkel verstellt werden,

Deutsches Modell einer großen Trommel, für das London Symphony Orchestra hergestellt – der Winkel ist regulierbar, wegen des Mechanismus führt die Schraube durch die Trommel hindurch.

so daß eine schnelle, rhythmische Passage, falls bevorzugt, nach Art einer Pauke gespielt werden kann. Die Trommel im Orchester sollte einen stärkeren Kessel haben als andere große Trommeln, und Kalbsfelle sind vorzuziehen. Tonqualität ist allein entscheidend; der Ton sollte voll und resonant, die Tonhöhe tief und unbestimmt sein.

In England war besonders die große einfellige Trommel viele Jahre verbreitet – also eine große Trommel mit *einem* Fell, die an der anderen Seite offen war.

Für bestimmte Werke sind einfellige große Trommeln sehr nützlich. Ein Nachteil ist, daß der Klang eher zu einer bestimmten Tonhöhe neigt; deswegen sind sie bei einigen Aufnahme-Ingenieuren und Dirigenten nicht beliebt, sie finden, daß der Klang der Pauke zu ähnlich ist.

Einfellige große Trommel. Mit Erlaubnis von M. Grabmann.

Viele verschiedenartige Schlägel werden benötigt, um alle Möglichkeiten der großen Trommel im Orchester auszuschöpfen. Es ist wichtig, daß die Schlägel schwer genug sind, um den vollen Ton aus dem Instrument herauszuholen; ein leichter Schlägel, wie er für Pauken benutzt wird, ist für eine große Trommel völlig unzureichend, höchstens für einen gelegentlichen, besonderen Effekt. Der Laie mag denken, die große Trommel wäre ein leicht zu spielendes Instrument. Aber wie bei vielen Schlaginstrumenten kann die große Trommel in den Händen eines Spitzenspielers ungeheuer dramatisch und wirkungsvoll werden und gibt eine orchestrale Klangfarbe, die fast von allen Komponisten seit Anfang des 19. Jahrhunderts angewandt wurde. Mahlers Dritte Symphonie und Strawinskys *Sacre du Printemps* bieten zwei sehr verschiedene aber herrliche Beispiele für die verblüffende Wirkung, mit der Komponisten die große Trommel verwenden können.

Glocken

Engl.: Bells
Franz.: Cloches
Ital.: Campane
Span.: Campanas

Die Glocke ist eines der ältesten dem Menschen bekannten Instrumente und wurde nachweislich schon vor etwa viertausend Jahren in Asien benutzt. Es gibt jedoch Dutzende von Glockenarten, von winzigen Fußglocken bis zur größten Glocke im Kreml, die rund 190 Tonnen wiegt. (Obwohl bereits 1733 gegossen, bestehen Zweifel, ob sie jemals benutzt worden ist.)

Hier wollen wir uns mit der Verwendung von Glocken im Orchester befassen. Es ist klar, daß Gewicht und Größe die konventionell gegossene Glocke für eine normale Benut-

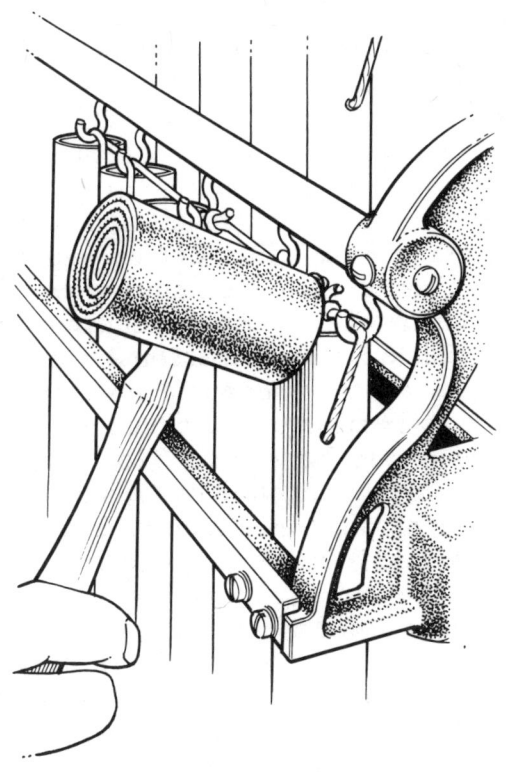

zung im Symphonieorchester völlig ungeeignet machen. Der Ersatz sind lange Messingrohre, etwa 1,25 Zoll (= ca. 3 cm) im Durchmesser, die in chromatischen Glockensätzen angefertigt und in einem Gestell montiert werden, das gewöhnlich mit einem Pedaldämpfer ausgestattet ist. Der obere Teil der Glocke ist geschlossen; dort befindet sich der Anschlagpunkt.

In England heißt diese Art von Glocken »tubular bells«, in Amerika »chimes«. Viele Jahre lang haben sie die britischen und amerikanischen Hersteller in Sätzen von anderthalb Oktaven, c′–f‴, hergestellt.

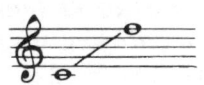

Sonst in Europa werden sie in zwei Oktaven, f–f'', angeboten,

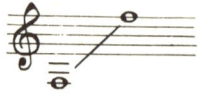

ein viel mehr verwendbarer Tonumfang. Jedoch entspricht der Tonumfang der hergestellten Röhrenglocken kaum oder gar nicht den Vorstellungen der Komponisten. Der Berufsspieler wird Stimmen für Glocken vorfinden, deren Umfang beträchtlich tiefer im Baßschlüssel und höher im Violinschlüssel ist. In bezug auf Obertöne sind Röhrenglocken sehr problematisch. In England gibt es Glocken von 2 Zoll (= 5 cm) Durchmesser für die tieferen Töne, aber durch ihre Länge sind sie für den allgemeinen Gebrauch unpraktisch. Leider ist der Klang von röhrenförmigen Glocken verglichen mit dem Geläute der Glocken einer Kathedrale ein recht dürftiger und untauglicher Ersatz. Man kann von einer Röhrenglocke, die ein paar Pfund wiegt, nicht dieselbe Klangqualität erwarten wie von einer gegossenen Glocke, die viele Tonnen wiegt. Es heißt, es würde eine Glocke von etwa zwanzig Tonnen erfordern, um ein c' zu erzielen. Diese Unzulänglichkeit führt im Orchester oft zu Problemen, wenn der Komponist sich offensichtlich einen Glockenklang von großem und prächtigem Volumen vorgestellt hat, z.B. in *Das Große Tor von Kiew* am Ende von Ravels Orchesterfassung der *Bilder einer Ausstellung* von Mussorgskij, bei dem einige Dirigenten erwarten, daß das es' das Orchester übertönt. Oder, natürlich, bei Tschaikowskijs *Ouvertüre 1812,* wo das Geläute der Glocken die Kremlglocken in Moskau darstellen sollen.

Chromatische Glockensätze stellen den Spieler vor ungewöhnliche Schwierigkeiten beim Lesen seiner Stimme und beim gleichzeitigen Überblicken des ganzen Instrumentes (und auch beim Achten auf den Dirigenten). Bei einer komplizierten Glockenstimme ist es am günstigsten, wenn die Noten in der Mitte über den Glocken sind; dafür wäre aber eine kleine Plattform zweckmäßig, die den Spieler auf die notwen-

74

Oben: Anderthalb Oktaven c'–f'' Glocken. Mit Erlaubnis von Premier Drum Co. Unten: Zwei Oktaven f–f'' Glocken mit Plattform. Mit Erlaubnis von Bergerault S.I.R.L.

dige Höhe hebt, und auch das Pedal sollte dann wohl nach oben zu verlängert werden.

Nach meiner Ansicht kann man nur so die Probleme etwa einer Glockenstimme von Boulez bewältigen. Auch dann wird der Spieler Schwierigkeiten haben, Glocken im Umfang von zwei Oktaven als Ganzes zu sehen wie etwa ein Tasteninstrument. Glockensätze von anderthalb Oktaven c'–f" werden von Premier in England und von Ludwig in den USA hergestellt. Sätze von zwei Oktaven f–f" werden von Royal Percussion, M. Grabmann und Bernhard Kolberg in der BRD und von Bergerault in Frankreich hergestellt.

Kirchenglocken – gegossene Glocken

Wie wir gesehen haben, schließen die Größe und das Gewicht derartiger Glocken ihre allgemeine Verwendung im Orchester aus. Sie werden meistens aus Bronze gegossen, obwohl auch andere Metalle benutzt werden. Wenn sie wirklich einmal im Orchester erscheinen, dann normalerweise nur als eine einzelne Glocke und natürlich in einer recht hohen Tonlage. Ersatz für Kirchenglocken, wie etwa verstärkte Metallstangen, Klaviersaiten, etc., haben sich nicht wirklich bewährt, obwohl es an Versuchen nicht gemangelt hat, Glockenklänge, vor allem in Opernhäusern, nachzuahmen. Besonders russische Opernhäuser verfügen oft über gegossene Glocken, das Bolschoitheater in Moskau besitzt etwa drei Oktaven Kirchenglocken.

Es gibt jetzt nur noch sehr wenige Glockengießereien. Eine ist die Whitechapel Bell Foundry in London, die schon im Jahre 1420 gegründet wurde und wohl sicherlich der älteste Betrieb der Welt sein wird, der für Schlagzeuger von Interesse ist. Er stellt Kirchenglocken, Schiffsglocken und Handglocken mit vollen fünf Oktaven her.

Links: Das Schließen der Gußform vor dem Gießen. Rechts: Das Gießen der Glocke. Mit Erlaubnis der Whitechapel Bell Foundry Ltd.

Plattenglocken

Engl.:   Bell Plates
Franz.:   Cloches-plaques
Ital.:   Campane in lastra di metallo

Es sind rechteckige Metallplatten, die als Glocken verwendet werden. Sie stammen aus Asien und sind in diesem Jahrhundert in Europa mit sehr unterschiedlichem Erfolg als Ersatz für die gegossene Glocke ausprobiert worden. Das Concertgebouw Orchester in Amsterdam besitzt ein c und g, die sehr

77

berühmt sind, und in der *Symphonie Fantastique* von Berlioz Verwendung finden. Harry Harms in Hamburg hat für Pierre Boulez und andere einen zweioktavigen Satz Plattenglocken von c–c″ hergestellt. Für meine Ohren waren sie nicht von guter Qualität; der Klang war mehr ein »Patschen« als ein Ton. Sie sind auf einem runden Gestell montiert. Holliger hat für sie den *Siebengesang* und Boulez *Pli selon Pli* geschrieben. Es ist schwierig, sie zu spielen, (a) wegen des Abstandes, der zwei Oktaven umfaßt, (b) wegen der unterschiedlichen Größe der Platten und der großen Schwingung der höheren Töne, wenn sie angeschlagen werden, (c) es gibt keinen guten Platz für die Noten, (d) wenn man von den Platten umgeben ist, ist es schwierig, den Dirigenten zu sehen, und (e) wenn sie einmal alle erklingen, ist es eine unmögliche Aufgabe sie zu dämpfen! Für das Werk von Holliger mußten wir jemanden anstellen nur zum Abdämpfen der Plattenglocken.

Jedoch glaube ich, daß M. Grabmann in der BRD jetzt Bronzeplatten von guter Qualität herstellt. Drei Oktaven von c–c‴ werden angeboten:

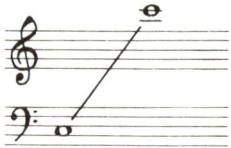

Ist ihr Klang auch hervorragend, so möchte ich doch wohl denken, daß sie für die oben erwähnten Werke von Boulez und Holliger zu schade sind. Das Gewicht der Glocken für die mittleren und tiefen Töne ist so groß – die größte ist ungefähr 35 x 25 Zoll (= 87,5 x 62,5 cm) und wiegt fast dreißig Kilogramm, daß, wenn sie einmal klingen, der ganze Körper des Spielers erforderlich ist, um die Schwingungen zu stoppen. Eine Dämpferanlage wäre außerordentlich kostspielig und schwierig herzustellen. Trotzdem glaube ich, daß sie ein ausgezeichneter Ersatz für Kirchenglocken sind, da sie viel wirklichkeitsgetreuer klingen als Röhrenglocken. Ein Cha-

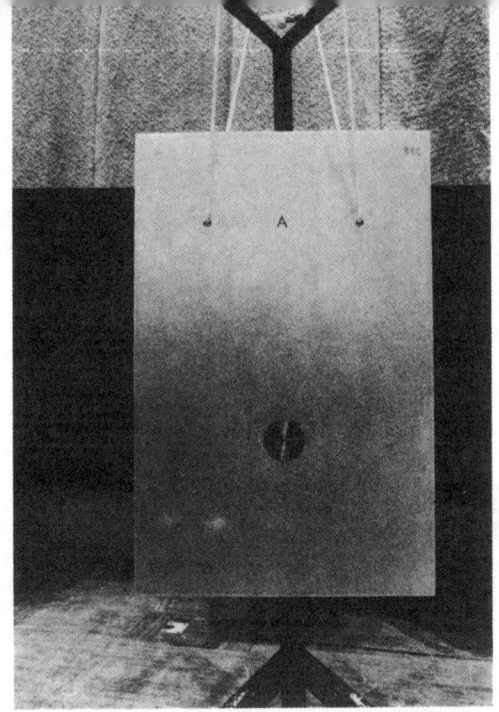

Plattenglocke. Mit Erlaubnis von M. Grabmann.

rakteristikum dieser Platten ist, daß sie beim Anschlag etwa einen Viertelton zu hoch klingen – ungefähr nach drei Sekunden sinken sie zu ihrem Grundton herab. Filzüberzogene Schlägel von ganz erheblichem Gewicht sind erforderlich, um vor allem die Klangfülle der tiefsten Töne zu erzeugen.

Schellenbaum

Engl.:   Bell Tree
Franz.:   Chapeau chinois, pavillon chinois
Ital.:   Albero di sonagli

Auch bekannt als türkischer Schellenbaum oder Jingling Johnny. Dieses Instrument verbreitete sich im Mittelalter von der Türkei her. Es bestand aus einem Stab, der an der Spitze

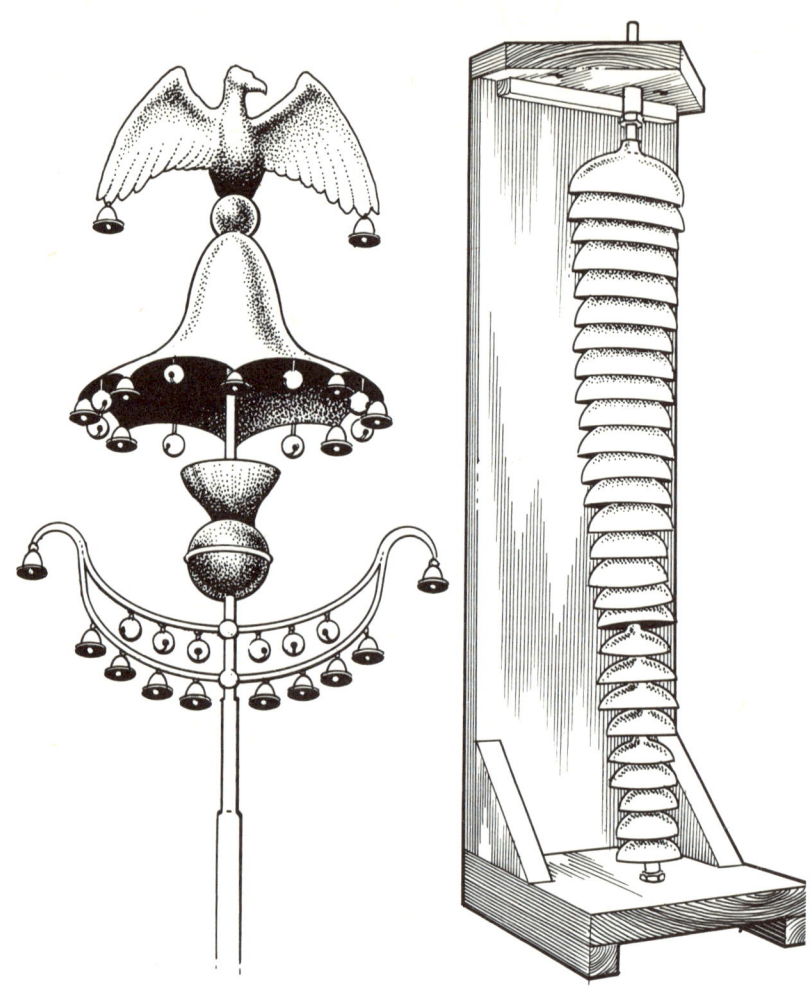

Links: Türkischer Halbmond (Schellenbaum) oder Jingling Johnny. Rechts: Chinesischer Schellenbaum.

einer Parade getragen wurde, mit einem Adler, einem Halbmond, einem Federbusch oder irgendeiner anderen Verzierung am oberen Ende und mehreren Reihen kleiner Glocken
darunter.

Berlioz schrieb für dieses Instrument in seiner *Symphonie Funèbre*. Für den Schlagzeuger ist es mit vielen Risiken verbunden. Als wir sie in der St. Paul's Cathedral mit dem London Symphony Orchestra aufführten, liehen wir uns ein herrliches Exemplar dieses seltenen Instrumentes von der Berlioz-Gesellschaft in London aus. Mitten in der Aufführung (vom Fernsehen übertragen) löste sich der schwere massive Messingadler und fiel zu Boden, der Spieler zog sich eine blutende Platzwunde am Kopf zu!

Der chinesische Schellenbaum

Das ist ein völlig anderes Instrument. Es besteht aus etwa 25–30 tassenförmigen Glocken von verschiedener Tonhöhe, die an einer Kordel oder einem Stab aufgehängt sind. Wenn ein leichtes, metallenes Stäbchen über die Ränder geführt wird, dann entsteht ein deutlicher, schimmernder Glissando-Effekt. Erhältlich bei Carroll in New York und Kolberg in der BRD. Sie werden von keinem der großen Fabrikanten hergestellt.

Binsasara

Das Instrument ist aus Japan eingeführt. Es besteht aus einer großen Anzahl von kleinen, rechteckigen Brettern, die auf einem Seil aneinandergereiht sind, mit einem Griff an jedem Ende. Ein Schütteln des Griffes ruft einen rieselnden Effekt hervor, wenn jedes Brett fortlaufend das nächste trifft – so etwa wie sechzig bis achtzig kleine Peitschenschläge in sehr rascher Folge.

Sie werden in zwei Größen von Kolberg in der BRD angeboten.

81

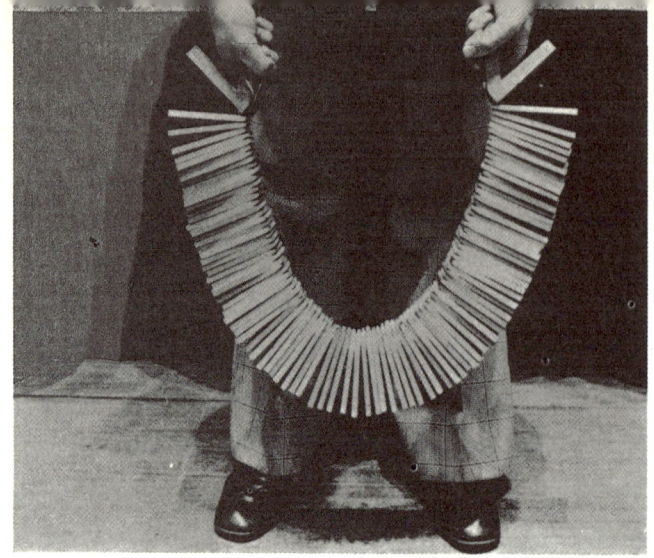

Binsasara

Bongos

Bongos sind die Handtrommeln der lateinamerikanischen Familie mit der höchsten Stimmung. Sie bestehen aus einem Paar kleiner Trommeln, die miteinander verbunden sind, sie haben einen Schlagfell-Durchmesser von ungefähr 6 und 8 Zoll (= 15 und 20 cm) und eine Zylindertiefe von etwa 6 Zoll (= 15 cm), am Boden sind sie offen.

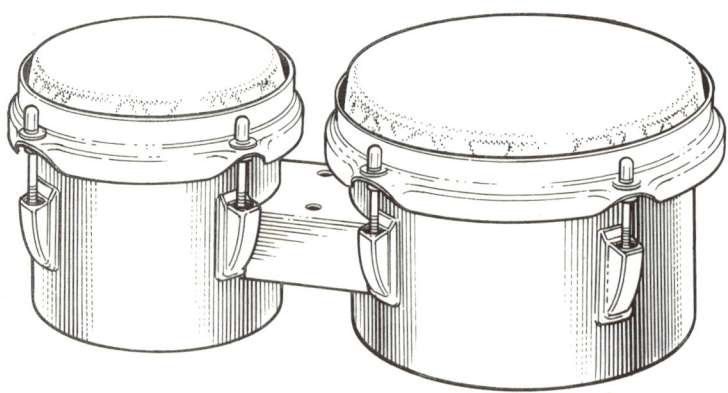

Der Spannreifen spannt das Schlagfell über dem Kessel und befindet sich weit unterhalb der Oberfläche des Fells, den Händen des Spielers nicht im Wege. Normalerweise besteht zwischen der Stimmung der beiden Trommeln ein Intervall von etwa einer Quarte. Bei der primitiven Originalausführung wurde das Schlagfell an den Kessel angeheftet, was natürlich jede Veränderung der Fellspannung ausschloß. Die moderne Ausführung ist den hohen Anforderungen der heutigen Spieler angepaßt. Die Bongos mit Kunststoffell, die von den großen Herstellern auf den Markt gebracht werden, sind wesentlich leichter als die von kleinen Firmen gemachten, die sich auf lateinamerikanische Instrumente spezialisieren. Die leichteren haben eine entschieden weniger gute Tonqualität und werden von keinem richtigen Bongospieler benutzt. Die echten Bongos sind gewöhnlich aus mehreren Hartholzplatten gemacht, zusammengeleimt und geklammert, oder ihr Kessel besteht aus dickem Fiberglas. Wie auch immer, sie werden recht schwer sein und wahrscheinlich ein Schlagfell aus Ziegenfell haben. Bei weitem die beste Spannmethode ist folgende: der Spannreifen wird durch Stäbe mit einem Stahlrahmen um den Boden der Trommel herum verbunden und das Fell durch Schrauben unterhalb der Trommel gespannt, während der Kessel selbst frei von jeder Behinderung ist.

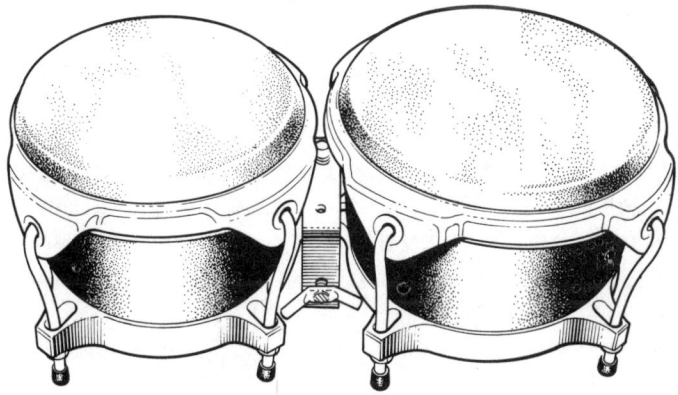

Die Trommeln werden zwischen den Knien gehalten, der Spieler sitzt dabei normalerweise bei der größeren Trommel rechts. Der erzeugte Klang ist sehr hoch, trocken und durchdringend. Obwohl viele verschiedene Nuancen bei einem erfahrenen Spieler möglich sind, werden sie in der Stimme nicht vermerkt – dem Spieler bleibt die eigene Interpretation überlassen. Finger und Hände werden benutzt, um eine Vielfalt von sowohl offenen, klingenden als auch von gedämpften Tönen zu erzeugen. Der Wirbel wird mit abwechselnden Händen links-rechts links-rechts ausgeführt (Einzelschlagwirbel). Bongos werden zusammen mit anderen lateinamerikanischen Instrumenten häufig in der Pop- und Filmmusik verwendet. Sie können auch auf Ständer montiert und mit Schlägeln gespielt werden. So kommen sie jetzt sehr oft in Symphonieorchestern vor, entsprechen aber in diesem Fall eher einem Tomtom in sehr hoher Stimmlage, aber der wahre Bongoklang ist der mit den Händen gespielte.

Boobams

Sie sind seit kurzem eine wertvolle Erweiterung des Schlagzeugarsenals. Boobams stammen ursprünglich aus den USA und bestanden am Anfang aus mehreren, verschieden langen Bambusrohren (daher »Boobam«), wovon ein Ende mit einem Fell bedeckt war. Daraus nun entwickelte sich ein chromatischer Satz von Trommeln. Der Durchmesser des Fells, etwa 4,5 Zoll (= 11 cm), ist bei allen Trommeln des Satzes gleich, der Unterschied in der Tonhöhe wird erreicht durch die Länge der Resonanzkörper und der in ihnen vibrierenden Luftsäule. Kunststoffelle sind vorzuziehen, da sie besser die Stimmung halten. Obwohl das Fell rund ist, können die Resonanzkörper rund oder quadratisch sein. Der gewöhnliche Tonumfang beträgt zwei Oktaven f–f″:

Links: Zwei Oktaven f–f'', gerades Gestell. Mit Erlaubnis von M. Grabmann.
Rechts: Zwei Oktaven f–f'' mit abgerundetem Gestell. Mit Erlaubnis von Percussion Services, London.

Ein etwas abgerundetes Gestell kann dem Spieler helfen, in der Mitte zentral zu stehen.

Es werden die Finger benutzt oder noch öfter weiche Marimbaphonschlägel, wobei der sehr ausgeprägte Klang eine Kreuzung zwischen einem Marimbaphon und einem Tomtom mit bestimmter Tonhöhe ist. Während Boobams anfangs nur im Filmstudio und in der Popwelt Verwendung fanden, werden sie jetzt zunehmend in allen Musiksparten benutzt. Keiner der größeren Hersteller bringt Boobams auf den Markt. Sie sind zu haben bei Percussion Services in London und bei M. Grabmann in der BRD.

Flaschenspiel

Das Flaschenspiel besteht aus einer Anzahl von Flaschen, die einen chromatischen Tonumfang bilden. Wie bei den Weingläsern können die Flaschen bis zu einem bestimmten Grad gestimmt werden, indem je nach Bedarf Wasser eingefüllt wird. Satie schrieb in *Parade* für ein Flaschenspiel, man muß aber feststellen, daß seine Erwartungen recht optimistisch waren, da es außerordentlich zweifelhaft scheint, ob die Passage in dem angegebenen Tempo gespielt werden kann. Der gebräuchlichste Ersatz ist das mit harten Schlägeln gespielte Vibraphon.

Man begegnet wahrscheinlich viel öfter mehreren Flaschen ohne bestimmte Tonhöhe als dem wirklichen Flaschenspiel.

Autobremstrommeln

Engl.:   Brake Drums
Franz.: Tambours de frein
Ital.:   Tamburo di freno

Der alte Autotyp und Lastkraftwagen hatte stählerne Bremstrommeln, deren Größe mit dem Fahrzeug variierte. Umgestülpt haben sie einen sehr klaren, hohen, glockenähnlichen Klang.

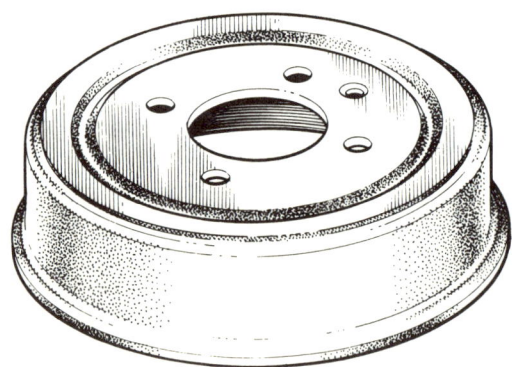

Die verschiedenen Tonhöhen von mehreren Bremstrommeln sind von einer Anzahl von Komponisten genutzt worden. Zur Zeit kann man sie sich von Schrottplätzen beschaffen oder, falls das schwierig ist, von B. Kolberg, BRD.

Schwirrholz

Engl.: Bull Roarer
Franz.: Planchette ronflante

Manchmal auch Donnerstock genannt, ist das Schwirrholz bei einigen Stämmen in Afrika und bei den Ureinwohnern Australiens bekannt. Es besteht aus einem dünnen, flachen Stück Holz, das an beiden Enden zugespitzt und mit eingravierten Mustern auf den Oberflächen versehen ist. Ein Ende ist an einer Kordel befestigt, und wenn es geschwind herumgewirbelt wird, dann bringt es den Klang hervor, nach dem es benannt wird. Es ist schwer zu erwerben, es sei denn, daß man in Australien einen Eingeborenen-Laden ausfindig macht.

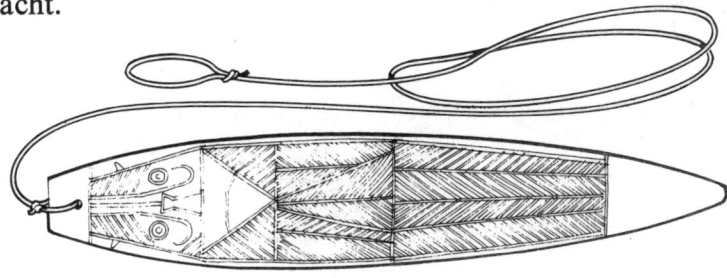

Cabaca oder Afuche

Ein weiteres lateinamerikanisches Instrument: Es besteht aus einem Kürbis – manchmal rund, manchmal birnenförmig – und ist von einem weitmaschigen Netz von Perlen eingeschlossen. Die Größe des Kürbisses ist sehr unterschiedlich, und er hat eine leicht gezackte Oberfläche. Bei der Grundbewegung wird der Kürbis mit einer Hand hin und her gedreht, während mit der anderen das Netzwerk gegen den Kürbis gedrückt wird. Der resultierende Klang ähnelt einem kurzen, trocknen, sandigen Wirbel. Cabacas sind in jedem Schlagzeugladen zu haben. Es gibt auch eine moderne Ausführung, die Latin Percussion in den USA herstellt; ein Holzzylinder, eingeschlossen in einem Gehäuse, mit einer zackigen, metallenen Oberfläche versehen. Die Perlen sind ersetzt durch Ketten, die aus winzigen Kugellagern zusammengesetzt sind. Ihr Klang ist wesentlich höher und tönt mehr nach Schmirgel als der der natürlichen Cabaca.

Die moderne Cabaca von Latin Percussion
in der Mitte unterscheidet sich
vom traditionellen Typ.

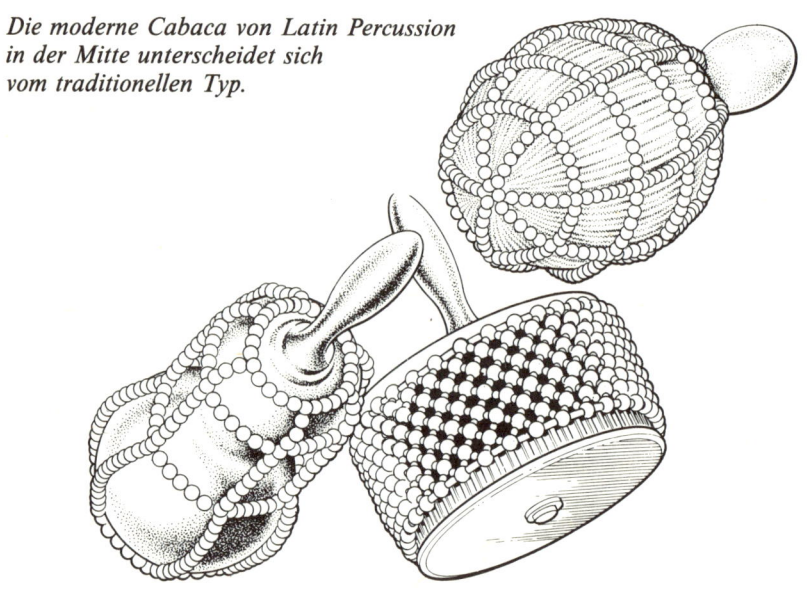

Autohupen

Engl.:   Car Horns
Franz.:   Klaxon, trompe d'auto
Ital.:   Clacson

Autohupen kommen schon mal in Kompositionen vor, aber nur selten. Wie bei vielen anderen fremden Klängen, erwartet man vom Schlagzeuger, daß er den richtigen Klang liefert, wenn er verlangt wird. Gershwin benutzte vier Hupen – in a′, h′, c″ und d″ – für *Ein Amerikaner in Paris*, aber meistens wird keine bestimmte Tonhöhe verlangt.

Kastagnetten

Engl.:   Castanets
Franz.:   Castagnettes
Ital.:   Castagnette, auch Nacchere
Span.:   Castanuelas

Das Land, das stets mit Kastagnetten in Verbindung gebracht wird, ist natürlich Spanien, wo sie seit Jahrhunderten mit der Gitarre zusammen den Rang eines Nationalinstrumentes haben. Abgeleitet von den alten Fingerzimbeln, sind Kastagnetten zwei runde Muscheln aus ausgehöhltem Ebenholz oder Rosenholz und durch eine Kordel verbunden.

In den Händen eines guten spanischen Tänzers ist das Klappern der Kastagnetten ein einzigartiger Schlagzeugeffekt, der eine enorme Könnerschaft verlangt. Da Kastagnetten im Orchester vorkommen, kann ein Schlagzeuger, der dieses Instrument wirklich beherrscht, dann eine sehr wertvolle Stütze sein.

Bei der meist verwendeten Grundtechnik ist die Kordel um den Daumen geschlungen, die tiefere oder männliche Kastagnette in der linken Hand, und die höhere, weibliche, in der rechten. Es werden die beiden mittleren Finger der linken be-

89

nutzt und die vier Finger der rechten Hand. Der Triller besteht aus einem fortgesetzten Viererschlag – dem Schlag der linken Kastagnette folgen drei rechts.

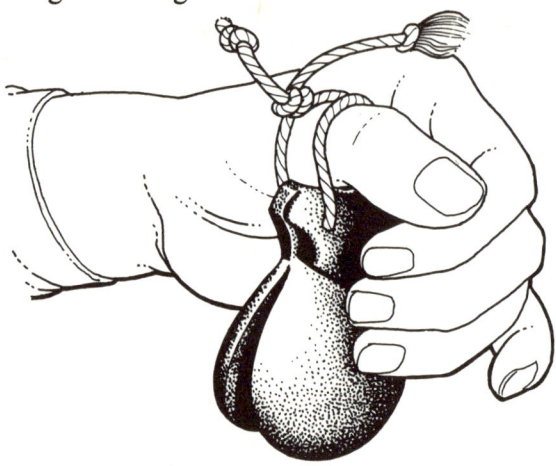

Der Spieler kann die Fingerkastagnette nehmen, den Zeigefinger durch die Kordel schieben und auf dem Knie spielen. Der Nachteil ist, daß nur ein sehr offener Wirbel möglich ist, und der läßt sich nicht vergleichen mit dem Wirbel eines echten Finger-Kastagnettenspielers.

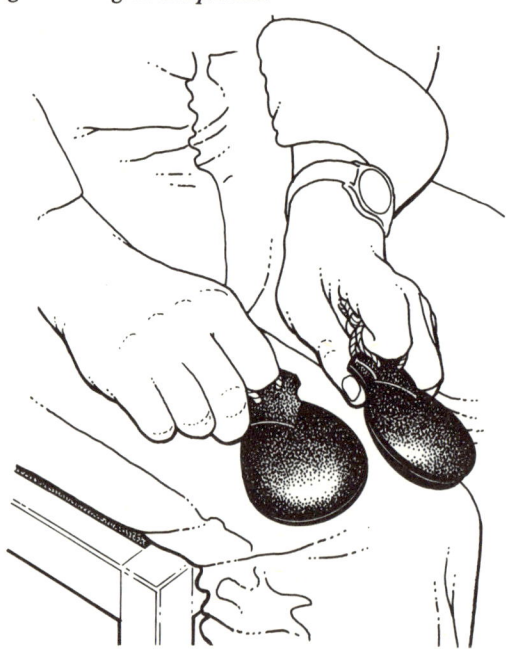

Einige Flamencotänzer wenden eine Technik an, bei der die Kastagnette über den Mittelfinger jeder Hand geschlungen wird, aber die Spielweise ist die gleiche.

Da Fingerkastagnetten beide Hände erfordern und sie auch einige Sekunden zur Vorbereitung brauchen, sind sie für kurze Orchestereffekte unpraktisch; hinzu kommt natürlich, daß nur sehr wenige Schlagzeuger die Technik beherrschen.

Alternativ dazu gibt es das, was oft eine Kastagnettenmaschine genannt wird. Sie besteht entweder aus zwei Kastagnettenpaaren, die nebeneinander auf einem Holzblock montiert sind, oder aus zwei leicht ausgehöhlten Kreisen auf dem Block, über denen zwei Kastagnetten montiert sind. Die Spannung wird durch Federn oder Gummiband erreicht. Für kurze Effekte sind diese sehr bequem, wenn der Spieler keine Zeit hat, die Kastagnetten zu ergreifen. Die Klangqualität ist minderwertig, und es ist auch nur ein sehr offener Wirbel möglich.

Es gibt also keinen wirklichen Ersatz für das echte Kastagnettenspiel mit den Fingern. Gewiß, es ist schwierig, die Technik zu beherrschen, aber wenn irgend möglich, sollte doch wenigstens ein Mitglied der Schlagzeuggruppe darin geübt sein – für Werke, wie etwa *Der Dreispitz* von de Falla und *Alborada del Gracioso* von Ravel.

Eine weitere Alternative sind Kastagnetten mit Griffen. Am anderen Ende des Griffes ist das Holz an beiden Seiten ausgehöhlt und wird beidseitig mit den daran befestigten Kastagnetten geschlagen. Der Vorteil ist, daß man dieses Instrument in einer Hand halten kann und Triller recht wirkungsvoll sind. Hier aber geben die Rhythmen Schwierigkeiten auf.

Celesta

Die Celesta wurde 1886 von Mustel in Paris erfunden. Sie ähnelt dem Glockenspiel mit Tastatur, da sie stählerne Klangplatten hat und eine dem Klavier gleiche Klaviatur. Aber der Klang ist völlig verschieden: Die Celesta hat einen sanften, runden Ton. Jede Stahlplatte hat ihren eigenen Resonanzkasten, und die Hämmer sind mit Filz überzogen. Sie besitzt auch ein Tonhaltepedal. Die Instrumente haben einen unterschiedlichen Tonumfang, aber volle fünf Oktaven von c–c″″ notiert sind für ein Symphonieorchester üblich. Die Celesta wird wie ein Klavier auf zwei Liniensystemen notiert und klingt eine Oktave höher.

Obwohl die Celesta strenggenommen ein Schlaginstrument ist, wird sie in der Praxis nicht als solches angesehen und normalerweise von einem Pianisten und nicht von Schlagzeugern gespielt.

Cencerros

Siehe Kuhglocken auf Seite 101

Ketten

Engl.: Chains
Franz.: Chaines
Ital.: Catene

Ketten sind ein nicht häufig verwendeter Effekt, und da die Bezeichnung selbst nicht sehr präzise ist, denn es gibt riesige Ketten für Schiffsanker bis hin zu winzigen Halsketten, muß man sie jeweils mit etwas Phantasie und gesundem Menschenverstand anwenden. Schönberg benutzte Ketten in den *Gurreliedern*, in diesem Fall ist ein mittelschwerer Typ erforderlich. Der Spieler muß daran denken, sie am Ende der Passage fallen zu lassen, sonst bleibt er womöglich mit den Ketten mitten in der Luft »hängen« und in der Gefahr eines lauten Klirrens bei der geringsten, unabsichtlichen Bewegung!

Sie können auch in einem monotonen Rhythmus notiert sein, etwa den schleppenden Schritt von Sklaven darstellend.

Röhrenglockenspiel

Siehe Glocken auf Seite 72

Chinesische Tomtom

Weit verbreitet in den frühen Jazz-Drum-Sets haben diese Trommeln einen leicht konvexen, hölzernen Kessel, und das recht dicke Fell ist darauf genagelt und gewöhnlich mit Drachen verziert. Ursprünglich wurden sie mit Ringen an beiden Seiten des Kessels aufgehängt. Die Tiefe der Trommel beträgt gewöhnlich etwa 5 Zoll (= 12,5 cm) und der Durchmesser beliebig zwischen 10 und 15 Zoll (= 25 und 37,5 cm).

93

Der Klang ist recht auffallend, eher »dunkler« und »flacher« als der eines konventionellen Tomtoms. Ein weicher Schlägel bringt seine charakteristischen Merkmale heraus. Roberto Gerhard war von dem Klang sehr angetan und benutzte die Instrumente in vielen seiner Werke mit großer Wirkung.

Leicht in Hongkong und China zu beziehen, auch von M. Grabmann in der BRD oder bei Antiquitätenhändlern.

Schellenreif oder Ching-Ring

Auch Hi-Hat-Schellenreif genannt. Ein metallener oder hölzerner Rahmen, auf dem Tamburinschellen montiert sind, dieser paßt auf eine Charlestonmaschine, gewöhnlich um einen Rock-Tamburinklang den Hi-Hat-Becken hinzuzufügen.

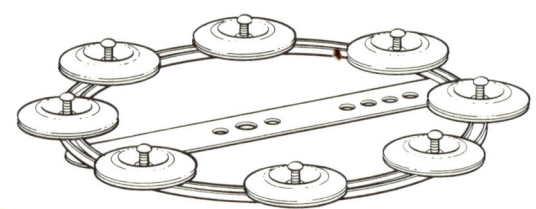

Schüttelrohr, auch **Tubo**

Engl.: Chocola
Franz.: Chocalho – Tubo
Ital.: Tubo
Span.: Chocalho

Ein Metallrohr, das an beiden Enden mit Pergament bedeckt und mit Perlen oder Schrot gefüllt ist. Es ist ein weiteres lateinamerikanisches Instrument und wird geschüttelt, bringt aber einen ganz anderen Klang hervor als die Maraca. Die Normallänge beträgt etwa 10–12 Zoll (= 25–30 cm) bei einem Durchmesser von etwa 2–2,5 Zoll (= 5–6,5 cm). Miniaturausführungen von nur 3,5 Zoll (= ca. 8 cm) Länge sind auch sehr wirkungsvoll. Obwohl sie hauptsächlich für lateinamerikanische Klangeffekte verwendet werden, erscheinen sie recht häufig im Symphonieorchester. Boulez benutzt verschiedene dieser Instrumente in *Rituel in Memoriam Maderna.*

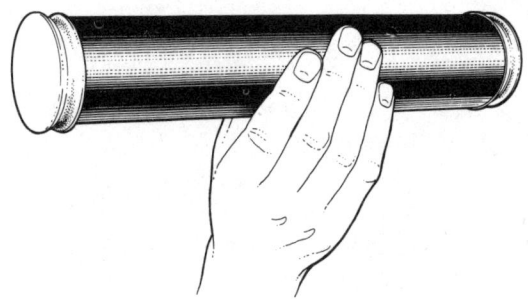

Cimbalon oder **Zimbal**

Die Zimbal ist ein weiteres Instrument, das genau genommen ein Schlaginstrument ist, aber in der Praxis nicht als solches angesehen wird. Ursprünglich aus Ungarn stammend, ist die Zimbal die tragende Säule der magyarischen Zigeunerkapelle, wo der Spieler zum Improvisieren große Freiheit hat.

In mancher Hinsicht ähnelt die Zimbal dem früheren Dulcimer, bei dem die Saiten mit wie Löffel-geformten Hämmerchen geschlagen werden, aber sie ist sehr viel besser dank eines Fußpedalmechanismus zu dämpfen. Die normale Zimbal hat einen Tonumfang von vier Oktaven E–e‴ mit einem

John Leach an der Zimbal

Extra-D ganz unten; jeder Ton hat zwei, drei oder vier Saiten je nach dem Register. Die Saiten stehen quer zum Spieler, etwa so wie die Töne des vierreihigen Xylophons. Die Anordnung der Töne ist kompliziert, weil sie nicht in chromatischer Folge liegen. (Eine detaillierte Beschreibung dieses Instrumentes gehört in ein mehr spezialisiertes Buch, als dieses es sein kann.)

Die Zimbal hat eine einmalige, auffallende Tonqualität und hat die Aufmerksamkeit nicht nur ungarischer Komponisten auf sich gezogen, so wie Kodály *Háry János*, sondern auch Strawinsky *Renard* und Boulez *Eclat*. Wie schon vorher bemerkt, wird die Zimbal wegen der völlig andersgearteten technischen Erfordernisse nicht als ein Teil der Schlagzeuggruppe angesehen, obwohl natürlich Schlagzeuger wie Siegfried Schmidt in der Schweiz und Heather Corbett in England mit dem Instrument umzugehen wissen.

Im allgemeinen bleibt die Zimbal den Spezialisten, wie John Leach, überlassen, aber mehr und mehr findet sie auch Aufmerksamkeit bei Filmkomponisten und wachsendes Interesse bei Komponisten zeitgenössischer Musik.

Claves oder Schlaghölzer

Auch manchmal kubanische Stäbe genannt. Es ist ursprünglich ein rhythmisches Instrument der Eingeborenen und ist nun über die lateinamerikanischen Bands ein fester Bestandteil der Schlagzeugausrüstung geworden. Die Claves bestehen aus zwei runden Stäben aus Hartholz, gewöhnlich Ebenholz oder Rosenholz, etwa 7,5 Zoll (= 19 cm) lang und 1 Zoll (= 2,5 cm) dick. Eine Hand ist tassenförmig gewölbt und bildet einen Resonanzhohlraum für den Stab, der darüber liegt und locker zwischen den Fingerspitzen und dem Daumen gehalten wird. Er wird vom anderen Stab angeschlagen, der an einem Ende gehalten wird. Die Claves haben einen auffallend hohen, lauttönenden Klang, der auch die stärkste Orchesterbesetzung durchdringt. Es ist ein Instrument ohne bestimmte Tonhöhe, obwohl sich natürlich Tonhöhe und Tonqualität je nach der Größe und Qualität der Stäbe ändern. Einen Triller kann man ausführen, indem man einen Stab vertikal, dann den anderen mit dem Daumen und den ersten zwei Fingern in der Mitte hält und die beiden Enden abwechselnd den ersten Stab schlagen läßt – das rasch ausgeführt ergibt einen wirkungsvollen Wirbel, obwohl er nicht laut sein kann.

Rechts: Die traditionelle Haltung. Links: Die Haltung für den Triller.

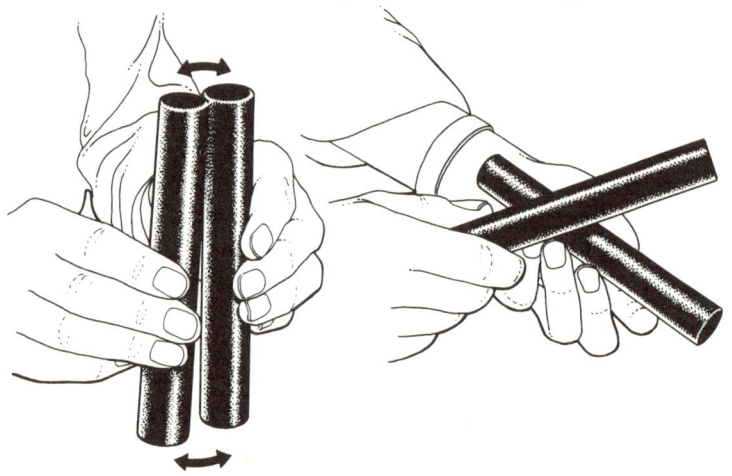

Da die Claves in zahlreichen Schlagzeugkombinationen verwendet werden, schreiben Komponisten manchmal vor, daß ein Stäbchen auf einem Ständer oder Gestell montiert und mit einem anderen oder mit harten Xylophonschlägeln geschlagen wird. Die Klangqualität leidet dabei ganz offensichtlich bis zu einem gewissen Grad, aber es ist von Vorteil, daß man nur eine Hand benutzen muß, oder, wenn Schlägel verwendet werden, daß man die Möglichkeit für viel kompliziertere oder schnellere Rhythmen hat.

98

Kokosnußschalen

Die in zwei Hälften gespaltene Kokosnußschale auf dem Boden oder einem Brett getrommelt bringt einen Klang von Pferdegalopp hervor. Von einigen Herstellern werden für diesen Klangeffekt auch Hartholzschalen produziert.

Konzerttoms

So werden Sätze von stimmbaren Tomtoms mit einem Fell genannt, die von Ludwig oder Premier hergestellt werden. Gewöhnlich gehören acht zu einem Satz von annähernd 16 bis herunter zu 6 Zoll (= 40–15 cm) Durchmesser. Zwei Trommeln werden an einem Ständer befestigt, der sowohl im Winkel wie auch in der Höhe regulierbar sein muß. Ein Vorteil dieser Sätze ist, da sie an einer Seite offen sind: man kann die sechs kleinsten Trommeln in die zwei größten hineinpacken.

Abbildung mit Erlaubnis der Ludwig Drum Co.

Gegenschlagblöcke oder Hyoshigi

Hauptsächlich in Japan beheimatet, bestehen die Hyoshigi aus zwei rechteckigen Holzblöcken aus Hartholz, deren eine Seite jeweils etwas konvex ist. Diese beiden gebogenen Seiten werden sehr scharf zusammengeschlagen. Der Klang ist hoch und sehr durchdringend.

Congas

Auch als Tumbas bekannt. Sie werden gewöhnlich zu zweit oder zu dritt benutzt und sind die größten Handtrommeln der lateinamerikanischen Instrumente, obwohl sie wahrscheinlich aus Afrika stammen. Ihre Kessel sind lang und gewöhnlich faßförmig, unten offen; der Durchmesser des Fells liegt etwa zwischen 9 und 12 Zoll (= 22,5 und 30 cm). Wie bei ihrem kleineren Bruder, dem Bongo, werden die besten Conga-Kessel aus langen Streifen von Hartholz angefertigt, die zusammengeleimt und geklammert werden, oder aus schwerem Fiberglas. Wieder sind Kalbsfelle notwendig, dicker als die Felle für Bongos, aber auch recht fest gespannt, um den charakteristischen Congaklang zu erzielen. Zwar tiefer in der Tonlage als die Bongos, ist der Congaklang voll, klingend und durchdringend. Der Spieler benutzt die gewölbte Hand wie auch die Finger und soll der Band rhythmische Impulse liefern.

Congas werden jetzt häufig im Orchester verwendet, oft mit Schlägeln, obwohl das den echten Congaklang beeinträchtigt.

Kuhglocken, Almglocken, Herdenglocken

Engl.: Cowbells
Franz.: Cloche de vache
Ital.: Campanacci
Span.: Cencerro

Wie man vom Namen her erwarten kann, stammen sie von den Glocken ab, die um den Hals der Kühe gehängt werden. Das Instrument, das von den großen Schlagzeugfirmen hergestellt wird, ist sowohl im Aussehen als auch im Klang etwas anders als das Original: Es sieht weniger glockenähnlich aus und hat einen trockeneren Klang. Diejenigen Kuhglocken, die manchmal Metallblöcke genannt werden, werden hauptsächlich für lateinamerikanische Schlagzeugrhythmen genommen, und ihre Form ist völlig anders, da sie gerade Seiten haben.

Die ursprüngliche Kuhglocke rechts, im Gegensatz dazu der geradseitige Jazztyp.

Obwohl in diesem Fall als Schlaginstrument mit unbestimmter Tonhöhe verwendet, ist eine große Zahl verschiedener Größen und Klangfarben verfügbar. Sie werden oft, meist einzeln, in Drum-Sets verwendet.

Die auf der Originalform basierende Kuhglocke ist in den letzten Jahren übernommen worden und ist jetzt im Tonumfang von vier Oktaven f–f'''' erhältlich (z.B. bei Bernhard Kol-

101

berg, BRD). Mehr als jeder andere Komponist hat sie wohl Messiaen populär gemacht, und ihr sehr spezifischer Klang wird mit großer Wirkung in Werken wie *Et Expecto Resurrectionem Mortuorum* und *Sept Hai Kai* zur Geltung gebracht. Da die tiefsten Kuhglocken sehr groß sind, wird das Gestell für die vollen vier Oktaven oft in drei Teile aufgeteilt und benötigt dann auch drei Spieler. Die größten Kuhglocken erfordern oft weiche Vibraphonschlägel, um ihre Möglichkeiten auszuschöpfen, während die kleinsten, die nur ungefähr 2 Zoll (= 5 cm) breit sind, mit Xylophonschlägeln aus Gummi auskommen.

Kuhglocken tauchten schon in Mahlers Sechster und Siebenter Symphonie auf. Hier soll der Klang eine entfernte Kuhherde darstellen – der Leser würde wahrscheinlich sehr überrascht sein über die vielfältigen Ideen und Klangvorstellungen vieler Dirigenten für diesen Effekt. Manchmal werden die Kuhglocken dann mit den Glockenklöppeln geschlagen, so wie sie bei den Kühen verwendet werden, aber sonst kennt man sie nur ohne Klöppel.

Chromatische Kuhglocken. Mit Erlaubnis von B. Kolberg.

Crotales

Siehe Antike Zimbeln auf Seite 62

Cuica

Das ist ein lateinamerikanisches Instrument, das auf der Reibtrommel basiert. Das Ende des hölzernen Stabes, der durch die Trommel führt, ist in der Mitte des nur einen Felles befestigt. Der Spieler hält die Trommel mit einer Hand, während die andere in das offene Ende eingeführt wird und mittels Kolophonium den Stab und somit auch das Schlagfell in Schwingungen versetzt. Der entstehende Klang ist sowohl harsch wie auch sandig, ganz ähnlich dem Brummtopf, dem »Löwengebrüll«, jedoch in höherer Tonlage.

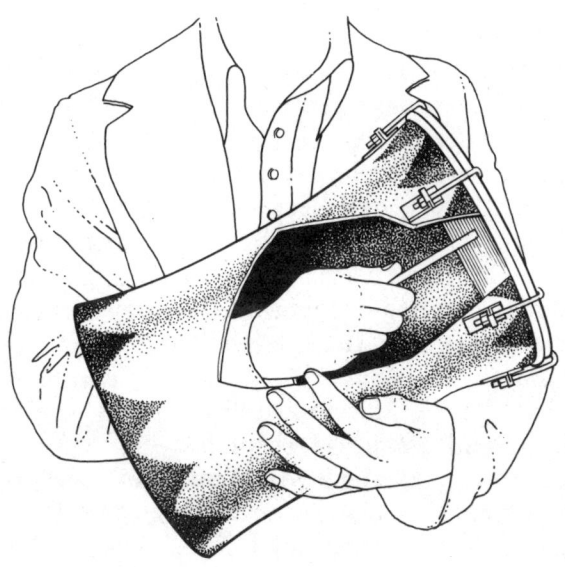

Becken

Engl.: Cymbals
Franz.: Cymbales
Ital.: Piatti, cinelli
Span.: Platos

Die Becken sind mit die Hauptinstrumente des Schlagzeuges. Alles über sie – ihre Geschichte, das Geheimnis ihrer Herstellung, ihre Vielfalt und ihre allgemeine Bedeutung – kann unmöglich in einem kurzen Kapitel ausführlich beschrieben werden. Man könnte den Becken allein einen umfangreichen Band widmen.

Die Becken sind seit uralten Zeiten bekannt, aber ihr genauer Ursprung ist unklar, obwohl Abarten der Becken in einigen asiatischen Ländern für religiöse Zwecke und auch in Schlachten mit Sicherheit benutzt wurden.

China und die Türkei haben den größten Einfluß bei der Entwicklung der Becken ausgeübt; aber heute ist das, was man als chinesisches Becken kennt, etwas völlig anderes als ein türkisches Becken. Die ältesten Becken unterschieden sich erheblich von der Form, die wir heute kennen; sie waren wie Becher, Trichter, Teller oder Schüsseln geformt.

Wenn wir uns den heutigen Becken zuwenden, dann muß die Zildjian-Familie in der Türkei erwähnt werden, die seit über dreieinhalb Jahrhunderten Becken herstellt. Ihr Name – ein armenisches Wort, das Beckenmacher bedeutet – ist jedem Schlagzeuger bekannt, und die meisten benutzen ihre Instrumente. Als im frühen 17. Jahrhundert ein Alchemist aus Konstantinopel mit Legierungen umzugehen lernte und das auf die Herstellung von Becken übertrug, wurde dieses geheime Verfahren innerhalb der Zildjian-Familie weitergereicht. Im Jahr 1929 gründete Avedis Zildjian eine Fabrik in North Quincy, bei Boston, USA. Nach wechselnden Erfolgen sind die Becken von Avedis Zildjian heute führend trotz ständiger Versuche von Konkurrenten, den Zildjian-Klang nachzuahmen. Eine Besichtigung der Fabrik in North Quincy ist für jeden Schlagzeuger lehrreich. Die Legierung, die für die Becken genommen wird, besteht in etwa aus vier Teilen Kupfer, einem Teil Zinn und etwas Silber. So viel wird dem Besucher bereitwilligst gesagt, und er darf auch alle Arbeitsvorgänge sehen – außer einem. Der Raum, in dem die Legierung der Metalle stattfindet, ist für alle verboten außer für zwei oder drei Personen, die um das Geheimnis des Zildjian Klanges wissen. Nach Bearbeitung in Öfen und auf Walzwerken wird das Becken im Anfangsstadium gehämmert und dann mit den entscheidenden Rillen versehen. Ein Arbeiter ist spezialisiert für das Riffeln der oberen Seite des Beckens und ein anderer für die untere Seite. Jeder Arbeitsvorgang ist auf seine Weise hochwichtig, und natürlich variieren die Dicke und das Gewicht je nach dem verlangten Beckentyp.

Das Becken ist eine leicht konvexe Scheibe mit einer erhöhten Wölbung in der Mitte, durch die ein Loch für den Riemen gelassen ist, um das Instrument zu halten oder um es auf einem Ständer zu montieren.

In einem modernen Symphonieorchester sind eine Anzahl von Becken erforderlich, um den verschiedenen Anforderungen ausreichend gerecht zu werden. Ich persönlich bevorzuge Beckenpaare von 24, 21, 18, 16 und 13 Zoll (= 60, 52,5, 45, 40 und 32 cm) und eine ähnliche Reihe von hängenden Becken. Die 21-Zoll (= 52,5 cm) genügen meistens den Anforderungen, die 24-Zoll (= 60 cm) sind für die wirklich großen Höhepunkte, etwa in einer Mahler-Symphonie, und die anderen werden entsprechend benutzt. Der Beckenspieler ist in der Schlagzeuggruppe sehr wichtig, und einer oder möglicherweise zwei Spieler spezialisieren sich auf diesem Gebiet, denn jedem Zuhörer fällt es auf, wenn die Becken in Aktion treten. Der Beckenspieler muß eher nach seinem Ohr als nach seinem Auge gehen, er wird z.B. oft eine Note finden, die in der Stimme vielleicht für zwei Schläge gedruckt ist, während sein Ohr ihm sagen wird, daß sein Beckenschlag den Blechbläserakkord unterstützen soll, der sechs Schläge dauert. Da Komponisten dafür bekannt sind, daß sie für das Schlagzeug unge-

Beim Aussuchen von Becken (und Gongs) in der Firma Avedis Zildjian wäh-
rend einer Tournee des London Symphony Orchestra 1970. Der Zweite von
links: Keith Millar (jetzt Soloschlagzeuger im London Philharmonic Orche-
stra), daneben der Autor, dann Jack Lees und Kevin Nutty (jetzt im BBC
Symphony Orchestra).

naue Stimmen schreiben, muß dem Spieler die eigene Musikalität sagen, was richtig ist.

Es herrscht viel Meinungsverschiedenheit über den besten
Beckenklang, sowohl hinsichtlich der Instrumente selbst wie
auch der Spieltechnik. Einige Spieler sind der Ansicht, die
Becken dürften sich nur möglichst kurz berühren, andere meinen, daß sie beim Zusammenschlag ganz kurz »zusammenhaften« sollten. Welcher Spielstil auch vorgezogen wird, so
liegt doch eindeutig fest, was *vermieden* werden soll. Der Zusammenschlag wird erzielt, indem die Schlagfläche des einen
Beckens an der anderen vorbeigezogen wird, und *nicht* indem
man sie zusammenknallt, als würde man in die Hände klatschen. Bei dieser Spielweise kann es passieren, daß die Rän-

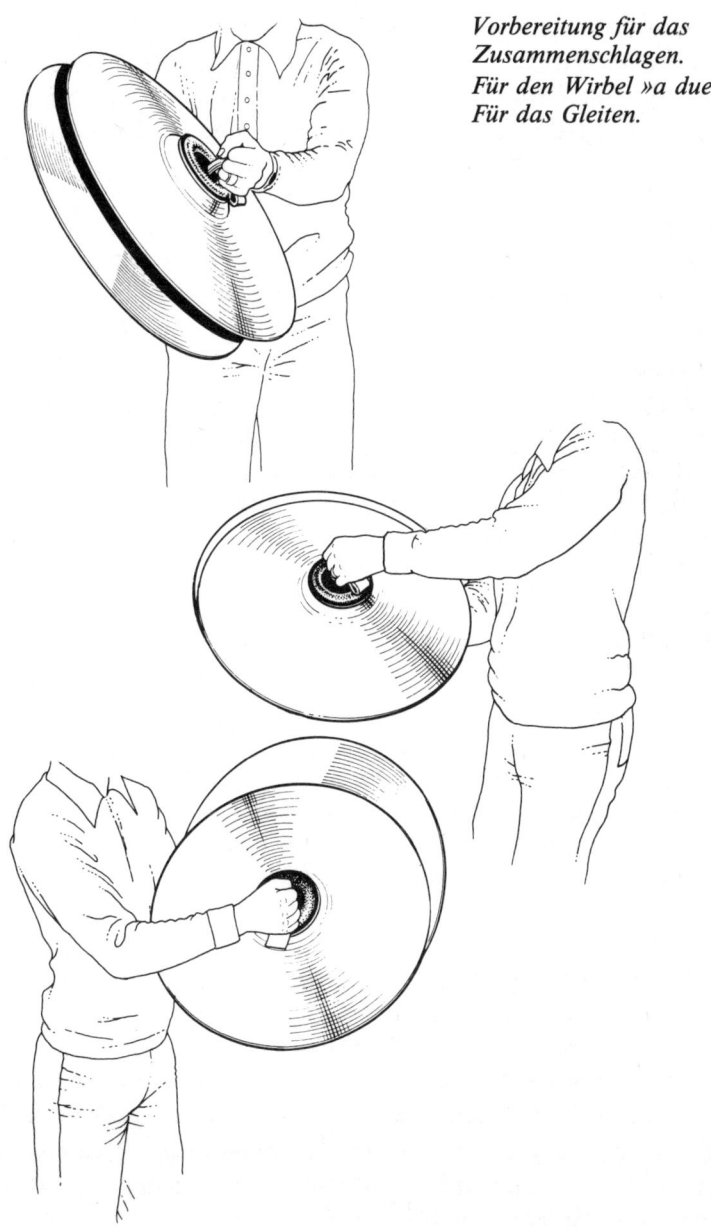

*Vorbereitung für das
Zusammenschlagen.
Für den Wirbel »a due«.
Für das Gleiten.*

der der Becken sich nach außen stülpen, und das ist *nicht* empfehlenswert. Der Spieler muß auch sehr darauf achten, daß die Becken im richtigen Winkel zusammentreffen, sonst kann ein luftleerer Raum entstehen, der die Becken vorübergehend zusammenhaften läßt. Für einen Spieler ist es sehr peinlich, wenn er einen fff-Schlag vorhat, alle Augen auf ihn schauen, und er statt dessen die Antiklimax eines luftleeren Raumes erzielt und die Becken nicht trennen kann. Die größeren Beckenpaare sind sehr schwierig auszuwählen. Eines sollte in der Grundtonlage etwas tiefer stehen als das andere, trotzdem sollte das volle Volumen des prächtigen Klanges erhalten bleiben. Ein prächtiger Klang zu Beginn, der dann sehr rasch verebbt, ist nicht ausreichend.

Abgesehen vom normalen Zusammenschlagen der Becken sind noch zwei weitere Klangeffekte möglich. Einer ist das Gleiten, wobei die Kante des einen Beckens über die Unterseite des anderen gestrichen wird. Im Pianissimo ist dies zu empfehlen, vor allem dort, wo der sehr plötzliche Zusammenschlag der klirrenden Becken ungeeignet ist. Der andere ist ein Wirbel »a due«, wobei die Fläche des einen Beckens rasch gegen die Fläche des anderen gerieben wird.

Über die Haltung des Spielers gibt es viele dogmatische Ansichten, besonders in den USA. Ich bin der Ansicht, daß es unwesentlich ist, ob der Spieler seine Füße 45 cm auseinander hat und den linken Fuß 14 cm vor dem rechten – der Spieler muß die Haltung finden, die ihm persönlich am bequemsten ist.

Ständer sind für Beckenpaare unentbehrlich. Sie geben dem Spieler die Möglichkeit, die Becken schnell abzulegen, ohne dabei ein Geräusch zu verursachen. Die besten, die ich gefunden habe, werden von Giannini in Rüdesheim hergestellt. Auch bequeme weiche Lederriemen und Polster sind wichtig. Die Enden von jedem Riemen werden gespalten und die vier entstehenden Laschen an der Unterseite des Beckens zusammengeknotet. Der Spieler ist dafür verantwortlich, die Abnutzung der Riemen regelmäßig zu überprüfen, denn wenn einer reißt, könnte es zu einem Unfall führen – man braucht nur wenig Phantasie, um sich vorzustellen, daß ein Becken durch die Luft fliegt und wie ein Messer auf einen anderen Spieler herunterfällt.

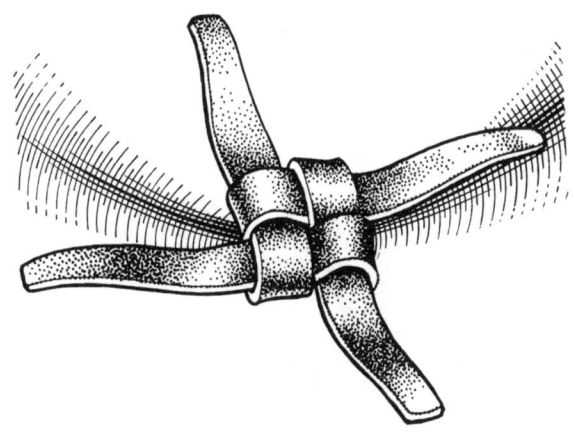

Man kann das aufgehängte Becken mit fast jeder Art von leichtem Schlägel schlagen oder einen Wirbel ausführen, außer mit Metallschlägeln, die das Instrument bei einem Fortissimo beschädigen würden. Andere spezifische Klangeffekte können mit einer Münze erzielt werden (z.B. in Debussys *La Mer*) oder mit einem Cello- oder Kontrabaßbogen.

Die Tonhöhe des Beckens wird durch seine Dicke und sein Gewicht wie auch durch den Durchmesser bestimmt; einige Komponisten nehmen ganz irrtümlich an, daß ein Becken von 20 Zoll (= 50 cm) in der Tonlage tiefer sein muß als eines von 18 Zoll (= 45 cm). Die Größe und Vielfalt variiert von einem eleganten 6-Zoll (= 15 cm) Chic-Cymbal, auch Splash-Cymbal genannt, das ein kurzes, hohes Plätschern von recht metallischem Klang hervorbringt, bis zum 21-Zoll (= 52,5 cm) Format, das einen soliden, ausgehaltenen Klang erzeugt und so ein volles Orchester noch »steigern« kann.

Becken aller Typen sind ein sehr persönliches Instrument:
Das eigene Gehör des Spielers und seine Musikalität müssen
ihm sagen, welches der richtige Klang für irgendeine bestimmte Stelle in der Musik ist.

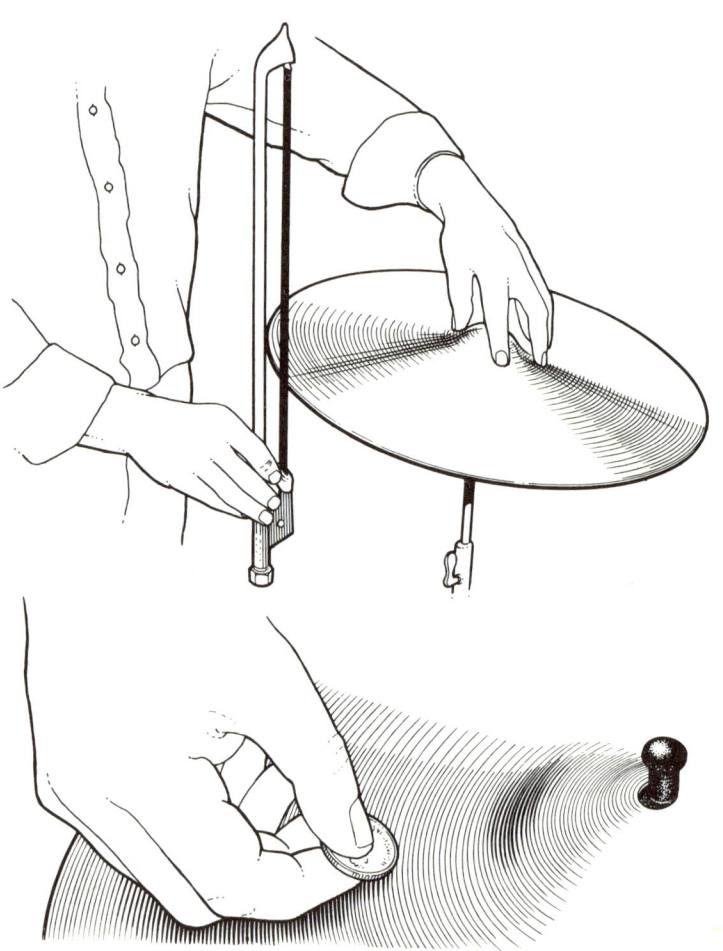

*Das mit dem Bogen gestrichene Becken – die andere Hand muß das Becken
in ruhiger Lage halten.*
Das Schaben mit einer Münze (oder einem Metallschlägel, Federmesser, etc.)

Sizzle-Becken (Zischbecken)

Es handelt sich um ein traditionelles Becken, an dessen Peripherie etwa acht Löcher gebohrt sind, in die lose sitzende Nieten eingefügt sind. Der Klangeffekt ist ein fortgesetztes Zischen, wenn die Nieten mit dem Becken vibrieren. Andere Methoden, um diesen Effekt zu erreichen, sind, eine leichte Kette so zu befestigen, daß die Enden locker auf der Fläche eines normalen Beckens liegen, oder ein Bügel mit Nieten an jedem Ende, der auf der Spitze des Beckenständers befestigt ist. Obwohl beide Methoden recht wirkungsvoll sind, ist aber ein gutes Sizzle-Becken am besten.

Hi-Hat-Becken

Das sind zwei zusammenpassende Becken von gleichem Durchmesser, die auf einer Charlestonmaschine (Hi-Hat-Pedal) montiert sind. Das untere liegt mit der Fläche fixiert nach oben, das Niederdrücken des Pedals senkt die Fläche des oberen Beckens, so daß sie auf die untere trifft.

Das obere Becken wird entweder in der offenen oder geschlossenen Position gespielt. Diese Charlestonmaschine wurde in den zwanziger Jahren eingeführt und ist nun ein wesentlicher Teil jeder Schlagzeugausrüstung. Die Größe der verwendeten Becken hängt vom persönlichen Geschmack ab, sie liegt gewöhnlich zwischen 13 und 15 Zoll (= 32 und 37 cm) im Durchmesser. Wie bei dem Pedal der großen Trommel ist hier das Pedal genauso wichtig wie die Becken selber.

Chinesische Becken

Sie sind völlig anders in Form und Klangfarbe. Die Wölbung in der Mitte ist abgekantet, der Rand des Beckens nach oben gebogen.

111

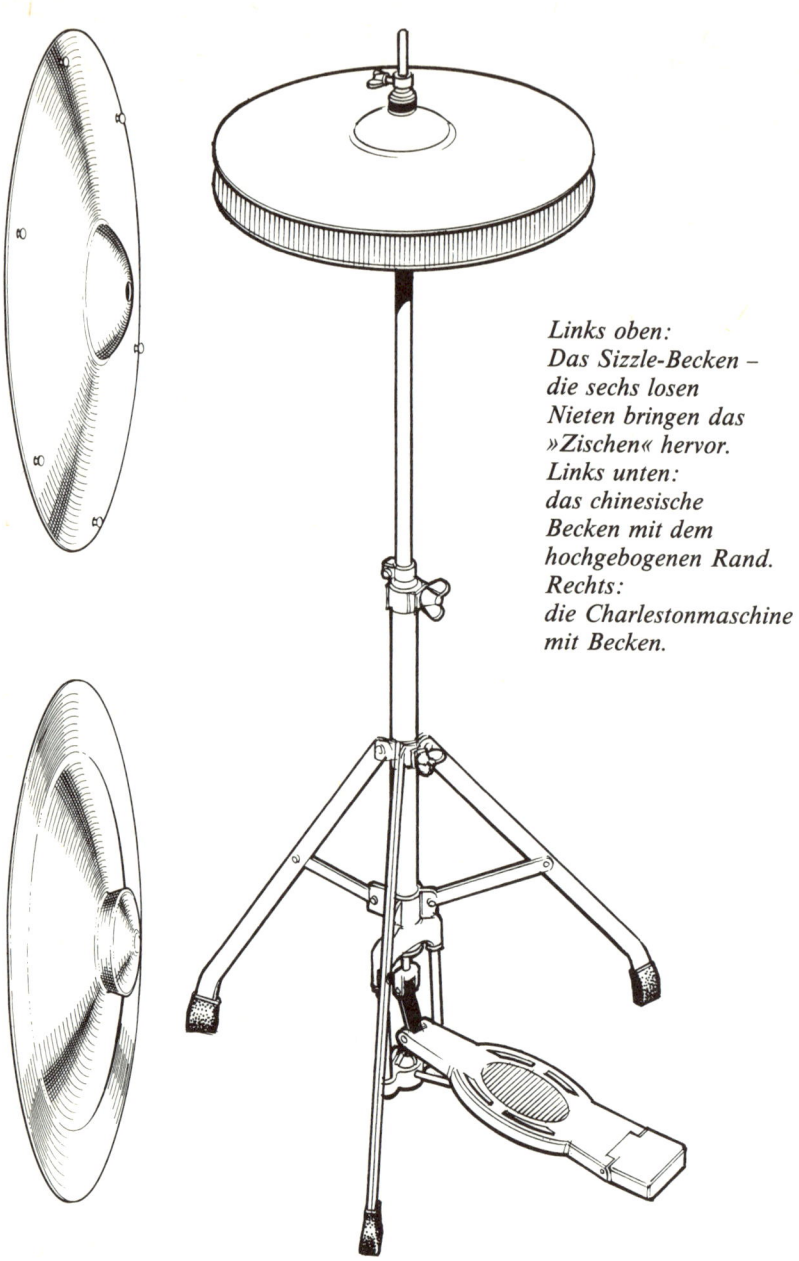

Links oben:
Das Sizzle-Becken –
die sechs losen
Nieten bringen das
»Zischen« hervor.
Links unten:
das chinesische
Becken mit dem
hochgebogenen Rand.
Rechts:
die Charlestonmaschine
mit Becken.

Der Klang unterscheidet sich sehr von dem runden sanften Klang des türkischen Beckens. Er ist kurz und sandig, wenn es jedoch ruhig mit einem weichen Schlägel geschlagen wird, dann kann es einem Gongklang ähneln. Chinesische Becken eignen sich besonders, mit dem Bogen angestrichen zu werden; die sich ergebenden Obertöne werden zuverlässiger erzielt als von normalen Becken.

Pflege der Becken

Die vollständige Beckenausstattung eines Symphonieorchesters stellt eine erhebliche Kapitalanlage dar und muß pfleglich und schonend behandelt werden, um die besten Resultate zu erreichen. Es ist vor allen Dingen für die großen Becken wichtig, daß sie liegend gelagert werden, damit sie sich nicht verziehen. Ein Schrank mit getrennten Regalen für die Becken ist wichtig, und auf Tournee ist es wünschenswert, daß die ganzen Flächen immer flach gegen eine harte Oberfläche gelehnt werden, auch wenn die Becken vertikal gelagert werden.

Wenn die Becken sich verzogen haben, dann ist es unmöglich, ihre Flächen im Pianissimo vollständig zusammenzubringen. Nach einiger Zeit sammelt die Oberfläche des Beckens recht viel Schmutz an; es gibt auf dem Markt Spezialreiniger für Becken. Schleifmittel sollten nie benutzt werden.

Die Haupthersteller von Becken sind Avedis Zildjian in den USA, Paiste in der Schweiz und die Zyn Becken von Premier in England. Chinesische Becken werden auch aus der Volksrepublik China importiert.

Dabachi, auch Dobaci

Siehe japanische Tempelglocken auf Seite 123

Darabukka, arabische Trommel

Engl.: Darabuka
Franz.: Derbouka, tambour arabe
Ital.: Tamburo arabo
(Für die Schreibweise gibt es viele Varianten)

Die Darabukka ist eine arabische Handtrommel, die wie eine Vase geformt ist; ihr Kessel kann aus Holz, Metall oder häufiger aus Steingut sein. Die Größe ist sehr unterschiedlich, der Durchmesser des Fells beträgt etwa 3,5 Zoll (= 9 cm) und mehr. Meist werden Schlagfelle aus Schafsfell verwendet, sie werden durch ein Flechtwerk von Bändern gespannt, das über den oberen Teil des Trommelkessels festgezogen wird. Man hat einige Metallkessel-Trommeln mit der konventionelleren Stabspannung angefertigt; doch die Tonqualität ist, verglichen mit dem Kessel aus Steingut, schlechter.

Der Spieler hält die Trommel unter einem Arm und benutzt sowohl die Finger, Knöchel als auch die Hände. Durch dieses Abwechseln und die Lage des Felles sind sehr verschiedenartige Klänge möglich; dabei wird der Rand besonders mit einbezogen. Gedämpfte Klänge und Veränderungen der Tonhöhe werden durch Handdruck erreicht.

Doira

Die Doira ist eine wichtige Handtrommel der osteuropäischen Volksmusik. Es sieht aus wie ein großes Tamburin und kommt in der Originalpartitur der Ballettsuite *Gayaneh* von Chatschaturjan vor.

Effekte

Traditionsgemäß muß sich der arme Schlagzeugspieler mit jedem ungewöhnlichen Klang abgeben, den der Komponist sich vorstellt. Auch wenn ich nun hier derart verschiedene Gegenstände wie Autohupe, Löffel und Pistole gesondert mit aufgeführt habe, so kann nicht die Rede davon sein, daß meine Liste jemals vollständig wäre. Daher verstehe ich hier unter »Effekte« alle die anderen sonderbaren Dinge, die einem Schlagzeuger begegnen: Deckel von Mülleimern, Gummibänder, springende Bälle, platzende Papiertüten, Teppichklopfen, das Hinwerfen von Geschirr-Tabletts . . .

Elefantenglocken

Kleine, kugelförmige Messingglocken. Die obere Hälfte ist verziert und hat einen Griff, während die untere Hälfte aus mehreren spitzen Krallen besteht.

Paradetrommel

Siehe kleine Trommel auf Seite 146

Fingerzimbeln

Siehe Antike Zimbeln auf Seite 62

Flexaton

Es besteht aus einer dünnen, biegsamen Stahlscheibe, die an einem Ende am Gestell befestigt ist. Die Scheibe wird an jeder Seite abwechselnd von Gummi- oder Holzschlägeln geschlagen, die am Ende einer Stahlfeder montiert sind, die Tonhöhe wird durch Daumendruck auf die Vorderseite der Scheibe verändert. Im allgemeinen ist nur ein Tremolo als Klangeffekt möglich, und der Spieler muß von einem Ton zum nächsten ein Glissando machen.

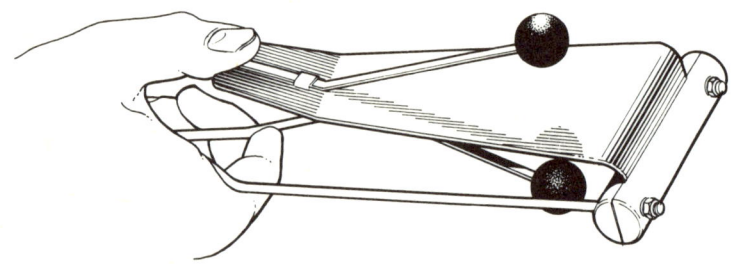

Das Instrument wurde in den zwanziger Jahren eingeführt, vermutlich als ein zusätzliches Instrument für den Jazz. Da nur der Daumendruck die Tonhöhe verändert, ist das Flexaton kein leichtes Instrument. Der erzeugte Klang ist eine Kreuzung von singender Säge und dem Klingen eines Glockensatzes von minderer Qualität! Komponisten wie Schönberg, Honegger und Henze haben seine recht ungewöhnlichen Möglichkeiten ausgenutzt – das wahrscheinlich berühmteste Beispiel ist Chatschaturjans Klavierkonzert, in dem das Flexaton im zweiten Satz mit den Violinen zusammen die Melodie spielt.

116

Geophon

Dieses Instrument soll das Geräusch des Meeres nachahmen. Es wird ein Trommelkessel von etwa 24 Zoll (= 60 cm) Durchmesser und 7 Zoll (= 17,5 cm) Tiefe benutzt, und die dünnen Schlagfelle aus Kalbsfell werden fest eingeschlagen und dann lackiert. Eine gewisse Menge Bleischrot oder Kügelchen befindet sich lose im Kessel. Wenn der Spieler nun die horizontal gehaltene Trommel ständig dreht, dann erzeugen die Kügelchen im Inneren ein sehr realistisches Meeresrauschen. Messiaen verwendet das Geophon sehr wirkungsvoll in *Des Canyons aux Etoiles.*

Glasharmonika

Die Glasharmonika wurde im 18. Jahrhundert in London erfunden und erfreute sich einst großer Beliebtheit. Sogar Komponisten wie Mozart und Beethoven wurden von ihr angeregt. Sie bestand aus einer Serie von Glasschalen, die chromatisch angeordnet waren. Sie wurden durch einen Fußhebel in Umdrehung versetzt, der Klang durch die angefeuchteten Fingerspitzen des Spielers hervorgebracht. Ihre anfängliche Popularität nahm ab (ein Grund war anscheinend, daß sie das Nervensystem des Spielers ungünstig beeinflußte), und wenn mir auch gestimmte Weingläser begegnet sind, die genauso gespielt werden, muß ich gestehen, daß ich nie eine Glasharmonika gesehen habe.

Gong

Siehe auch Tamtam auf Seite 170

Es gibt viele Unklarheiten über Gongs und Tamtams. Ohne mich zu sehr ins Historische zu vertiefen, will ich nur sagen, daß im allgemeinen die heutigen Spieler meinen, ein Gong hätte eine bestimmte Tonhöhe und ein Tamtam eine unbe-

117

stimmte, nämlich einen tiefen, resonanten Klangschwall. Viele Komponisten schreiben »Gong«, wenn sie ganz offensichtlich ein Tamtam zu hören erwarten!

Geschichtlich hängen Gongs mit dem Orient zusammen, vor allem mit China, Burma und Java, und werden bei vielen Gelegenheiten, von religiösen Anlässen bis hin zum Theater, verwendet. Der Gong wird aus Bronze hergestellt und ist rund, der Rand umgebogen; die Oberfläche kann flach oder etwas konvex sein, oder der Gong kann in der Mitte eine erhöhte Wölbung haben. Das Herstellen von Gongs ist eine Kunst, die fast so mystisch ist wie die Herstellung von Bekken, die Geheimnisse werden weitergereicht von Generation zu Generation.

Die in javanischen Gamelanorchestern benutzten Gongs lassen erkennen, welch ungeheure Vielfalt von Klängen möglich ist. Die größten – im Durchmesser etwa 3 Fuß (= ca. 90 cm) – haben einen höchst majestätischen, reichen, resonanten Klang, jedoch ist das Gongspiel der Ursprung unserer modernen gestimmten Orchestergongs.

Das Gongspiel findet man in mehreren Ländern: Es besteht aus einer Anzahl von Gongs, die nach den verschiedenen, erforderlichen Tonleitern gestimmt sind. Es gibt mehrere Größen von Gongspielen, die Form ist von Gegend zu Gegend verschieden.

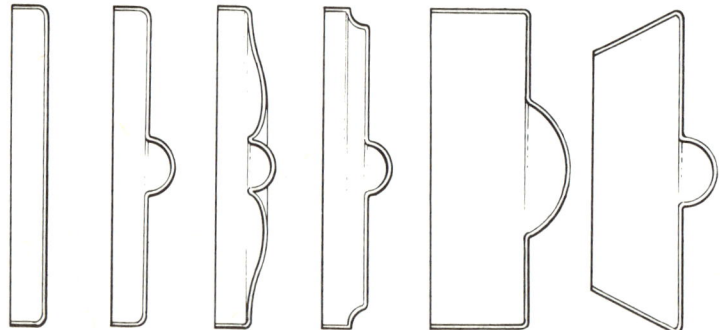

Der Gong tritt je nach dem Ursprungsgebiet in vielen Formen auf.

Oben: *Burmesisches Gongspiel. Mit Erlaubnis des Pitt Rivers Museum, Oxford.*
Unten rechts: *Moderne gestimmte Gongs. Mit Erlaubnis von M.M. Paiste.*
Unten links: *Ein einzelner gestimmter Gong. Mit Erlaubnis von M. Grabmann.*

Meistens wird der Spieler in hockender Stellung spielen, da die Gongs horizontal montiert sind. Gestimmte Gongs kommen in der westlichen Musik bis zum Beginn des 20. Jahrhunderts selten vor, erst Puccini hat sie mit großem Erfolg in *Madame Butterfly* und *Turandot* verwendet. Seitdem sind sie allgemein immer mehr benutzt worden. Es war viele Jahre lang schwierig, einen chromatischen Satz von Gongs zu erwerben. Thai Gongs standen zur Verfügung, aber sie waren zahlenmäßig begrenzt und nicht nach unserer westlichen, chromatischen Tonleiter gestimmt.

M. Grabmann, BRD, und Paiste, Schweiz, stellen jetzt Sätze von gestimmten Gongs bis zum Umfang von viereinhalb Oktaven her. Die von diesen beiden Herstellern lieferbaren Gongs sind von recht unterschiedlicher Tonqualität. Die Grabmann-Gongs sind außerordentlich schwer und haben einen sehr reinen, glockenähnlichen Ton; die Paiste-Gongs sind wesentlich leichter und haben einen weniger klaren Ton, sind dafür aber »splash«-artiger im Klangcharakter. Die ersteren sind ideal für die genannten Puccini-Opern, die letzteren passender für die meisten zeitgenössischen Werke.

Guiro

(Schreibweise variiert; auch bekannt als Reco-Reco)

Das Guiro ist ein weiteres lateinamerikanisches Instrument, es ist ein hohler Kürbis mit einer gerillten Oberfläche. Ein Stäbchen wird als Schraper verwendet, und man kann verschiedene Geräusche hervorbringen.

Der Klang variiert deutlich je nach der Größe des Kürbis und dem Abstand der Rillen. Die hohle Abart aus Bambus, manchmal auch als »sapo cubana« bekannt, hat einen höheren, kratzigeren Klang.

Abgesehen von seiner Verwendung als lateinamerikanisches Rhythmusinstrument wird das Guiro jetzt verbreitet im Orchester benutzt.

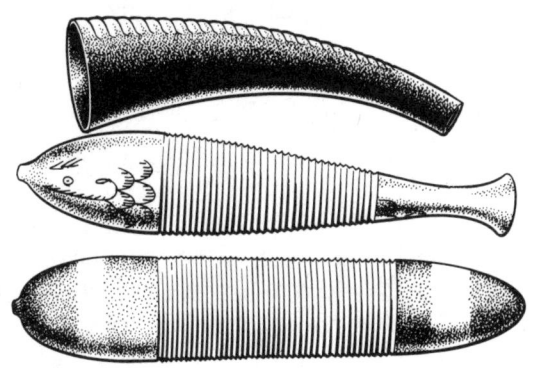

Hammer

Engl.: Hammer
Franz.: Marteau
Ital.:   Martello

Wie der Name besagt, handelt es sich wörtlich um einen
Hammerschlag, und er ist von großer Wirkung. Er wurde von
Mahler in der Sechsten Symphonie und von Berg in den Drei
Orchesterstücken angewandt. Ein großer Holzhammer ist üblich, aber der Spieler muß selbst entscheiden, auf was er am
besten schlägt. Je nach dem Saal kann es die Bühne selbst
sein oder ein kleines Podium. In vielen neuen Konzertsälen
hat die Bühne eine Betonkonstruktion mit einer Holzverklei-
dung. In diesem Fall wird man den erforderlichen Klang erreichen, indem man ein Ende eines kleinen Podiums anhebt
und das Podium selbst dann heftig herunterschlägt. Der
Hammerschlag kann sehr wirkungsvoll sein und der Spieler
sollte sich der Akustik und Baukonstruktion des Saales, in
dem er sich befindet, anpassen.

Hyoshigi

Siehe Gegenschlagblöcke auf Seite 100

Handglocken

Nachweislich sind Handglocken schon vor zweitausend Jahren benutzt worden. Heute werden in England etwa fünf Oktaven von C–c'''' bei der Whitechapel Glockengießerei hergestellt. Das Handglockenspiel war in England viele Jahre lang, vor allem in Lancashire, populär, obwohl die vollen fünf Oktaven nun sehr kostspielig sind.

Hi-Hat

Siehe Becken auf Seite 104, auch 6. Kapitel: Ständer und Zubehör

Japanische Tempelglocken oder **Dabachi**

Sie sind aus gehämmerter Bronze oder – die kleineren – aus Messing und wie eine Schale oder Tasse geformt. Sie ruhen auf Kissen, die kleinen Bronzeglocken werden mit einem Holzschlägel geschlagen, während die größeren einen lederüberzogenen Schlägel erfordern. Der Klang ist sehr klar und resonant. Die Schale kann im Durchmesser bis zu 1,5 Zoll (= 4 cm) klein oder in seltenen Fällen bis zu 36 Zoll (= 90 cm) groß sein.
Die kleinste Glocke ist an einem Griff montiert, vollständig mit Kissen, und der kleine Metallschlägel mit einer Kordel befestigt. Dies ist die Glocke, die an der Spitze einer Prozession im Tempel benutzt wird. Der ausgehaltene reine Klang hat eine sehr schöne Wirkung, z.B. in *Ancient Voices of Children* von Crumb.

122

Japanische Holzblocktrommel

Die japanische Holzblocktrommel ist ein kreisförmiger Block aus Hartholz, aus dem von unten eine konische Resonanzkammer herausgeschnitzt ist; der Klotz steht auf drei kleinen Füßen. Der Klang ist höher und schärfer als bei dem konventionellen Holzblock, ähnlicher dem Klang von Claves. Das Instrument wird von Boulez in *Rituel in Memoriam Maderna* benutzt.

Der Ausschnitt zeigt die konische Resonanzkammer.

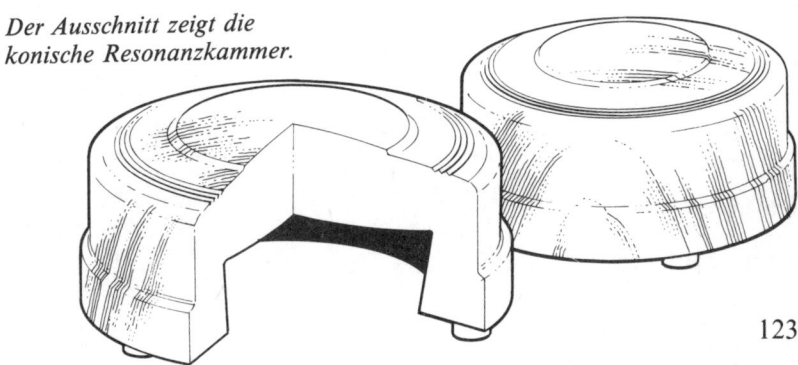

Schlagrassel, auch **Vibraslap** oder **Eselsgebiß**

Engl.: Jawbone
Franz.: Quyada
Ital.: Mascella d'asino
Span.: Guyada

Ein weiteres lateinamerikanisches Rhythmusinstrument! Es ist buchstäblich der Kinnbacken eines Esels (oder Zebras). Die Zähne sind locker mit Draht in ihren Betten befestigt, in einigen Fällen werden winzige Glocken hinzugefügt. Wenn die Seite des Kinnbackens mit der flachen Hand geklopft wird, dann vibrieren alle Zähne kurz. Da die beiden Seiten des Kinnbackens nur am Scheitelpunkt miteinander verbunden sind, ist die Belastung an dieser Stelle erheblich. Es ist daher nichts ungewöhnliches, daß ein neues Eselsgebiß schon beim ersten Schlag entzweibricht.

Aus diesem Grunde wurde die Schlagrassel eingeführt, eine Art von Menschenhand hergestelltem Ersatz. Sie besteht aus einem gefederten, in eine für den Spieler günstige Form gebogenen Stahlstab, mit einem offenen, keilförmigen Holzkasten an einem Ende. Der Kasten enthält eine Anzahl von lose befestigten Nieten in der Mitte, und wenn der Spieler den Holzball am anderen Ende schlägt oder den Kasten selber, dann vibrieren die Nieten und bringen einen ähnlichen Klang hervor wie die Kinnbacken. Der Effekt der Schlagrassel ist im allgemeinen von besserer Qualität als der des Kinnbackens und ist natürlich vollkommen zuverlässig.

Jingling Johnny

Siehe Schellenbaum auf Seite 79

Kalimba

Siehe Marimbula auf Seite 131

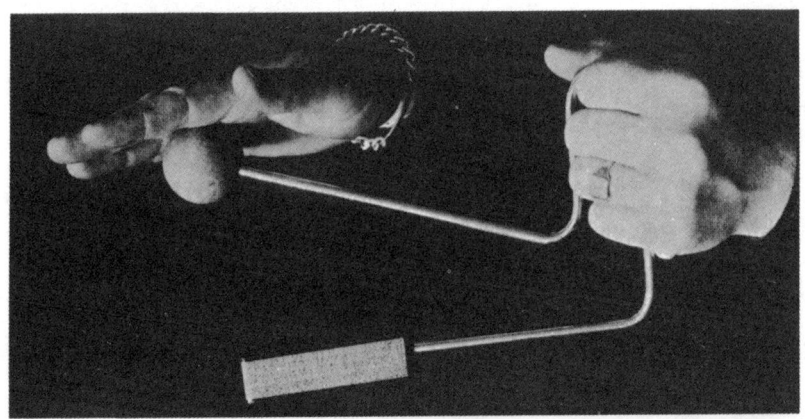

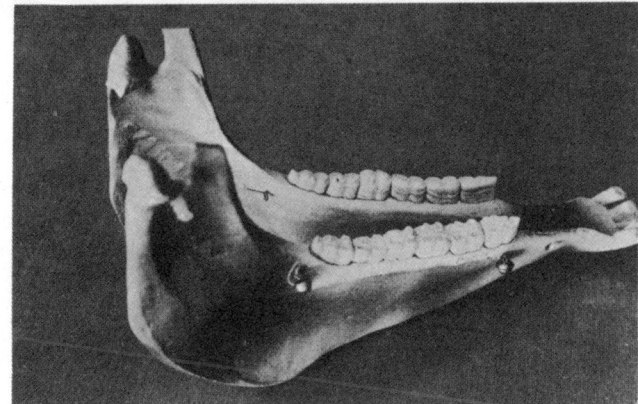

Schlagrassel
und
Eselsgebiß

Brummtopf oder **Löwengebrüll**

Engl.: Lion Roar
Franz.: Tambour à cordes
Ital.:   Ruggito di leone
Span.: Tambour con cuerdas

Sie ist auch bekannt als Reibtrommel. Von alters her tritt sie
in verschiedenen Formen und Gegenden auf. Das uns heute
bekannte Instrument ist eine kleine Trommel mit einem Fell.

125

In der Mitte des Felles wird ein kleines Loch gemacht und ein Band aus Darm hindurchgeführt, das dann drinnen mit einem Knoten befestigt wird. Um das Zerreißen des Felles zu vermeiden, wird eine Dichtungsscheibe angebracht. Das Darmband wird mit Harz eingerieben, und der Spieler schiebt ein Stück weiches Leder am Band hoch, während er es straff hält. Das entstehende, sandige, knurrende Geräusch erinnert sehr an das Brüllen des Löwen – daher der Name.

Häufig bei Varèse verwendet, z.B. in *Ionisation, Hyperprism, Amériques.*

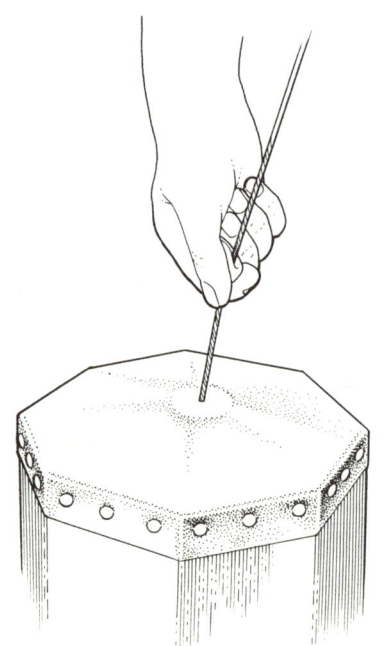

Fünfoktavige Steinharmonika. Mit Erlaubnis des Keswick Museums.

Lithophon, auch Steinspiel

Die Nutzung des Klangcharakters einzelner Steine oder Felsen zu musikalischen Zwecken ist in vielen Teilen der Welt bekannt. Im Keswick-Museum gibt es eine Steinharmonika von fünf Oktaven, die bei einer bedeutsamen Konzertveranstaltung in der Mitte des 19. Jahrhunderts große Beachtung fand (siehe James Blades *Percussion Instruments and their History*).

Das Lithophon, wie wir es heute kennen, besteht aus runden Steinscheiben, mit einem Tonumfang von etwas mehr als einer chromatischen Oktave, lieferbar bei Royal Percussion, BRD.

127

Schlitztrommel

Engl.: Log Drum oder Split Drum
Franz.: Tambour de bois
Ital.: Tamburo africano di legno

Oben: Die Schlitztrommel der Eingeborenen.
Unten: Der moderne Ersatz. Mit Erlaubnis von M. Grabmann.

Das ursprüngliche Instrument ist aus einem großen Baumstamm geschnitzt und dient als afrikanische Signaltrommel. Die Größe ist sehr unterschiedlich, aber das Prinzip bleibt das Gleiche: der Stamm wird ausgehöhlt und so geformt, daß oben zwei Zungen aus Holz verschiedener Länge übrig bleiben, die natürlich verschiedene Tonhöhen haben. Dort wird sie angeschlagen. Wenn Schlägel mit genügendem Gewicht benutzt werden, ist der Klang sehr resonant und trägt weit – daher die ursprüngliche Verwendung.

Die geringfügig andere mexikanische Abart nennt man Teponaztli.

Der einzigartige Klang der Schlitztrommel hat mehrere Komponisten veranlaßt, für sie zu schreiben, z.B. Boulez in *Rituel in Memoriam Maderna* und Stockhausen in *Gruppen*. Stockhausen und andere Komponisten haben für gestimmte Schlitztrommeln geschrieben. Das führt ganz offensichtlich zu Schwierigkeiten, da das Original keine bestimmte Tonhöhe hat und auch sehr schwer zu beschaffen ist. Daher gibt es verschiedene Ersatzmöglichkeiten, einige in chromatischer Anordnung, z.B. von M. Grabmann und B. Kolberg, BRD.

Lujon oder **Loo-Jon**

Es ist ein verhältnismäßig neues Instrument, das ursprünglich in den USA entwickelt wurde. Das Lujon besteht aus einer Anzahl von Holz-Resonanzkörpern, die in einem rechteckigen Kasten in Spielhöhe eingefaßt sind. Über der Oberseite jedes Resonanzkörpers befindet sich eine Metallplatte, die an einer Seite festgeschraubt ist. Diese sind nun chromatisch angeordnet, und wenn sie mit weichen Marimbaphonschlägeln gespielt werden, dann könnte man den entstehenden Klang als den eines metallischen Baß-Marimbaphons beschreiben. Obwohl der Ton sehr charakteristisch ist, hat er keine große Tragfähigkeit, und außer in einem sehr kleinen Ensemble eignet er sich wohl am besten für ein Aufnahmestudio, wo er

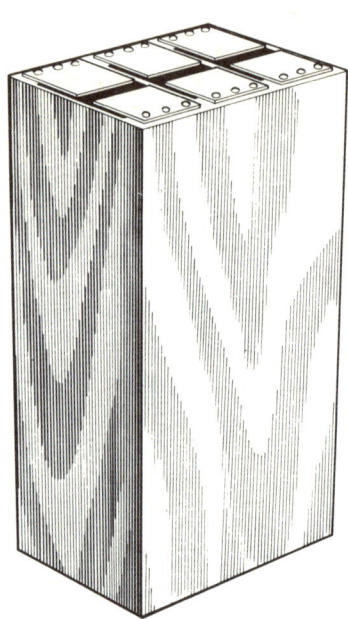

*Ein Lujon
mit sechs Tönen.*

leicht verstärkt werden kann. Der gewöhnliche Tonumfang ist zur Zeit eine Oktave von F–f (zu beziehen bei Carroll in New York oder B. Kolberg, BRD).

Maracas

Auch das ist ein lateinamerikanisches Rhythmusinstrument. In seiner ursprünglichen Form war es ein hohler Kürbis mit einem Handgriff und enthielt getrocknete Kerne, Kügelchen oder Schrot. Die Maracas (sie treten immer paarweise auf), die wir heutzutage verwenden, können Kürbisse, aber auch aus Holz oder Kunststoff sein. Die aus Kunststoff gefertigten sind klanglich entschieden minderwertiger. Die verschiedenen Größen und die unterschiedlichen Füllungen beeinflussen auffallend die Art des entstehenden Rasselns. Maracas sind sicherlich keine Präzisionsinstrumente, man kann jedoch bei einer einzelnen Bewegung zwei Töne erzielen, das

Schrot trifft zunächst die obere Seite der Maraca und fällt dann auf den Boden.

Ein Wirbel entsteht, wenn man die Maraca vertikal hält und eine wirbelnde Bewegung macht, so daß die Kerne an der Schale herumgleiten anstatt die Seiten zu treffen.

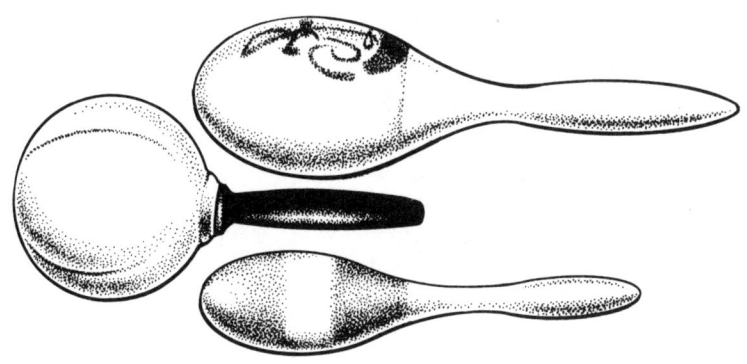

Marimbula, auch Kalimba, Sansa, Mbira

Auch bekannt als Daumenklavier. Es gibt viele Namen und Abarten des ursprünglichen, afrikanischen Instrumentes.

Die Bestandteile sind immer gleich: eine bestimmte Form eines hölzernen Resonanzkörpers mit einem Resonanzboden, auf dem eine Anzahl schmaler Zungen aus Metall oder hartem Bambus an einem Steg befestigt sind. Die Länge der Zungen bestimmt die Tonhöhe. Die Zungen werden von den Fingern des Spielers heruntergedrückt und vibrieren beim Loslassen frei. Das Kalimba ist eine moderne Abart mit etwa siebzehn Zungen.

Das Marimbula ist der lateinamerikanischen Art der Sansa nachgebildet und wird als zweioktaviges Instrument von C–c′

bei M. Grabmann, BRD, hergestellt. H. W. Henze verwendet es in *El Cimarron* und im Zweiten Violinkonzert.

Der Klang ist allerdings nicht sehr kräftig und kann in einem großen Ensemble gut Verstärkung vertragen.

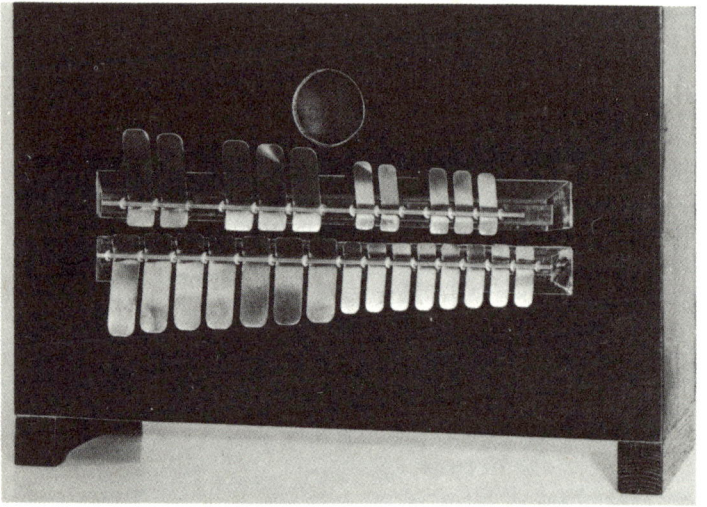

Oben: Die Sansa der Eingeborenen.
Unten: Das moderne Marimbula. Mit Erlaubnis von M. Grabmann.

132

Mark Tree

Er wurde zuerst im Filmstudio verwendet, ich weiß nicht, woher der Name stammt. Den Klang des Mark Tree beschreibt man wohl am besten als eine Kreuzung zwischen chinesischem Schellenbaum und Windglocken aus Messing. Er besteht aus etwa vierzig hängenden, dünnen Messingrohren, die in der Länge von annähernd 4–12 Zoll (= 10–30 cm) abgestuft sind. Die Rohre werden zart gestrichen, um ein schimmerndes Glissando zu erzielen. Man kann den Mark Tree auch leicht schütteln, dann entsteht jedoch ein zufälliges Klangergebnis wie bei einem Windglockenspiel.

Es gibt eine Variante, sie besteht aus Rohren, die aus jeweils verschiedenen Metallen sind.

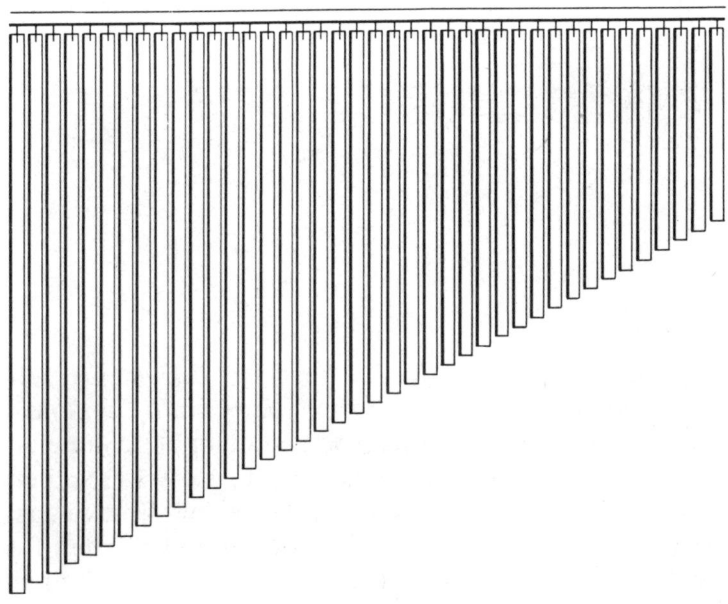

Metallkastagnetten

Engl.: Metal Castanets oder Cymbal Tongs
Franz.: Castagnettes de fer
Ital.: Castagnette di ferro
(siehe auch Antike Zimbeln auf Seite 62)

Sie sind seit alten Zeiten bekannt. Der moderne gleichwertige Ersatz sind kleine Zimbeln, die an Federzangen befestigt sind. Wenn die Zangen zusammengedrückt werden, treffen die Zimbeln zusammen, die Spannung der Feder zieht sie sofort wieder auseinander.

Metallkastagnetten sind in dieser Ausführung bei Avedis Zildjian zu beziehen.

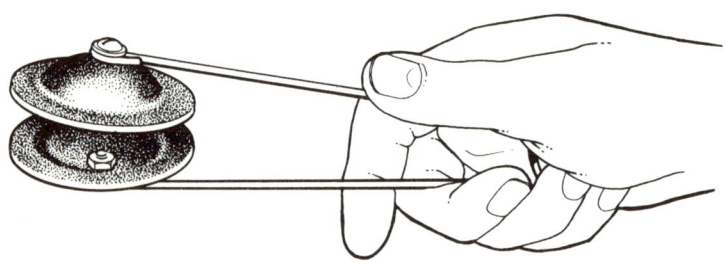

Metallophon

Dem Metallophon als solchem begegnet man heute selten, obwohl Carl Orff dafür geschrieben hat (*Catulli Carmina* und andere Werke). Das Instrument war in den alten Gamelanorchestern des Fernen Ostens vertreten. Im Aussehen ähnelt es einem Trog-Xylophon, jedoch mit Stäben aus Bronze anstatt aus Holz. Das Vibraphon ohne Motor und mit offenen Resonatoren würde ihm von unseren modernen Instrumenten wohl am meisten ähneln. Wahrscheinlich ist das Metallophon das Instrument, das Britten im Sinne hatte, als er *Prinz der Pagoden* und *Tod in Venedig* schrieb.

Metronom

Das ständige Ticken des konventionellen Metronoms, wie es von den meisten Musikern benutzt wird, wird mit großem Effekt am Beginn von Ravels Oper *L'Heure Espagnole* eingesetzt. Er benutzt drei Metronome, die auf die Geschwindigkeiten 40, 100 und 232 je Minute eingestellt werden. Ein kleines Problem dabei ist, daß bei den meisten Metronomen 208 die Höchstgeschwindigkeit ist.

Mexikanische Bohne

Das ist eine getrocknete Bohne, für gewöhnlich 12 bis 14 Zoll (= 30 bis 35 cm) lang. Beim Schütteln bringen die Kerne im Inneren ein trockenes Staccato-Rasseln hervor. Berio verwandte das Instrument in *Circles*.

Leider ist es sehr schwierig, die mexikanische Bohne zu beschaffen; mehrere Orchester haben Mexiko besucht, aber keiner von den Schlagzeugern konnte diese seltene Bohne ausfindig machen.

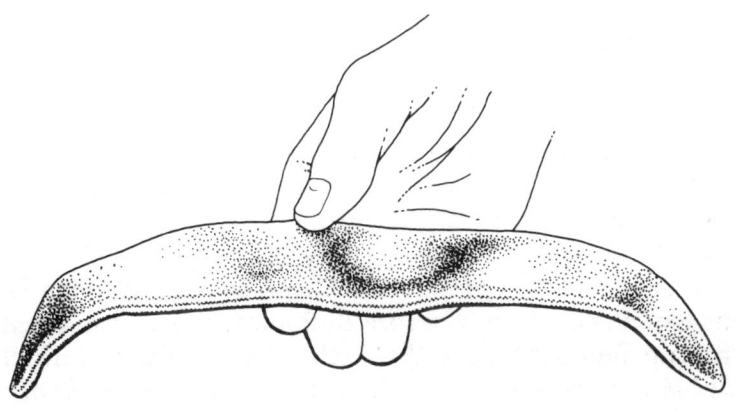

Affen- oder **Klappertrommel**

Das ist der volkstümliche Name einer kleinen Trommel aus dem Osten, die anscheinend viel von Bettlern benutzt wird. Es ist eine kleine Trommel mit zwei Fellen und einem Griff; zwei winzige kleine Bälle hängen an einem Faden an jeder Seite des Kessels. Wenn die Trommel rasch gedreht wird, dann wirft die Bewegung die Bälle abwechselnd gegen die Felle, was einen trockenen, rasselnden Klang erzeugt. Eine ähnliche Trommel wurde in Tibet aus zwei umgekehrten menschlichen Schädeln hergestellt.

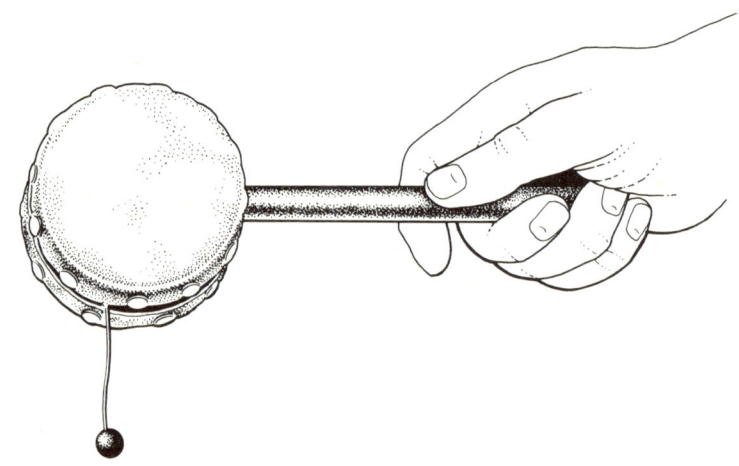

Singende Säge

Engl.: Musical Saw
Franz.: Scie musicale
Ital.: Sega

Heute bedeutet das ein feines Stahlblatt, im Aussehen ähnlich einer Zimmermannssäge, jedoch ohne Zähne. Normalerweise wird sie mit einem Baß- oder Cellobogen gespielt, das Blatt wird zwischen den Knien gehalten und mit der linken

Hand s-förmig gebogen, was gleichzeitig durch die Stärke des ausgeübten Druckes die Tonhöhe reguliert. Eine Zeitlang war sie in den Varieté-Theatern recht verbreitet, doch sieht man die Säge nun nur noch selten. Sie hat einen sehr hohen, resonanten, singenden Ton, und durch leichtes Schütteln des Endes ist ein Vibrato möglich. Wie bei dem Flexaton kann die Tonhöhe von einem Ton zum anderen nur durch ein Glissando geändert werden. Um die gewünschten Töne mit einiger Genauigkeit zu spielen, ist sehr viel Erfahrung erforderlich, und es passiert außerordentlich leicht, ungewolltes Quietschen und Seufzen zu erzeugen oder sogar ein völliges Aussetzen des Klanges. Der Tonumfang der Säge ist variabel. Crumb verwendet sie mit großer Wirkung in *Ancient Voices of Children*, aber es war uns nicht möglich, eine Säge zu finden, die alle gewünschten Töne produzieren konnte.

Motorhupen

Siehe Autohupen auf Seite 89

Nakers

Nakers tauchten im Mittelalter in England auf und wurden wahrscheinlich von den Kreuzzügen mit heimgebracht. Es sind ein Paar kleine Kesseltrommeln und waren die Vorgänger der Orchester-Kesseltrommeln und Pauken. Meistens sind sie aus Kupfer; sie können jedoch auch aus Holz oder Steingut sein. Normalerweise werden sie um die Hüfte des Spielers gehängt und mit Holzschlägeln gespielt.

Pistole

Tschaikowskij hat, wie bekannt, in seiner *Ouvertüre 1812* den Klang einer Kanone vorgeschrieben, der heutzutage gewöhnlich elektronisch verwirklicht wird. Ein gelegentlicher Klangeffekt im Orchester ist der Pistolenknall, z.B. in der *Parade* von Satie. Normalerweise wird eine Startpistole mit Platzpatronen verwendet.

Ratsche

Engl.: Ratchet
Franz.: Crécelle
Ital.: Raganella
Span.: Carraca, matraca

Der Ursprung der Ratsche ist unbekannt. Früher einmal wurde sie in den römisch-katholischen Kirchen während der Osterwoche benutzt. Heutzutage erscheint die Ratsche in verschiedenen Formen und ist ein Klangeffekt, der von vielen Komponisten verwendet wird. Ein Zahnrad drückt dünne hölzerne Zungen herunter, die im Rahmen am entgegengesetzten Ende befestigt sind. Beim Drehen des Zahnrades schnappen die Zungen einzeln über die Speichen. Die schwereren Ratschen haben ein großes Zahnrad und bringen ein lautes, gutturales Geknatter hervor. Dieser Typ wird von Fußballfans benutzt, indem sie das Gewicht der Ratsche um den Griff wirbeln.

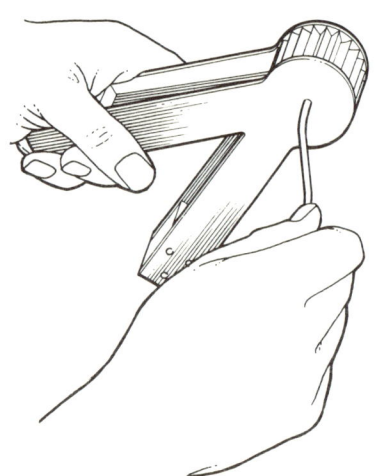

Die von den Orchesterschlagzeugern benutzten Ratschen haben am Handgriff eine Kurbel, so daß sich das Zahnrad selbst dreht, während der Rahmen unbeweglich bleibt. Auf diese Weise hat der Spieler viel mehr Kontrollmöglichkeit und kann einen kontinuierlichen Klang erzeugen. Das Gewicht der verwendeten Ratsche ist unterschiedlich, je nach dem gewünschten Effekt; ein schwerer »Fußballtyp«-Klang ist für *Till Eulenspiegel* von Strauss passend, während für Ravels *L'Heure Espagnole* ein sanfterer und feinerer Klang notwendig ist. Für einen wirklichen Pianissimo-Effekt ist eine Spule von einer Angelrute ein ausgezeichneter Ersatz.

Rototoms

Sie wurden in den sechziger Jahren von dem amerikanischen Schlagzeugkomponisten Michael Colgrass erfunden. Es sind stimmbare Tomtoms ohne Kessel – eigentlich ein stimmbares Trommelfell. Das ursprüngliche Konzept ist weiterentwickelt worden, und das bei Remo in den USA auf den Markt gebrachte Instrument ist eine sehr wertvolle Erweiterung der Schlagzeugausrüstung.

Der Spannreifen ist durch einen leichten Metallrahmen mit einer zentralen Achse verbunden. Nur durch Drehen der Trommel im Uhrzeigersinn oder gegen den Uhrzeigersinn wird der Ton höher oder tiefer. Sieben Größen stehen zur Verfügung von 6–18 Zoll (= 15 bis 45 cm) im Durchmesser, und jede Trommel hat einen Tonumfang von wenigstens einer Oktave. Remo, die in erster Linie bekannt sind durch die Herstellung von Kunststoffellen, liefern verschiedene Felle für die Rototoms, je nach der beabsichtigten Verwendung. Rototoms sind bei Schlagzeugern überall beliebt – von Schulen bis zu Rockgruppen, Militärkapellen bis zu Symphonieorchestern. Ihre Transportfähigkeit, ihre Größe und der relativ günstige Preis machen sie in vieler Hinsicht wertvoll. Mit Paukenfellen ausgestattet, haben sie einen sehr klaren, reso-

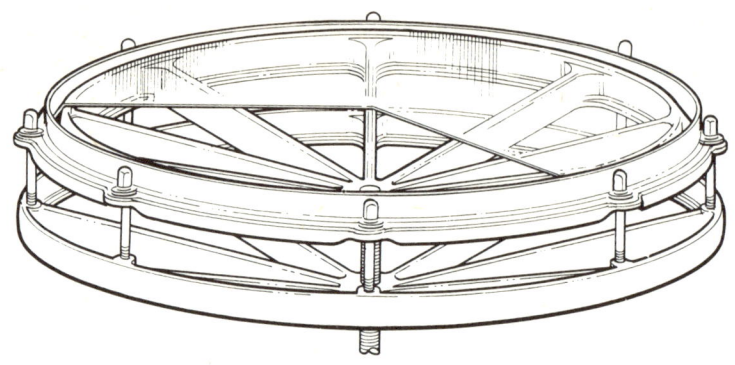

*Oben: Ausschnitt, der die
Konstruktion zeigt.
Links: Ein Paar auf einem
Ständer montierte Rototoms.
Mit Erlaubnis von Remo Inc.*

nanten Ton und sind für hohe Paukentöne verwendbar. Ein
chromatischer Satz von Tomtoms eignet sich auch als
Übungspauken (siehe 3. Kapitel, Seite 40). Ein Glissando

ist möglich, indem man die Trommel mit einer Hand dreht, während man mit der anderen spielt. Da der Klang die Tendenz hat, sich von der unteren Seite des Felles senkrecht auszubreiten, ist es am besten, die Trommeln etwas schräg zu stellen.

Es gibt auch verschiedenartige Ständer und Halter, so daß die Rototoms ohne Schwierigkeit je nach Bedarf montiert werden können.

Der größtmögliche Tonumfang

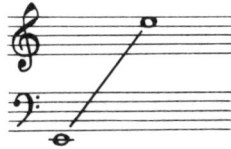

beträgt etwa drei Oktaven, obwohl er noch um einiges erweitert werden kann mit einem gewissen Verlust an Tonqualität.

Sakara

Das ist eine kleine nigerianische Trommel mit einem flachen Steingut-Kessel. Der Kessel ist nur 1,5 bis 2 Zoll (= 4 bis 5 cm) tief, unten schmaler als oben, das heißt leicht trichterförmig. Der Durchmesser beträgt ungefähr 6–10 Zoll (= 15–25 cm). Sie hat einen klaren, hohen Ton.

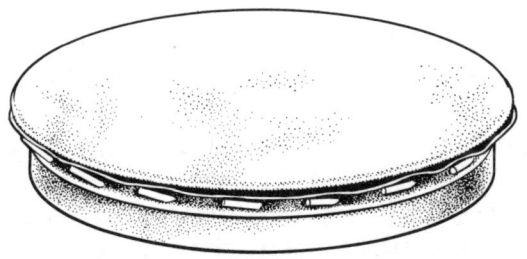

Sandblöcke

Engl.: Sandpaper Blocks
Franz.: Papier de verre
Ital.: Tavolette di carta vetrata
Span.: Papel de lija

Handgroße Holzbrettchen, bei denen an einer oder mehreren Seiten Sandpapier befestigt sind, bildeten einen wesentlichen Bestandteil der Ausrüstung eines Schlagzeugers in den Tagen des Stummfilms und Variété-Theaters. Sie wurden unter anderem für den Klangeffekt der Dampflokomotiven benutzt.

Heute erscheinen sie verhältnismäßig selten. Da der Klang sehr variabel ist, sollten die Komponisten die Stärke des erforderlichen Sandpapiers genau angeben.

Side drum

Siehe Kleine Trommel (Snare drum) auf Seite 146

Sirene

Engl.: Siren
Franz.: Sirène
Ital.: Sirena
Span.: Sirena

Die Sirene, die auch in den Zeiten des Stummfilmes und des Variété-Theaters viel verwendet wurde, gibt es in verschiedenen Formen. Man trifft sie am häufigsten als Mundsirene. Sie bringt einen hohen, wehklagenden Ton hervor, und die Tonhöhe variiert je nach der Intensität, mit der der Spieler bläst. Sobald das Blasen aufhört, nehmen Volumen und Tonhöhe rasch gemeinsam ab. Es gibt auch kräftigere Sirenen mit Handkurbeln und sogar elektrische. Letztere werden in den

Werken von Varèse, wie *Ionisation* und *Amériques* benötigt. Eine Schwierigkeit besteht darin, daß eine Abriß-Vorrichtung notwendig ist, so daß das Wehgeschrei der Sirene auf dem höchsten Ton abgeschnitten werden kann. Die Schiffssirene oder das Nebelhorn geben einen ganz anderen Klangeffekt; sie sind viel tiefer, sehr rauh und haben einen sandigen Klang, mehr oder weniger auf einer Tonhöhe, ohne das Auf und Ab der gewöhnlichen Sirene. Satie hat sie in *Parade* verwendet.

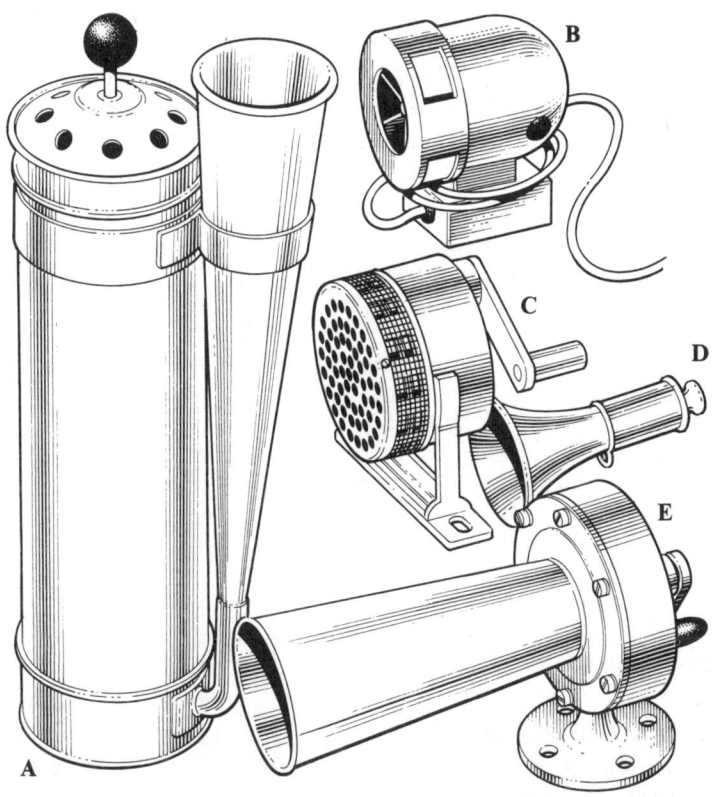

A Nebelhorn eines Schiffes, **B** *Elektrische Sirene,* **C** *Handsirene,* **D** *Mundsirene,* **E** *Klaxon*

Sistrum, auch Sporen

Das Sistrum ist eines der ältesten, bekannten Schlaginstrumente, es war schon in Babylon in Gebrauch. Es trat in unterschiedlichen Formen in verschiedenen Kulturen auf und wurde für religiöse und kriegerische Zwecke benutzt; vor allem auch im alten Ägypten. Meistens ist das Sistrum ein u-förmig gebogener Metallrahmen, unten mit einem Griff, Querstäbe verbinden die beiden Zinken des Bügels, auf denen eine Anzahl loser Metallscheiben, Ringe oder Schellen sitzen. Beim Schütteln stoßen die Scheiben mit einem kurzen, klappernden Geräusch gegen beide Seiten.

Sporen sind im Klang recht ähnlich, der Hauptunterschied ist, daß die Schellen an einem einzelnen, geraden Stab befestigt sind.

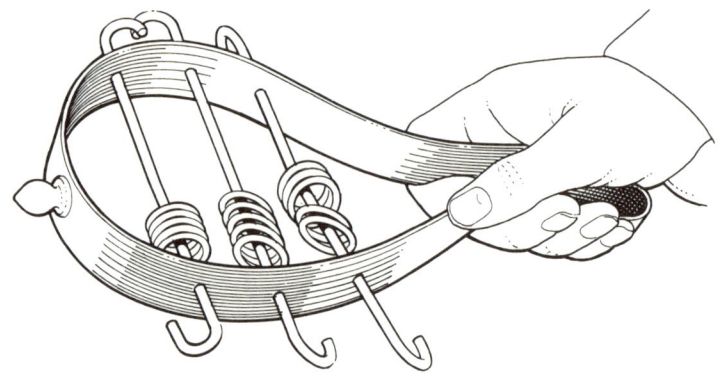

Sizzle-Becken

Siehe Becken auf Seite 111

Slapstick

Siehe Peitsche auf Seite 185

144

Schellen

Engl.: Sleigh Bells
Franz.: Grelots
Ital.: Sonagli
Span.: Sonajas

Diesen Namen hat man einer Anzahl kleiner, runder Glocken verschiedener Größe gegeben. Jede einzelne hat einen schmalen Schlitz und enthält eine Stahlkugel, die lose herumrollt. Sie sind gewöhnlich an einem Lederriemen befestigt, der um einen Holzgriff geschlungen ist. Ein Wirbel wird durch Schütteln produziert, Rhythmen, indem man den Griff oder die Hand, die den Griff hält, festhält und leicht schlägt. Wegen des Rückpralls der Stahlkugel in jeder Schelle ist es schwierig, sehr rhythmisch zu spielen. Der läutende Klang der Schellen kann für jeden beliebigen Effekt benutzt werden, auch um das Geklingel eines Pferdegeschirrs nachzuahmen. Sie sind von vielen Komponisten verwendet worden; Mahler benutzt sie, um die Achtelnoten der Holzbläser am Anfang der Vierten Symphonie zu verstärken; aber Mozart war der erste berühmte Komponist, der sie miteinbezog. Mozart benutzte abgestimmte Schellen für die *Deutschen Tänze* in c″, e″, f″, g″ und a″, wobei mehrere Schellen von gleicher Tonhöhe an ihrem einzelnen Riemen befestigt waren. Während Mozart fünf verschiedene Tonhöhen verwendete, sind nun in London bei L.W. Hunt Zwei-Oktaven-Schellen von c′–c‴ lieferbar. Sie werden vertikal an zwei Lederriemen auf einem langen Rahmen aufgereiht, und vor allem von Komponisten der Filmmusik verwendet. Das bunte Klanggezwitscher erinnert etwas an den Besuch des Vogelhauses im Zoo.

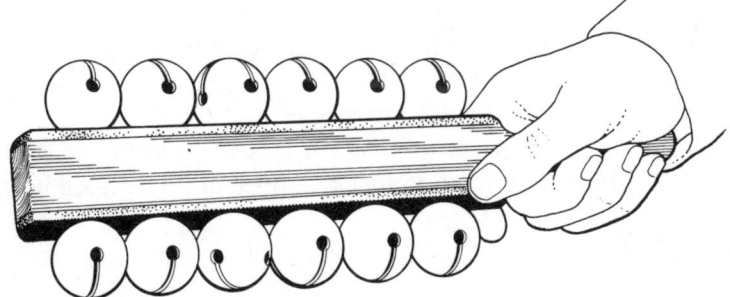

Kleine Trommel, auch Snare Drum

Engl.: Snare Drum oder Side Drum
Franz.: Caisse claire
Ital.: Tamburo piccolo, Cassa chiara
Span.: Caja clara

Die moderne kleine Trommel hat sich im Laufe mehrerer Jahrhunderte aus verschiedenen Typen von Trommel und provenzalischer Trommel entwickelt. Die Schnarrsaite bestand ursprünglich aus ein oder zwei Strängen. Die Bezeichnung »Side Drum« wurde angewendet, weil es ursprünglich eine Trommel zum Marschieren war und schräg an der Seite des Spielers getragen wurde. Heute ist »Kleine Trommel« eine genauere Bezeichnung, und sie ist eines der wichtigsten Schlaginstrumente. Die normale kleine Trommel hat einen Felldurchmesser von 14 Zoll (= 35 cm) und eine Tiefe von etwa 6 Zoll (= 15 cm). Sie hat einen Kessel aus Holz oder Metall.

Die Felle sind aus Kalbfell oder Kunststoff und sollten gleichmäßig gespannt sein. Die meisten Spieler ziehen es vor, daß das Schlagfell etwas stärker gespannt ist als das Saitenfell. Wenn die Felle zu dick sind, wird der gewünschte Klang gehemmt.

Die Schnarrsaiten sind Stränge, die aus Darm, Nylon, Drahtwindungen, Seide und Draht etc. sein können, ihre Zahl schwankt gewöhnlich zwischen acht und zwanzig. Die Spannung der Saiten ist regulierbar, im Idealfall jede für sich oder als Ganzes, und sie werden recht fest an das Saitenfell gespannt. Darmsaiten waren früher allgemein üblich für Paradetrommeln, während Saiten aus Drahtwindungen für Jazztrommeln verwendet werden. Darm bringt einen dicken, gutturalen Schlag hervor, während es bei den Drahtwindungen mehr ein Summen ist. Der Orchesterspieler wird wohl eine Kombination etwa aus Seide und Draht bevorzugen. An der Seite der Trommel ist ein Hebel, genannt Saitenspanner. Er kann die Saiten vom Fell abheben, damit sie nicht mit

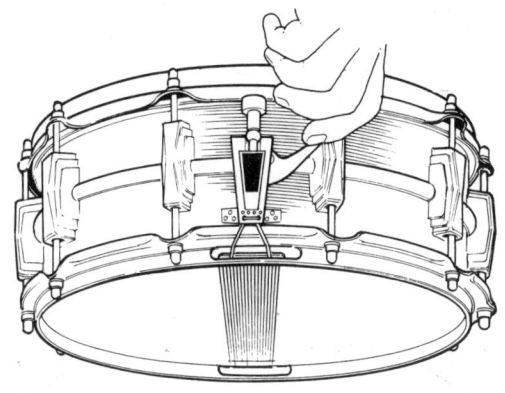

anderen Instrumenten mitvibrieren, wenn die Trommel nicht gespielt wird. (Die rascheste Methode, eine Horngruppe aus der Fassung zu bringen, ist die, die Saiten nicht vom Fell abzuheben.) Mit dem Saitenspanner kann der Spieler auch einen Tomtom-Effekt erzielen – indem er die Saiten nicht ganz löst. Die kleine Trommel ist auf einem Ständer montiert, der nach Höhe und Winkel regulierbar ist (siehe auch das Kapitel über Ständer und Zubehör). Der Ständer sollte so stabil und schwer sein, daß er sich kaum oder gar nicht bewegt, wenn die Trommel gespielt wird.

Technik

Die kleine Trommel wurde »side drum« genannt wegen der Haltung, in der sie beim Marschieren gespielt wurde. Das zwang zu einer Methode, die Schlägel zu halten, die noch heute weit verbreitet ist, ganz gleich ob der Spieler jemals mit seiner Trommel marschieren muß oder nicht. Man nennt sie die »traditionelle Haltung«.

In den letzten Jahren haben immer mehr Spieler die Notwendigkeit der »traditionellen Haltung« in Frage gestellt, da sie ganz unnatürlich ist. Das hat dazu geführt, daß beide Hände den Klang auf dieselbe Weise hervorbringen (»matched grip«).

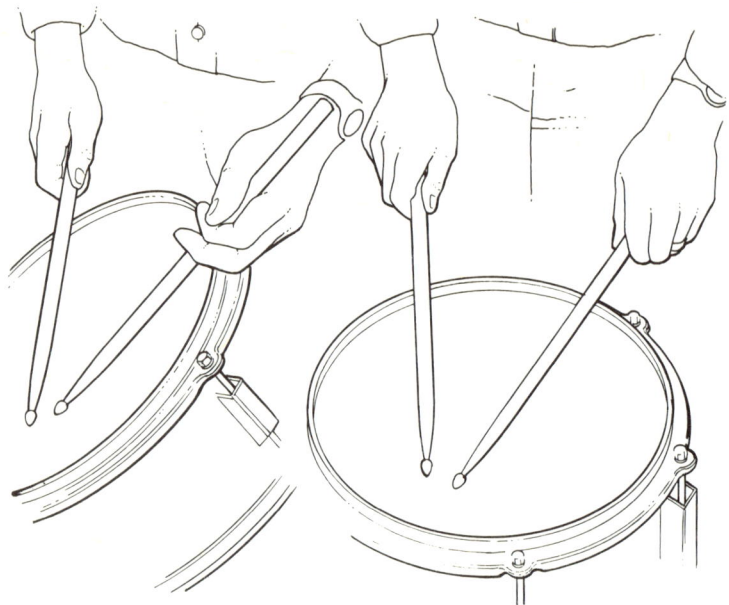

Traditionelle Haltung links; »matched grip« rechts.

Der Laie wird die neue Haltung überzeugend finden, und ich muß zugeben, daß ich selbst mich zum »matched grip« habe bekehren lassen. Das hat auch den Vorteil, bei Pauken, Tastenschlagzeug und eben kleiner Trommel, abgesehen von geringfügigen Unterschieden, die gleiche Haltung anwenden zu können.

Die Stöcke für die kleine Trommel sind meistens aus Hikkory oder Ebenholz oder Schlägel, die aus verschiedenartigem Hartholz zusammengeschichtet sind. Der Stock hat einen Schaft, ist konisch zulaufend und hat ein Anschlagköpfchen wie eine Eichel oder eine Spitze.

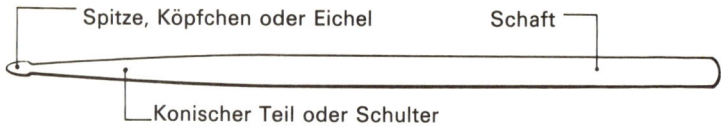

Spitze, Köpfchen oder Eichel   Schaft

Konischer Teil oder Schulter

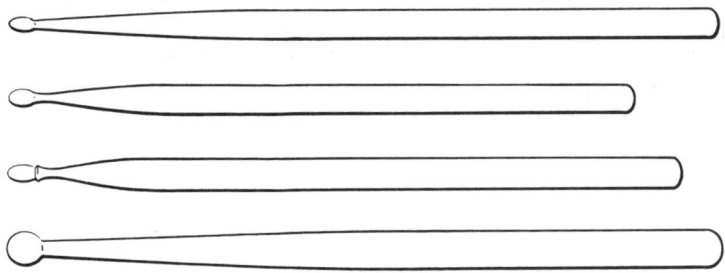

Alles am Stock ist variabel, und es gibt tatsächlich Dutzende verschiedener Stöcke und Schlägel.

Schwere Stöcke mit großen Eicheln sind für Marschmusik üblich, während die meisten Jazzschlagzeuger einen schmaleren, leichteren Stocktyp bevorzugen. Orchesterspieler werden mehrere Stockpaare haben und je nach dem Musikstück wählen.

Im Gegensatz zur Paukentechnik macht die kleine Trommel Gebrauch vom entstehenden Rückprall. Der Wirbel entsteht aus Doppelschlägen mit jedem Stock: LLRRLLRRLLRR etc., bekannt als »Mummy Daddy« (»Mühle«), im Gegensatz zum Paukenwirbel, der jeweils aus einzelnen Schlägen besteht. Der Schüler beginnt anfangs sehr langsam, beschleunigt allmählich, achtet aber immer darauf, daß jeder Schlag das gleiche Gewicht hat.

L R L R   L R L R   etc.   Grundlage des
Einzelschlagwirbels

L L R R   L L R R   etc.

Bekannt als *»Mühle«* (»Mummy Daddy«);
Grundlage des normalen
Wirbels der kleinen Trommel

L L L R R R   L L L R R R   etc.

L   L   L   L   R   R   R   R   etc.

usw. bis zu 5, 6, 7, 8 Schlägen je Stock

L R L L R L R R   L R L L R L R R   etc.

Bekannt als *Paradiddle*

L R L R L L   R L R L R R   etc.

Doppel-Paradiddle

L R L R L R L L   R L R L R L R R   etc.

Dreifacher Paradiddle

l R   r L   l R   r L   l R   r L

Der *Flam* (einfacher Vorschlag) ist ein Schlag, dem ein kurzer Vorschlag vorausgeht.

rrL   llR   rrL   llR   rrL   llR

Der *Drag* (zweifacher Vorschlag) ist ein Schlag, dem zwei kurze Vorschläge vorausgehen.

150

r L R L L l R L R R

So haben wir einen *Flamadiddle*

rrL R L L l lR L R R

und einen *Drag Paradiddle*

rrL R L R l lR L R L

Den so benutzten *Drag*
nennt man einen *Ratamacue*

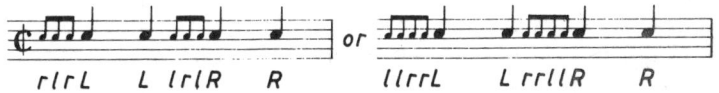

rlrL   L lrlR   R   llrrL   L rrllR   R

or

Der *Ruff* ist der Name für eine größere Anzahl von vorweggenommenen
Schlägen.

Der Anfänger sollte jedoch überhaupt nicht an den Wirbel
denken – man muß das Gehen lernen, ehe man laufen kann!
Er muß viele verschiedene Figuren und Verzierungen lernen
und dabei immer darauf achten, einen gleichmäßigen Klang
zu erzielen. LLRR etc. ist zwar die Grundlage des Wirbels,
aber die vorhergehenden Beispiele zeigen weitere Studien
und Übungen für kleine Trommel, die allen Schlagzeugern
bekannt sind.

Um virtuose Unabhängigkeit zu erreichen, sollten alle angegebenen Übungen auch umgekehrt und mit versetzten Ak-
zenten geübt werden.

Wenn der Schüler schließlich diese Grundtechniken beherrscht, kann er zum Wirbel zurückkehren. Beim raschen Ablauf des LLRR-Wechsels wird ein Punkt erreicht, wo der zweite Schlag jedes Stockes durch Rückprall entsteht. Der rasche LLRR-Wechsel, bei dem die einzelnen Schläge noch zu hören sind, nennt man den offenen Wirbel. Um einen geschlossenen Wirbel, einen kontinuierlichen Klang zu erzeugen, ohne den einzelnen Schlag hören zu lassen, muß der Spieler jede einzelne Bewegung verdichten. Dies erfordert eine enorme Muskelkontrolle, große Geduld und Übung. Wie bei anderen Schlaginstrumenten wird der Spieler seine Technik der Trommel anpassen müssen, das heißt, er muß ein »Gespür« für das Instrument bekommen. Der zu erzielende Klang ist das allerwichtigste: Der Spieler muß hören, ob der »Drag« weit oder eng sein und ob der »Ruff« auf oder vor dem Schlag gespielt werden soll. Sein musikalisches Empfinden bedeutet ihm auch, welche Schlagweise den besten Klang erzeugt. Entgegen der Auffassung vieler Schulen ist es auch statthaft, eine Figur mit *einer* Hand zu spielen, da dies häufig zu sehr wirksamen Klangeffekten führt. Die Soloeinleitung (mit abgehobenen Schnarrsaiten) zum zweiten Satz von Bartóks *Konzert für Orchester* ist ein typisches Beispiel:

Spielt man diese Figur mit beiden Händen abwechselnd, ist das Ergebnis meiner Ansicht nach nicht gut. Wenn das Tempo nur etwa ♩ = 88 ist, spielt man sie wahrscheinlich besser nur mit einer Hand. Ist das Tempo rascher, etwa ♩ = 104, sollte eine Hand vielleicht nur die betonten Schläge und die andere den Rest spielen. Auf alle Fälle muß der Rhythmus sehr »straff« sein, der Spieler muß jede Sechzehntel »erfühlen«, ob stumm oder gespielt. Ein Jazzschlagzeuger wird an dieselbe Figur ganz anders herangehen, nämlich mit einem lockeren rhythmischen »Gespür«, was dann zu einem völlig anderen Klangresultat führt.

Ferner wird es dem Schlagzeuger sehr oft überlassen, das Werk des Komponisten zu korrigieren. Vor allem im Fall des durchgehenden Wirbels, der so geschrieben werden müßte:

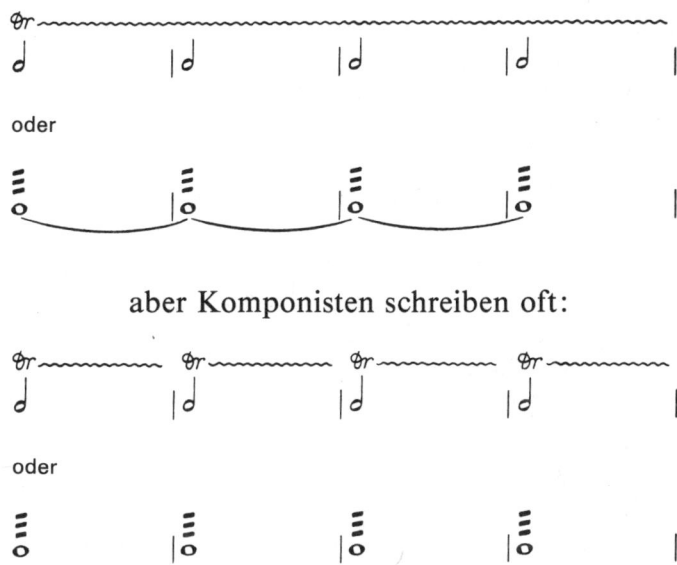

aber Komponisten schreiben oft:

und es stellt sich die Frage, ob es Absicht war, den Wirbel am Anfang von jedem Takt neu zu beginnen. Der Spieler muß hören und entscheiden, was richtig ist; doch fast immer ist ein durchgehender Wirbel beabsichtigt. Die Eröffnungsfanfare von Waltons Suite *Façade* ist z.B. folgendermaßen gedruckt:

aber der dritte, vierte und fünfte Takt müssen wie ein durchgehender Wirbel angesehen werden.

Der Randschlag (»Rim Shot«) ist ein wichtiger Klangeffekt bei der kleinen Trommel, und kann am besten so ausgeführt werden, indem der Stock gleichzeitig die Mitte des Fells und den Rand trifft. Der Winkel ist entscheidend, stimmt der Winkel des Stockes nur geringfügig nicht, wird nur das Klikken des Randes oder der normale Schnarrton zu hören sein. Der Randschlag wird hauptsächlich von Jazztrommlern angewendet. Eine andere, sicherere Methode ist, einen Stock fest quer über das Fell und den Rand zu legen und ihn mit dem anderen Stock zu schlagen. Doch der Nachteil ist hier, daß dazu beide Hände erforderlich sind.

In einigen älteren Werken wird der Spieler der Anweisung »auf dem Holz« begegnen. Dies bezieht sich darauf, daß der metallene Spannreifen an der Trommel verhältnismäßig neu ist, bis zum Anfang des 20. Jahrhunderts waren Spannreifen aus Holz allgemein gebräuchlich. Der Klang der Stöcke auf dem Holzrand ist natürlich anders als der, den Stöcke auf Metall erzeugen. Die Bezeichnung »auf dem Holz« kommt in Werken wie Waltons *Façade* vor. Ich erörterte dies einmal mit Sir William, der in seiner bekannten, lakonischen Art antwortete: »Es ist mir gleichgültig, was Sie machen – Sie müssen bedenken, das Werk habe ich vor fünfzig Jahren geschrieben!«

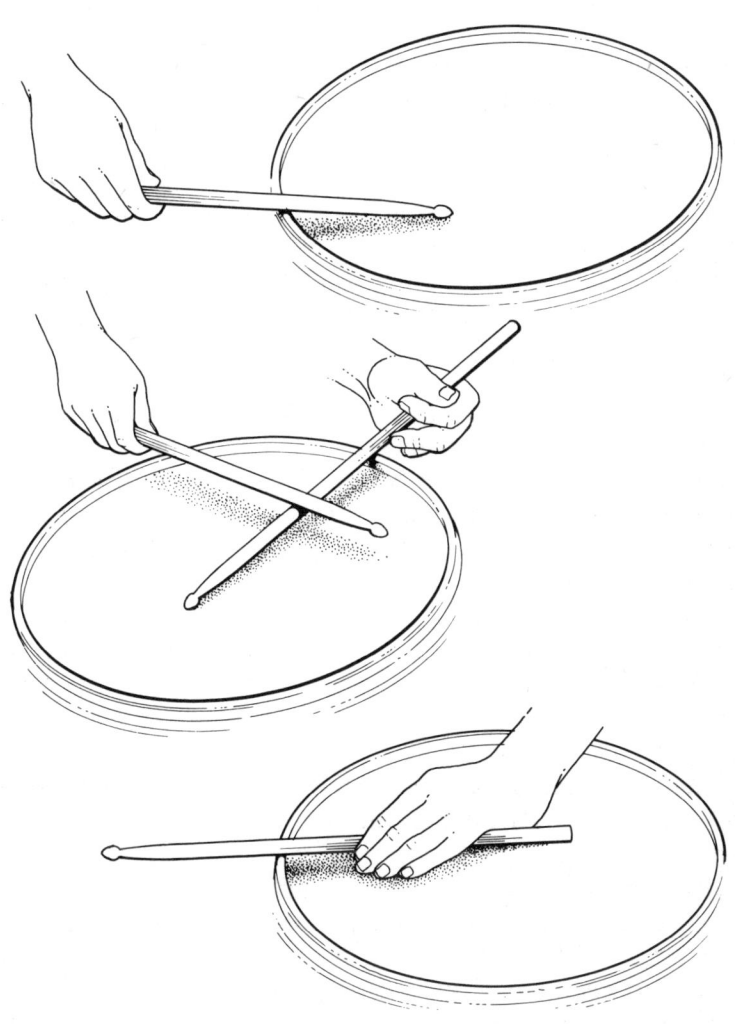

Oben: Randschlag mit einem einzelnen Stock.
Mitte: Die Methode »auf Sicherheit«, bei der beide Hände benutzt werden.
Unten: Die linke Hand – in Verbindung mit der oben dargestellten rechten Hand verwendet für lateinamerikanische Effekte.

Der Orchesterspieler findet manchmal die Anweisung, die Trommel zu dämpfen, oder auch »coperto«. Normalerweise bedeutet das, daß der Komponist die Trommel ohne Saiten wünscht, obwohl es auch sein kann, daß er nur ein Tuch auf das Schlagfell gelegt haben will. (Die Vorstellungen der Komponisten darüber unterscheiden sich häufig voneinander.) Sollten die Saiten, auch wenn sie abgehoben sind, noch vibrieren, wenn die Trommel geschlagen wird, muß der Spieler unter Umständen ein Taschentuch oder ein Staubtuch zwischen die Saiten und das Fell legen. Die Anweisung zur Dämpfung der kleinen Trommel bedeutet normalerweise, ein Staubtuch oder ein Tuch oben auf die Trommel zu legen, um den Klang zu »dämpfen«. (Die meisten kleinen Trommeln haben innen kleine Dämpfer, die reguliert werden können, um das Nachklingen des Felles zu reduzieren; einige Spieler finden dieses Nachklingen aufdringlich und legen ein Taschentuch oder ein Päckchen Zigaretten an den Rand des Felles.)

Basler Trommel

Die Basler Trommel ist eine tiefe Trommel von militärischem Typ mit dem größeren Felldurchmesser von 16 Zoll (= 40 cm).

Die Technik der Basler Trommel macht größeren Gebrauch vom Abprallen (Doppelsprungschlag), wobei offene Ornamente und Akzente und der Wirbel als Einzelschlagfolge gründlich ausgenutzt werden. Der folgende Auszug aus Liebermanns *Geigy Festival Concerto* für Basler Trommel und Orchester veranschaulicht die extremen Schwierigkeiten:

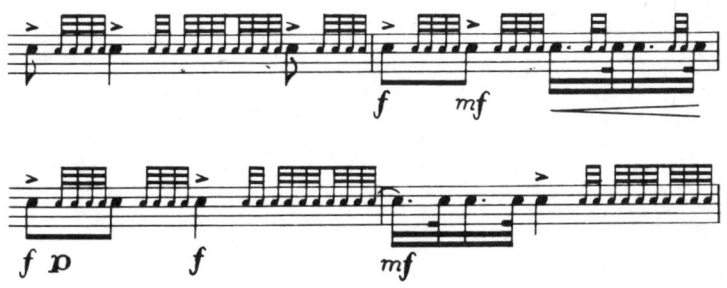

Welche Trommelgröße?

Die verschiedenen Trommelgrößen und ihre unterschiedlichen Namen in mehreren Sprachen stellen für den Spieler eine verwirrende Auswahl dar. In England hat die normale kleine Trommel gewöhnlich einen Durchmesser von 14 Zoll (= 35 cm) und eine Tiefe zwischen 3 und 8 Zoll (= 7,5 und 20 cm). Die höher gestimmte Piccolo-Trommel hat den kleineren Felldurchmesser von rund 13 Zoll (= 32,5 cm) und eine Tiefe von 3 Zoll (= 7,5 cm). Die kleine Militärtrommel ist die größte, sie hat einen Felldurchmesser von 14 oder 15 Zoll (= 35 oder 37,5 cm) und eine Tiefe von 12 Zoll (= 30 cm). In den USA wird die Trommel dieser Größe »Paradetrommel« genannt.

Die folgende Tabelle zeigt die verschiedenen Trommelarten. Die Tenortrommel (Rührtrommel) wird mitgerechnet, denn, obwohl sie in England der Definition nach eine Trommel *ohne* Schnarrsaiten ist, ist sie in anderen Ländern manchmal als solche mit Schnarrsaiten bekannt.

Kleine Trommel	*Piccolo-Schnarrtrommel*
Engl.: Snare Drum	Engl.: Piccolo Snare Drum
Franz.: Caisse claire	Franz.: Tambour petit
Ital.: Cassa chiara	Ital.: Tamburo piccolo, Tarole
Span.: Caja clara	

Militärtrommel	*Tenortrommel (Rührtrommel)*
Engl.: Military Snare Drum,	Engl.: Tenor Drum
Parade Drum oder	Franz.: Caisse roulante,
Field Drum	Tambourin
Franz.: Tambour militaire	Ital.: Tamburo rullante
Ital.: Tamburo militare	Span.: Caja rodante
Span.: Tambor militar	

Man sollte noch erwähnen, daß die Bezeichnungen »Kleine Trommel« und »Piccolo-Schnarrtrommel« so vermischt gebraucht werden, daß es buchstäblich unmöglich ist, den Absichten des Komponisten immer dogmatisch zu folgen.

Löffel

Oft benutzen Straßenmusikanten gewöhnliche Löffel zur Erzeugung eines rhythmischen, klappernden Geräusches. Jedoch kommt es auch vor, daß dieser Klangeffekt vom Schlagzeuger verlangt wird.

Sprungfedern

Sprungfedern sind Stahlfedern, die früher in Autos und Lastwagen als Stoßdämpfer benutzt wurden. Aufgehängt und mit einem Metallschlägel geschlagen, klingen sie etwa wie eine Triangel, jedoch weniger fein. Berio verwendete sie in *Folk Songs, Laborintus II* und *Epifanie.*

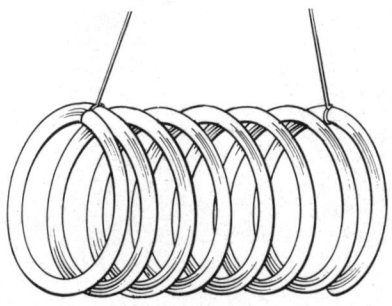

Gegenüber: Basler Trommel. Mit Erlaubnis von Alan Taylor.

159

Stahltrommel, auch Steel Drum, Calypsotrommel

Engl.: Steel Drum
Franz.: Tambour d'acier
Ital.: Tamburo d'acciaio

Die Stahltrommel kommt aus Trinidad, wo sie zu ganzen Musikkapellen zusammengestellt werden. Große stählerne Benzinfässer werden zurechtgeschnitten, wobei man den gewölbten Oberteil mit einem Teil des Fasses als Resonanzkörper erhält. Der Oberteil wird dann mit Rillen versehen und eine Anzahl von Buckeln oder Wölbungen werden in die Oberfläche gestoßen. Es gibt fünf Trommeltypen – entsprechend den fünf Streichergruppen. Die Trommeln, Pfannen genannt, tragen recht seltsame Namen: Baß, Cello, Gitarre, Doppelzweiter und Pingpong. Das Baßinstrument hat nur drei oder vier Töne, das Pingpong um die zweiunddreißig. Das ist für den Uneingeweihten besonders schwierig zu spielen, da für die Töne kein bestimmter Plan vorzuliegen scheint und der Spieler die jeweilige Partitur auswendig lernen muß. Er muß die

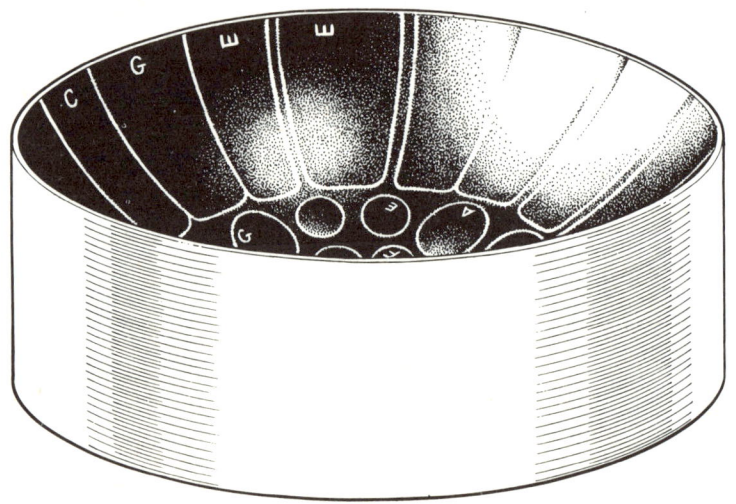

Stimmung seines Instrumentes prüfen, indem er die Buckel von oben hämmert, um den Ton zu erhöhen, und die Wölbung von unten, um ihn tiefer zu machen. Zur Herstellung dieser Instrumente gehört sehr viel Erfahrung, und der brillante Klang und die Virtuosität einiger dieser Kapellen erzeugen eine verblüffende Wirkung.

Henze schreibt für eine Stahltrommel in *El Cimarron, Voices* und in *Katharina Blum*. In den letzten Jahren sind Steel Drum-Bands in einigen britischen Schulen recht populär geworden – ein ausgezeichneter Weg, Kindern die Freude am Musizieren nahe zu bringen.

Steine

Engl.: Stones
Franz.: Pierres
Ital.: Sassi

Die Verwendung von Steinen in der Musik mag dem Laien etwas überraschend erscheinen; vielleicht hat er aber, nachdem er so weit gelesen hat, aufgehört, sich noch über irgend etwas zu wundern ...

Steine können als Tibetanische Gebetssteine auftreten, wie in Crumbs *Ancient Voices of Children*, oder die Partitur verlangt lediglich »Steine« – wie auch immer: Man nimmt meistens zwei gewöhnliche flache, runde Kieselsteine aus dem Garten oder vom Strand. Wenn einer in der linken Hand gehalten und mit dem anderen geschlagen wird, kann man verschiedene Tonhöhen erzielen, je nachdem, wieviel die linke Hand vom Stein fest hält. Der höchste Klang entsteht, wenn der Stein flach auf der offenen Handfläche liegt; die Tonhöhe wird allmählich tiefer, wenn der Griff fester wird. Ein anderer Klangeffekt ist, einen Stein auf das Fell einer Pauke zu legen und mit dem anderen zu reiben. Die natürliche Resonanzfähigkeit des Kessels steigert den Klang des Schabens.

Reibtrommel

Siehe Brummtopf auf Seite 125

Lotosflöte

Engl.:   Swanee Whistle oder Slide Whistle
Franz.: Sifflet à coulisse
Ital.:   Flauto a culisse

Während ein Instrument, das der Lotosflöte ähnelt, in einigen primitiven Kulturen vorkommt, wurde die uns heute bekannte Art hauptsächlich durch das Varieté-Theater populär. Die Flöte besteht aus einem schmalen Zylinder, um die 10 Zoll (= 25 cm) lang, mit einem Mundstück an einem Ende und einem beweglichen Drahtstab, der am anderen Ende eingeführt ist und eine Membrane die Röhre hinauf und hinunter bewegt, wodurch die Luftsäule verkürzt oder verlängert und somit die Tonhöhe verändert wird. Der Spieler kann ein langsames oder schnelles Glissando aufwärts oder abwärts ausführen, und hierin liegt der Haupteffekt der Lotosflöte! Die Hersteller behaupten zwar, daß ein Laie sehr rasch auf der Lotosflöte Melodien spielen könnte; das mag zwar nicht unmöglich sein, aber sogar für einen Berufsmusiker ist das nicht leicht zu erreichen. Ravel schreibt für die Lotosflöte in *L'Enfant et les Sortilèges* – in diesem Fall natürlich ein prächtiger Klangeffekt.

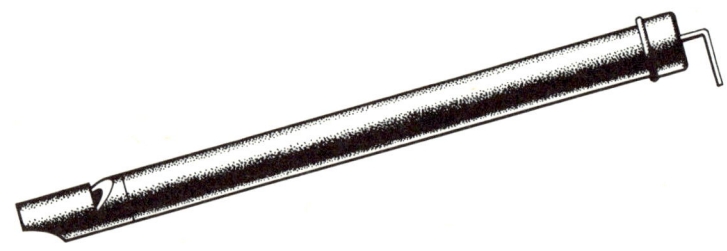

Rute

Engl.: Switch oder Rute
Franz.: Verge
Ital.: Verga

Die Rute ist ein Büschel von Zweigen oder ein Bambusstab, der an einem Ende in eine Anzahl von Zungen gespalten ist. Mozart und Haydn haben diesen Klangeffekt angewandt, wobei die Rute die begleitenden Schläge und ein gewöhnlicher Trommelstock die betonten Schläge spielt. Die Rute wird entweder auf dem Fell der großen Trommel benutzt oder auf dem Kessel der Trommel.
Später hat Mahler in der Dritten und Sechsten Symphonie diesen Effekt ausgenutzt, wenn auch auf eine etwas andere Weise. Die Rute war der Vorläufer der Drahtbürsten, die ursprünglich für die Jazztrommler eingeführt wurden.
   Den Rutentyp mit dem aufgespalteten Bambus findet man in einigen asiatischen und polynesischen Ländern.

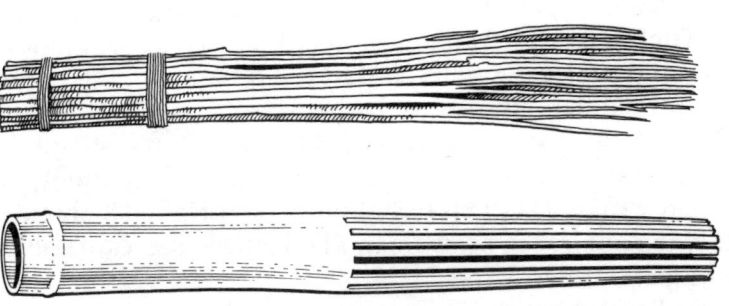

Oben: Normale Rute. Unten: Polynesische Art

163

Stockdegen

Engl.: Swordstick

Der Stockdegen ist dem Sistrum recht ähnlich: Auf beiden Seiten einer einem Schwert ähnlichen Klinge sind Tamburinschellen befestigt.

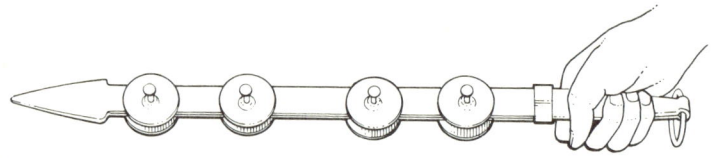

Tablas

Zwei indische Handtrommeln werden Tablas genannt – die Bhaya oder Banya und die Tabla. Die Tabla ist von beiden die höher gestimmte. Sie hat einen Kessel aus Holz, und der obere Teil verengt sich etwas, wie ein Trichter, bis zu einem Felldurchmesser von ungefähr 6 Zoll (= 15 cm). Die Trommel steht etwa 12 Zoll (= 30 cm) hoch. Das Schlagfell besteht aus drei Hautschichten und hat in der Mitte einen runden, schwarzen Fleck von etwa 3 Zoll (= 7,5 cm) Durchmesser – eine Zusammensetzung aus verschiedenen nach alter Tradition zusammengestellten Bestandteilen und entscheidend für das Timbre des Instrumentes. Das Fell ist von Lederriemen eingefaßt, und der Spieler ändert die Spannung durch Bewegen von kleinen, hölzernen Dübeln.

Die Bhaya hat einen Kessel aus Metall und einen Felldurchmesser von ungefähr 9 Zoll (= 22,5 cm), sie ähnelt einer kleinen Pauke. Das Fell besteht aus zwei Hautschichten und hat einen ähnlichen schwarzen Flecken wie die Tabla, jedoch nicht ganz in der Mitte.

Der Spieler hat die Baßtrommel, die Bhaya, links und die Tabla rechts, und die Tabla ist, wie wir sagen würden, auf der

Tonika gestimmt. Änderungen der Tonhöhe und Glissandi werden auf der Bhaya durch Druck mit dem Handballen am Rande des Felles sowie auch durch Fingerdruck erzielt. Für einen Schlagzeuger aus dem Westen ist die Technik eines indischen Tablaspielers etwas, was er nur mit Ehrfurcht und Bewunderung bestaunen kann, da es völlig außerhalb unserer Erfahrung und unseres Fassungsvermögens liegt. Wenn man sagen würde, daß die Rhythmen und die feinen Varianten von Tonhöhe und Klangfarbe kompliziert sind, wäre dies eine gewaltige Untertreibung. Der Tablaspieler braucht viele Jahre und ganz besondere, uralte Kenntnisse, um diese Technik zu beherrschen.

Ein Komponist, der eine Tabla vollendet gespielt hört, darf dieses Können von einem westlichen Schlagzeuger nicht erwarten. Wahrscheinlich (hoffentlich?) schließen sie Komponisten aus diesem Grunde selten mit ein. Berio wählt in *Cir-*

Bhaya (links) und Tabla.

cles die Besetzung einer Tabla – das ist jedoch ein Irrtum, denn er meinte eine Talking Drum oder Sprechtrommel.

Boulez verwendet die Tabla in *Rituel in Memoriam Maderna* wegen des einzigartigen Timbres, aber der Spieler spielt nur einzelne, sich wiederholende Töne in einem mäßigen Tempo.

Tabor oder Tambourin

Obwohl dies im Mittelalter wahrscheinlich die populärste Trommel war, besteht ein großes Durcheinander bei der Definition eines Tabor. Offenbar gibt es das Instrument mit ein oder zwei Fellen, mit oder ohne Saiten, und es kann einen flachen oder tiefen Kessel haben. Ich muß daher einen Kompromiß schließen, wenn ich sage, daß der Tabor im allgemeinen eine lange, schmale Trommel ohne Saiten ist. Er ist auch als provenzalische Trommel bekannt und wird in der Volksmusik der Provence viel benutzt.

Verwirrung entsteht auch durch die Schreibweise von Tambourin, die der von Tambourine so ähnlich ist, einem völlig anderen Instrument. So muß man sich vor Verwechslung hüten wie zum Beispiel in der *Farandole* von Bizets *L'Arlésienne*: Das hier erforderliche Instrument ist ganz eindeutig die lange Trommel ohne Saiten, *nicht* ein Tamburin, das einige Dirigenten meines Wissens immer wieder verlangen.

Talking Drum (Sprechtrommel)

Sie wird auch Quetschtrommel oder Sanduhrtrommel genannt. Das nigerianische Modell heißt Kalengo, das japanische Tsuzumi. Dieser Trommeltyp ist in der Mitte schmaler als an beiden Enden und sieht somit einer Sanduhr ähnlich – daher ihr volkstümlicher Name. Die Spannreifen (in diesem Falle meistens aus Rohr) der beiden Felle werden durch Bänder aus Leinen oder Leder straff gezogen, die Trommel wird unter einem Arm gehalten, und der Spieler kann die Tonhöhe verändern, indem er den engeren Mittelteil quetscht und so die Trommel »zum Sprechen« bringt. Erfahrene Trommler benutzen sie als Signal- und Kommunikationsinstrument. Es gibt mehrere Unterschiede zwischen dem Kalengo und dem Tsuzumi; für den westlichen Schlagzeuger aber sind Konstruktion und Klang ziemlich ähnlich. Die Trommel wird entweder mit der Hand oder mit einem hakenförmigen Schlägel gespielt.

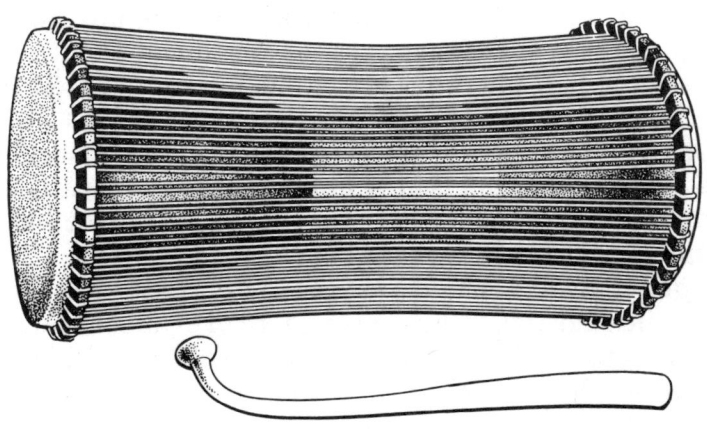

Tamburin (Schellentrommel)

Engl.: Tambourine
Franz.: Tambour de basque
Ital.: Tamburo basco, Tamburino, Tamburello basco
Span.: Pandereta

Das Tamburin ist eines der ältesten Schlaginstrumente. Man findet es in vielen Teilen der Welt, und seine Form hat sich im Laufe der Zeit kaum verändert. Der Felldurchmesser beträgt gewöhnlich zwischen etwa 6 und 12 Zoll (= 15 und 30 cm), eine zum Halten bequeme Größe. Der Kessel, der manchmal aus Metall, aber meist aus Holz ist, ist ungefähr 2–2,5 Zoll (= 5–6,5 cm) tief und hat horizontal ausgeschnittene Schlitze, in denen jeweils zwei metallene Scheiben oder Schellen locker auf einem Drahtstift angebracht sind. Das kleine Tamburin hat gewöhnlich eine einzelne Reihe von sechs oder sieben Schellenpaaren, das größere zwei Reihen mit insgesamt sechzehn bis zwanzig Schellenpaaren.

Man hat sehr große Tamburins von etwa 24 Zoll (= 60 cm) Durchmesser konstruiert. Diese sind aber offenbar für den allgemeinen Gebrauch untauglich, da sich Größe, Gewicht und Klang als recht ungünstig erweisen. Ein Stab entsprechend dem Durchmesser ist an der Innenseite des Kessels erforderlich, um diese großen Instrumente zusammenzuhalten.

Das Fell wird gewöhnlich auf den Kessel genagelt und muß sehr straff sitzen. Mit Schrauben gespannte Tamburins gibt es auch, aber sie sind eher zu schwer und zu unbeholfen.

Das Tamburin wird geschüttelt und mit der freien Hand und den Fingern oder auf das Knie geschlagen, je nachdem, welche Klangwirkung gewünscht wird. Für kurze, trockene Klänge muß das Instrument horizontal gehalten werden, damit die Schellen sich nicht selbständig bewegen, sondern nur auf den Anschlag reagieren. Für einen Triller mit einem kurzen Abriß schüttelt der Spieler daher das Tamburin vertikal und beendet den Triller, indem er gleichzeitig das Fell schlägt und das Instrument in die horizontale Lage dreht. Für rhythmische Passagen im Pianissimo kann der Spieler das Tamburin horizontal auf das Knie setzen und den Rhythmus mit einem Finger von jeder Hand auf den Holzrahmen klopfen wie im *Fest der Capulets* aus *Romeo und Julia* von Berlioz. Den Pianissimo-Triller führt man mit einem angefeuchteten Daumen oder einer Fingerspitze aus, die von unten nach oben nahe am Rande des Fells entlang gleitet. Dabei entsteht ein sehr enger Triller, da die Reibung des angefeuchteten Daumens die Schellen zum Vibrieren bringt. Das übt man am besten mit dem Instrument in vertikaler Lage, damit die Schellen nicht nahe beisammen liegen, was einen viel lauteren Triller ergibt. Leider kann der Daumen- oder Fingertriller, der ein ausgezeichneter Klangeffekt ist, nur kurzzeitig ausgeführt werden, weil dem Spieler entweder der Daumen trocken wird oder weil er am Tamburin einen Punkt erreicht, wo er die Richtung des Daumens ändern muß.

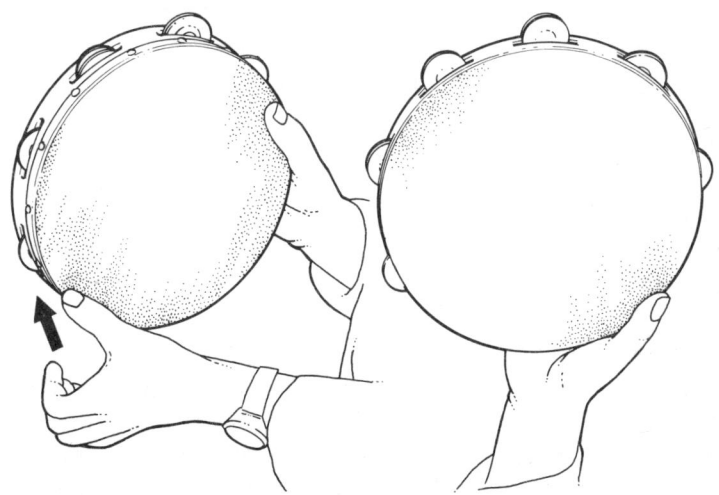

Ausgangspunkt für den Daumentriller

Dies bedeutet also immer eine Unterbrechung des Trillers. Der lange Pianissimo-Triller in Debussys *Ibéria* zum Beispiel ist deshalb ein Problem. Eine Lösung wäre, zwei Spieler mit gleich klingenden Tamburins zu nehmen, so daß sich der zweite Spieler diskret »einschleichen« kann, während der erste Spieler schwächer wird. Andere gelegentliche Klangeffekte schließen das Anschnellen der Schellen mit den Fingern ein (Waltons *Façade*) und das Fallenlassen des Instrumentes auf den Fußboden (am Ende von Strawinskys *Petruschka*). Dabei muß das Tamburin etwa 18 Zoll (= 45 cm) flach über den Boden gehalten und so fallen gelassen werden, daß es flach und gerade aufschlägt. Das Tamburin wird bisweilen auch auf einen Ständer geklemmt, damit man es mit Schlägeln spielen kann, wie in Strawinskys *Geschichte eines Soldaten*.

Das Tamburin, das als lateinamerikanisches oder Rock-Rhythmusinstrument benutzt wird, ist im Grunde ein normales Tamburin, jedoch ohne Schlagfell. Der Spieler hält das Instrument ziemlich fest in vertikaler Lage und schüttelt es vor seinem Körper; die Schellen klirren dann rhythmisch zusammen, wenn sie abwechselnd die Seiten treffen. Diese Technik, mit Varianten, stellt heute einen Teil des rhythmischen Hintergrundes für die meiste Popmusik dar.

Tamtam

siehe auch Gong auf Seite 117

Die meisten Spieler sind der Ansicht, das Tamtam habe eine unbestimmte Tonhöhe, da es einen tiefen, sehr klangvollen Ton erzeugt. Es besteht aus einer flachen Bronzescheibe, die manchmal am Rande umgebogen ist. Verschiedene Hersteller produzieren Tamtams mit erheblich unterschiedlichen Merkmalen; je dicker das Metall, um so länger braucht das Tamtam, um wirkungsvoll anzusprechen. So wie die von Avedis Zildjian hergestellten Becken führend sind, so zählt beim Tamtam der Name Paiste. Die meisten Symphonieorchester benutzen Paiste-Tamtams, dünne Platten aus Bronze mit umgebogenem Rand, der eine unebene, gehämmerte Oberfläche hat. Das normale Angebot von Paiste führt Instrumente von 7 bis 36 Zoll (= 17,5 bis 90 cm); größere, bis zu 6,5 Fuß (= 200 cm) im Durchmesser können jedoch in Auftrag gegeben werden. Während es zwar eine unglaubliche Klangfülle besitzt und ein ehrfurchtgebietendes Klangvolumen hervorbringen kann, ist ein Sechs-Fuß (= 180 cm) Tamtam für gewöhnliche Zwecke unpraktisch. Es sind verschiedene Klangfarben mög-

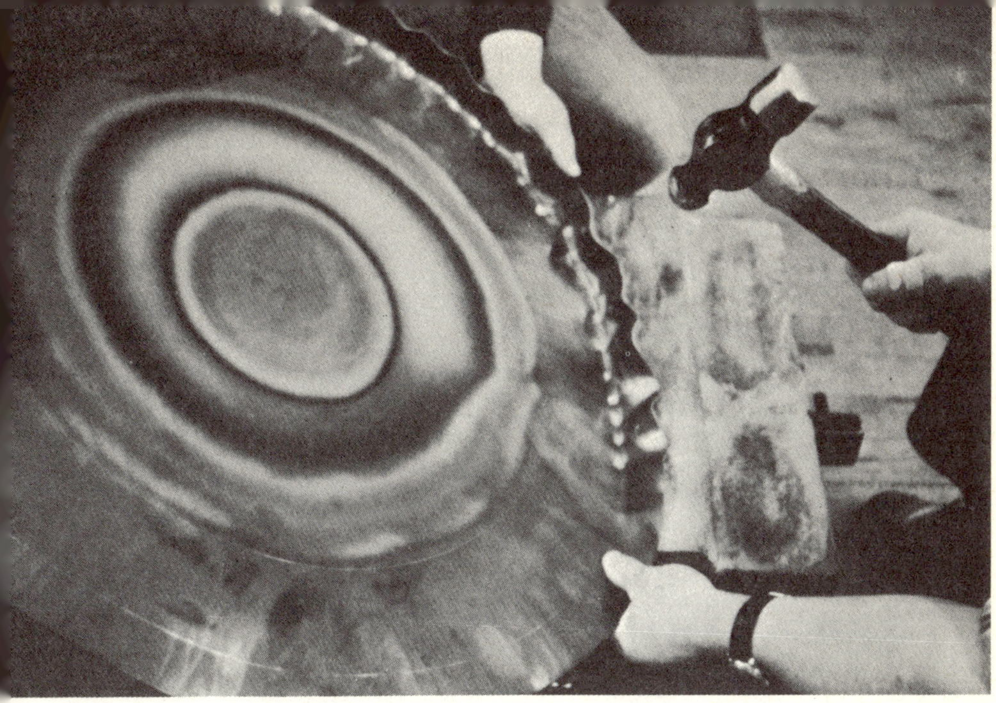

Hämmern der Unterseite des Tamtams.

Bearbeiten der Oberfläche.

Ausprobieren des fertigen Tamtams. Alle Abbildungen mit Erlaubnis von M.M. Paiste.

lich – je nach dem verwendeten Schlägel und der unterschiedlichen Schlagstelle – doch das Hauptmerkmal des Paiste-Tamtams ist das sehr rasche Crescendo der Obertöne nach dem Schlag auf das Instrument. Deshalb ist es notwendig, eine recht große weite Metallfläche zu haben, damit vornehmlich ein sehr tiefer, nachhallender Grundton erreicht wird.

Die beste Größe eines Tamtams für ein normales Symphonieorchester ist etwa 38 oder 40 Zoll (= 95 oder 100 cm). Alle kleineren werden wahrscheinlich im Grundton nicht tief genug sein. Genauso wie verschiedene Größen von Becken für ein Orchester notwendig sind, ist es auch mit Tamtams: Sechs oder sieben, zwischen 20 und 40 Zoll (= 50 und 100 cm), werden den meisten Situationen gerecht werden. (Boulez setzt in *Rituel in Memoriam Maderna* sieben Tamtams und sieben Gongs ein.)

Natürlich müssen die Schlägel für ein großes Tamtam verhältnismäßig schwer sein, um den vollen Ton des Instrumentes hervorzubringen. Normalerweise haben sie einen Kern aus Hartgummi oder Filz mit Lammwolle überzogen. Gepolsterte Hämmer sind auch gut, vor allem wenn der Spieler das Instrument gleich »ansprechen« lassen muß. Zu den anderen Klangeffekten gehört das Kratzen mit einem Metallschlägel über die Oberfläche oder am Rande entlang. (Die holperige Oberfläche vom Rand des Paiste-Tamtams ist für das Kratzen des Metallschlägels, wie es in Strawinskys *Sacre du printemps* verlangt wird, ideal.) Das Schlagen des Tamtams mit einem Metallschlägel muß immer mit großer Zurückhaltung geschehen – mehr als *ein* Instrument ist durch zu starke Anwendung dieses Effektes ruiniert worden. Auch die Verwendung von Drahtbürsten oder eines Kontrabaßbogens wird gelegentlich verlangt, der Bogen bringt bei dem Tamtam sehr wirkungsvolle Flageolettöne hervor. Eine verhältnismäßig neue Errungenschaft ist der »Superball«, ein gewöhnlicher, hochspringender Kindergummiball am Ende eines Stockes. Er wird über die Oberfläche des Tamtams gezogen und produziert dabei allerlei Arten merkwürdiger Stöhn- und Quietschlaute.

Tapan oder Tupan

Der Tapan stammt vom Balkan und ist eine Trommel mit zwei Fellen mit Schnurspannung. Er ähnelt einer kleinen Baßtrommel oder auch einer großen Tenortrommel und wird wie eine Baßtrommel mit einem Stock oder einem überzogenen Holzschlägel gespielt, der einen flachen Rand von etwa 1,5 Zoll (= 3,8 cm) hat. Dabei entsteht ein sehr nachhallender, derber Klang. Der jugoslawische Komponist Globokar verwendet den Tapan in *Etüde für Folklora I und II.*

Tempelblöcke

(manchmal koreanische oder chinesische Tempelblöcke genannt)

Ital.: Blocchi di legno (blocchi coreani)

Der Tempelblock kommt aus Ostasien, vor allem aus China, Japan und Korea. Er ist aus Kampferholz geschnitzt, von einem Schlitz in der Mitte aus ausgehöhlt und ähnelt dem Maul eines Fisches; so ist er auch als der »hölzerne Fisch« bekannt. Die Tempelblöcke können sehr kunstvoll geschnitzt und die Schäfte als Fischschwanz geformt sein. Auch ist es nicht ungewöhnlich, die Initialen des Künstlers an der Seite eingraviert zu finden. Wie der Name schon sagt, gehört der Tempelblock in den erwähnten Ländern zum täglichen religiösen Leben. Die Größe variiert sehr stark vom kleinsten, ca. 2 Zoll (= 5 cm) im Durchmesser und in der Hand gehaltenen bis zum größten, einem Monstrum um die 30 Zoll (= 75 cm) im Durchmesser, das im Tempel auf einem Kissen liegt und mit einem schweren Filzschlägel geschlagen wird. Ein solcher

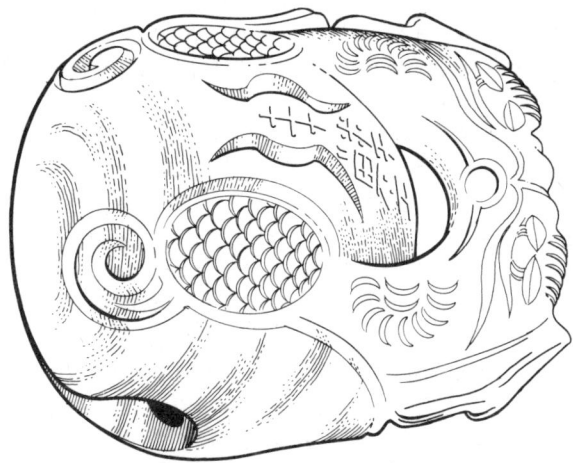

Ein japanischer Tempelblock – die Initialen des Künstlers sind in der Mitte zu sehen.

Block klingt mehr wie ein gedämpftes Tomtom als wie ein gewöhnlicher Tempelblock.

Die kleineren Tempelblöcke, bis zu ca. 10 Zoll (= 25 cm) im Durchmesser, wurden früher in der westlichen Musik von

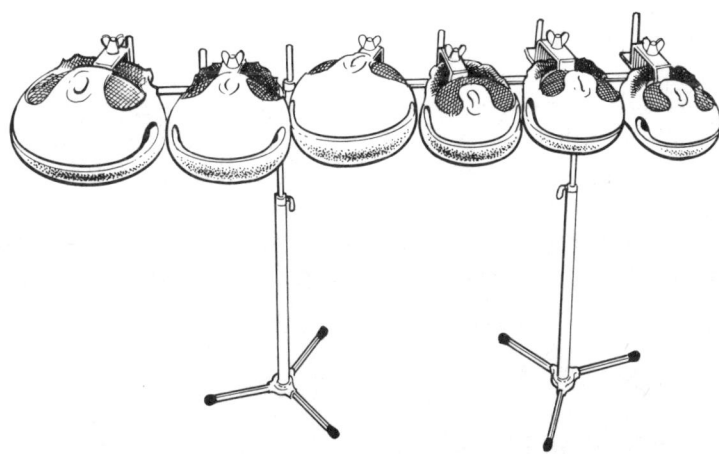

Schlagzeugern der Varieté-Theater und von den Jazztrommlern benutzt. Heutzutage werden sie von Komponisten recht oft verwendet – manchmal einzeln, jedoch häufiger in einem Satz von mehreren Blöcken. Der Ton ist etwas dunkler und runder als beim herkömmlichen Holzblock. Tempelblöcke sind normalerweise ohne bestimmte Tonhöhe, obwohl es Komponisten gibt, welche die Notierung festlegen. Versuche im Westen, Tempelblöcke herzustellen, sind meistens erfolglos geblieben, da die Hersteller anscheinend das einzigartige Timbre nicht nachmachen können. Wegen der etwas ungewöhnlichen Form sind besondere Klammern und Ständer erforderlich, die dem Spieler eine feste Anordnung der Blöcke ermöglichen (siehe auch das Kapitel über Ständer und Zubehör).

Tenortrommel, auch Rührtrommel

siehe auch kleine Trommel auf Seite 146

Engl.:   Tenor Drum
Franz.: Caisse roulante, Tambourin
Ital.:   Tamburo rullante
Span.:   Caja rodante

In England ist die Tenortrommel gewöhnlich eine Trommel mit einem Felldurchmesser von 16 oder 18 Zoll (= 40 oder 45 cm) und einer Tiefe von 12 Zoll (= 30 cm) oder mehr. Sie hat keine Saiten, ähnelt im Klang einem tiefen Tomtom und hat einen Kessel aus Metall oder Holz. In anderen Ländern ist diese Art Trommel jedoch manchmal mit Saiten versehen.

Thai Gongs

siehe auch Gong auf Seite 117

176

Diese Gongs aus Thailand sind auch als Knopf- und Buckel-
gongs bekannt. Sie sind ziemlich leicht, und obwohl sie eine
bestimmte Tonhöhe haben, sind sie für unsere westliche chromatische Tonleiter unbrauchbar.

Donnerblech

Engl.: Thunder Sheet
Franz.: Machine à tonnerre
Ital.: Lastra del tuono
Span.: Lamina metalica

Das Donnerblech ist eine dünne rechteckige Metallscheibe,
gewöhnlich 4 mal 8 Fuß (= 120 mal 240 cm) groß, mit Griffen. Beim Schütteln knattert das Metall und produziert ein
donnerähnliches Getöse. Früher war es nur ein Theatereffekt,
jetzt erscheint es gelegentlich in verschiedenen Größen im
Orchester. Henzes Sechste Symphonie z.B. benötigt zwei
kleine Donnerbleche von ungefähr 3 mal 3 und 3 mal 2 Fuß
(= 90 mal 90 und 90 mal 60 cm). Wenn das große Donnerblech verlangt wird, wie in der *Alpensymphonie* von Richard
Strauss, braucht man viel Platz, da die Scheibe entweder an
einem Ende aufgehängt wird oder von zwei Spielern, einer an
jedem Ende der Scheibe, geschüttelt werden muß.

Timbales, auch Timbals

Timbales sind die mittleren Register der lateinamerikanischen Trommeln. Die zwei flachen Einfelltrommeln mit Fell-
durchmessern von ungefähr 13 und 14 Zoll (= 32,5 und 35
cm) haben metallene Kessel und werden zu beiden Seiten eines Stabes in der Mitte befestigt. Für lateinamerikanische
Musik werden die Felle fest gespannt und die Timbales gewöhnlich mit leichten Holzstäben, die nicht spitz zulaufen

und keinen Kopf haben, gespielt. Eine Vielfalt von Klängen und Klangfarben erzielt man, wenn man das Fell, den Rand und den Kessel der Trommel von außen schlägt.

Im Orchester werden Timbales häufiger als Tomtomklang verwendet, auch in Verbindung mit Bongos, um einen Lauf von vier recht hohen Tonlagen zu bilden.

Es sollte darauf hingewiesen werden, daß die Schreibweise von Timbales genau der des französischen Wortes »timbales« entspricht, was da aber Pauken bedeutet.

Tomtoms

siehe auch Rototoms auf Seite 139

Obwohl das Tomtom eines der wenigen Instrumente mit einem allen Sprachen gemeinsamen Namen ist, bedeutet es für

178

Tomtoms. Mit Erlaubnis von M. Grabmann.

die Komponisten eine weite Vielfalt von Trommeln, mit einem oder zwei Fellen, jedoch ohne Saiten. Das moderne Tomtom, wie es in den Katalogen der großen Hersteller aufgeführt wird, ist gewöhnlich eine Trommel mit zwei Fellen in verschiedenen Größen, entweder mit verstellbaren Beinen als Standtomtom oder mit Vorrichtungen, um sie an die große Trommel des Drum-Sets zu montieren. Verfügbar sind jetzt Reihen von chromatischen Tomtoms und Sätze von Konzerttoms, wie auf Seite 99 beschrieben. Während diese bis zu einem gewissen Grad gestimmt werden können, ist dies doch eine recht mühselige Prozedur. Remo-Rototoms sind vorzuziehen, wenn die Tonhöhe der Trommel angegeben ist.

Chromatische Sätze von Tomtoms sind etwas anders als Konzerttoms, und es geht darum, daß der Spieler eher ein oder zwei vollständige Oktaven von Tomtoms zur Verfügung hat als mehrere einzelne Töne. Mit Kunststoffellen bleiben die Trommeln besser in Stimmung, wobei nur geringfügige Regulierungen notwendig sind. Chromatische Sätze von Tomtoms sind bei Kolberg und Grabmann in der BRD zu haben.

Tibetanische Gebetsteine

siehe Steine auf Seite 161

Triangel

Im Mittelalter war die Wirkung der Triangel ähnlich der des Sistrums, da sie unten lockere Metallringe hängen hatte. Heute hat sich das geändert. Die Form bleibt, aber die Ringe sind verschwunden, und das Instrument wird mit einem Metallschlägel geschlagen.

Der charakteristische Klang der Triangel ist im Orchester eine der bekanntesten Schlagzeugklangfarben. Der Ton sollte klar und silbrig sein. Für ein Orchester werden mehrere unterschiedliche Größen benötigt, von einer dünnen 4-Zoll(= 10 cm) bis zu einer wesentlich schwereren 10-Zoll(= 25 cm) Größe. Um alle Möglichkeiten voll ausnutzen zu können, müssen viele verschiedene Schlägel greifbar sein, von etwa 3 bis zu 8 mm Stärke.

Trotz vieler alter Witze über den Triangelspieler, der hinten im Orchester sitzt und seine 99 Takte Pause zählt, ist in Wirklichkeit die Triangel nicht so leicht zu spielen, wie im allgemeinen angenommen wird. Der Uneingeweihte, der zum ersten Mal eine Triangel hält, wird das Gefühl haben, daß sie sich unkontrollierbar dreht, während er versucht, sie mit der anderen Hand zu verfolgen. Triangeln wurden einstmals fast immer so gehalten, daß der Daumen des Spielers oder ein Finger die Darmschlinge, in der das Instrument hängt, hielt, während die freien Finger sie in einer Stellung festhielten und sie auch, falls erforderlich, dämpften. Es gibt keine richtige oder falsche Schlagstelle; der Spieler muß nur die Stelle finden, an der er glaubt, den besten Ton hervorzubringen. Man trillert indem man das Ende des Schlägels in einem der drei Winkel rasch hin und her bewegt, und für einen Pianissimo-Triller wird der Spieler den Schlägel im spitzen Winkel bewegen und so die kurze Entfernung zwischen den beiden Seiten ausnutzen. Heutzutage sind Triangelständer sehr beliebt, sie bestehen aus einem L-förmigen Metallstab, der in einen gewöhnlichen Beckenständer paßt. Es werden zwei Löcher im Abstand von etwa 3 cm gebohrt und eine kleine Darmschlaufe durchgesteckt. Die Triangel kann dann frei aufgehängt werden.

Der große Vorteil dabei ist, daß beide Hände frei bleiben, Rhythmen viel leichter gespielt werden können und der Spieler das Instrument besser unter Kontrolle halten kann. Dazu kommt natürlich noch, daß er nicht das Problem hat, die Triangel hochnehmen und sie wieder – leise – hinlegen zu müssen.

Für schwierige Rhythmen ziehen einige Spieler einen

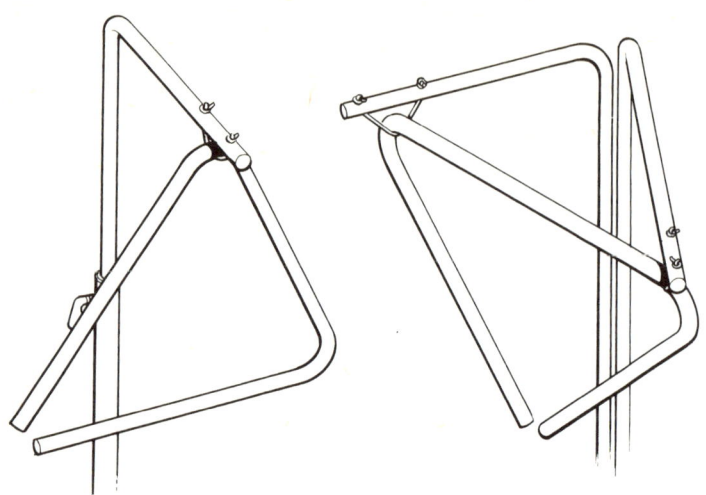

Links: Normaler Ständer. Rechts: Befestigte Triangel.

Triangelständer mit zwei Armen vor. Die Triangel wird an zwei Ecken aufgehängt und bietet dem Spieler so eine viel stabilere Spielfläche. Dabei ist der Nachteil ein gewisser Tonverlust.

Obwohl die Triangel ein Instrument mit unbestimmter Tonhöhe ist, hat sie doch einen sehr bestimmten Klang, und es kann durchaus passieren, daß sie in einem Werk wie dem Ersten Klavierkonzert von Liszt, in dem sie sich wiederholende Töne solistisch spielt, falsch klingt.

Da hilft nur, verschiedene Instrumente auszuprobieren. Manchmal schreiben Komponisten jetzt für drei oder vier Triangeln; sie sind von verschiedener, aber nicht von bestimmter Tonhöhe.

Tumbas

Siehe Congas auf Seite 100

182

Vibraslap

Siehe Schlagrassel auf Seite 124

Waschbrett

Das Waschbrett, das man gelegentlich in Musikpartituren an-
trifft, ist tatsächlich das altmodische Waschbrett des Haus-
haltes, das in den zwanziger Jahren als Jazzeffekt populär
war. Meistens benutzten die Spieler metallene Fingerhüte,
mit denen sie im Rhythmus quer über das Waschbrett kratz-
ten. Da der Klang metallisch und kräftiger als der des Guiro
ist, wird das Waschbrett an seiner Stelle manchmal in Strawinskys *Sacre du printemps* verwendet.

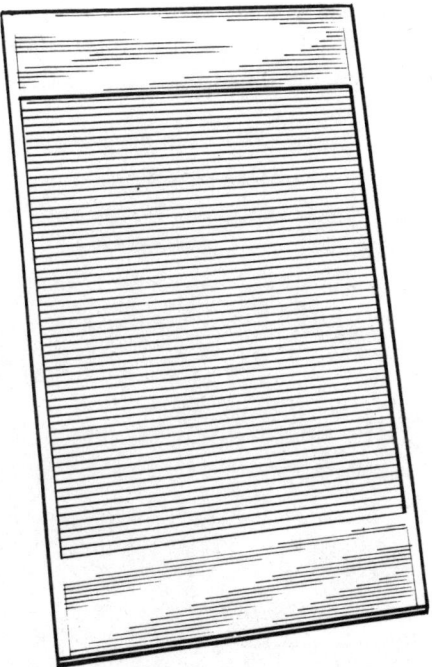

Wassergong

So nennt man den Effekt, wenn ein vibrierender Gong oder
ein kleines Tamtam in Wasser getaucht wird. Beim langsamen Untertauchen des Gongs entsteht ein Abwärtsglissando
und umgekehrt ein Aufwärtsglissando, wenn der Gong aus
dem Wasser gezogen wird. John Cage verwendet den Was-
sergong in seinem *First Construction in Metal.* Der Effekt wird
für das Publikum um einiges gesteigert, wenn der Wasserbe-
hälter durchsichtig ist, z.B. ein Aquarium. Eine Vorrichtung
zum Heben und Senken des Gongs mittels eines Pedals ist
auch von Vorteil.

Wasserphon

Das ist ein merkwürdig aussehendes Instrument: Es hat einen
knollenförmigen Corpus, einen kleinen Trichter, durch den
das Wasser gegossen wird, und eine Reihe von verschieden

langen, stählernen Zinken, die am äußeren Rand ange-
schweißt sind. Das Wasserphon wird an einem Ständer aufgehängt, damit es frei schwingen kann. Werden die Zinken gebogen oder mit den Fingernägeln gekratzt, dann entsteht ein
unheimlicher, ätherischer Klang, wenn das Wasser sich drinnen bewegt.

Peitsche, Holzklapper

Engl.: Whip oder Slapstick
Franz.: Fouet
Ital.: Frusta
Span.: Fusta, latigo

Die Peitsche besteht aus zwei dünnen, schmalen Holzstük-
ken, die an einem Ende durch ein Scharnier verbunden sind.
Um das Spielen zu erleichtern, sind Handgriffe oder Riemen
angebracht, und das Knallen der Peitsche wird hervorgebracht, indem die beiden Holzflächen zusammenschlagen.

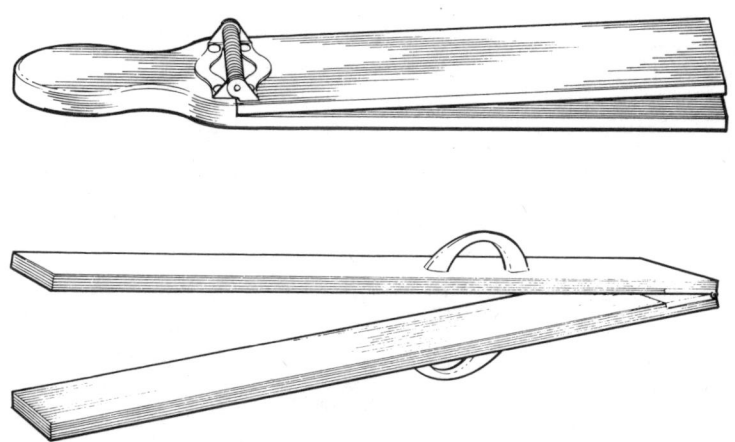

Oben: Holzklapper, mit einer Hand gespielt. Unten: Peitsche, die zwei Hände benötigt.

185

Die Holzklapper hat die gleiche Wirkung, hat aber an einem Ende einen Griff. Am Scharnier ist eine Feder befestigt und sie wird mit nur einer Hand gespielt. Aus diesem Grund ist die Holzklapper etwas leichter als die zweihändige Peitsche, was das Gewicht und den Klang betrifft.

Die Peitsche ist ein weit verbreiteter Klangeffekt und wird fast ausnahmslos einzeln eingesetzt. Wenn aber eine rasche Knallfolge vorgeschrieben ist, dann braucht man eine Doppelpeitsche. Das sind zwei identische Peitschen auf einem Brett montiert, damit der Spieler den Rhythmus mit beiden Händen spielen kann. In Brittens *The Burning Fiery Furnace* ist eine vierfache Peitsche mit verschiedenen Klängen erforderlich.

Pfeife

Pfeifen verschiedener Art gehören zur Ausrüstung eines Schlagzeugers. Dazu zählen eine Schiedsrichterpfeife, eine Polizeipfeife, eine dreitönige Zugpfeife, usw. Zusätzlich wer-

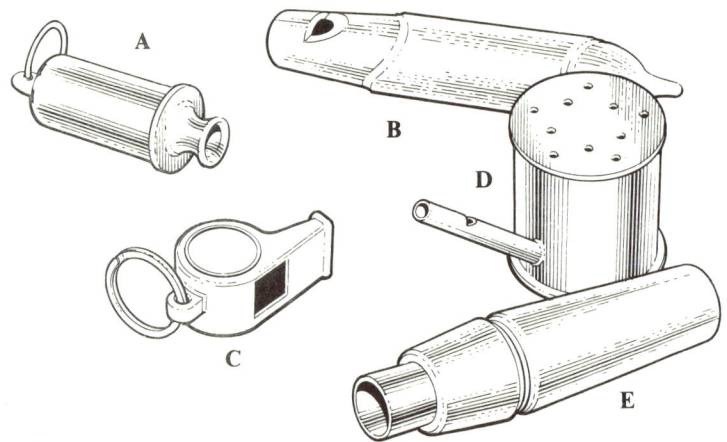

A Polizeipfeife. B Kuckuck. C Schiedsrichterpfeife. D Nachtigall. E Entengeschnatter.

186

den verschiedene Nachahmungen von Vogelrufen verlangt, vom Kuckucksruf und Entengeschnatter bis zum Gesang der Nachtigall. Letztere ist ein kleines metallenes Gefäß mit einem durchlöcherten Oberteil und einer kleinen Pfeife, durch die der Spieler bläst. Das Gefäß ist zur Hälfte mit Wasser gefüllt, und beim Blasen erinnert das entstehende Zwitschern an eine Nachtigall.

Windglocken (Glas, Bambus, Muschel, Metall)

Glasstäbe

Engl.: Glass chimes
Franz.: Baguettes de verre suspendues
Ital.: Bacchette di vetro sospese

Bambusrohre, Holzwindglocken

Engl.: Bamboo Chimes
Franz.: Bambou suspendu
Ital.: Bambu sospeso

Muschel-Windglocken

Engl.: Shell Chimes

Windglocken sind vor allem im Orient bekannt – als Türglocken oder auch nur zur Verzierung. Sie können aus Bambus, Glas, Glasstäben, Muscheln, Metallstäben, Metallröhren und anderem hergestellt sein. Zum Beispiel wird eine Anzahl Bambusrohre an Stäben aufgehängt, wenn sie vom Wind (oder in unserem Falle mit den Händen) bewegt werden, dann rascheln sie leise und unregelmäßig aneinander. Bambusrohre können auch ein sehr lautes, scharfes Rasseln hervorbringen, wenn der Spieler die Rohre mit beiden Händen kräftig zusammenstößt.

Muschel-Windglocken

Oben links: Messingglocken.
Unten links: Steinglocken.
Rechts: Glasstäbe.
Alle Abbildungen mit Erlaubnis von Allan Hall.

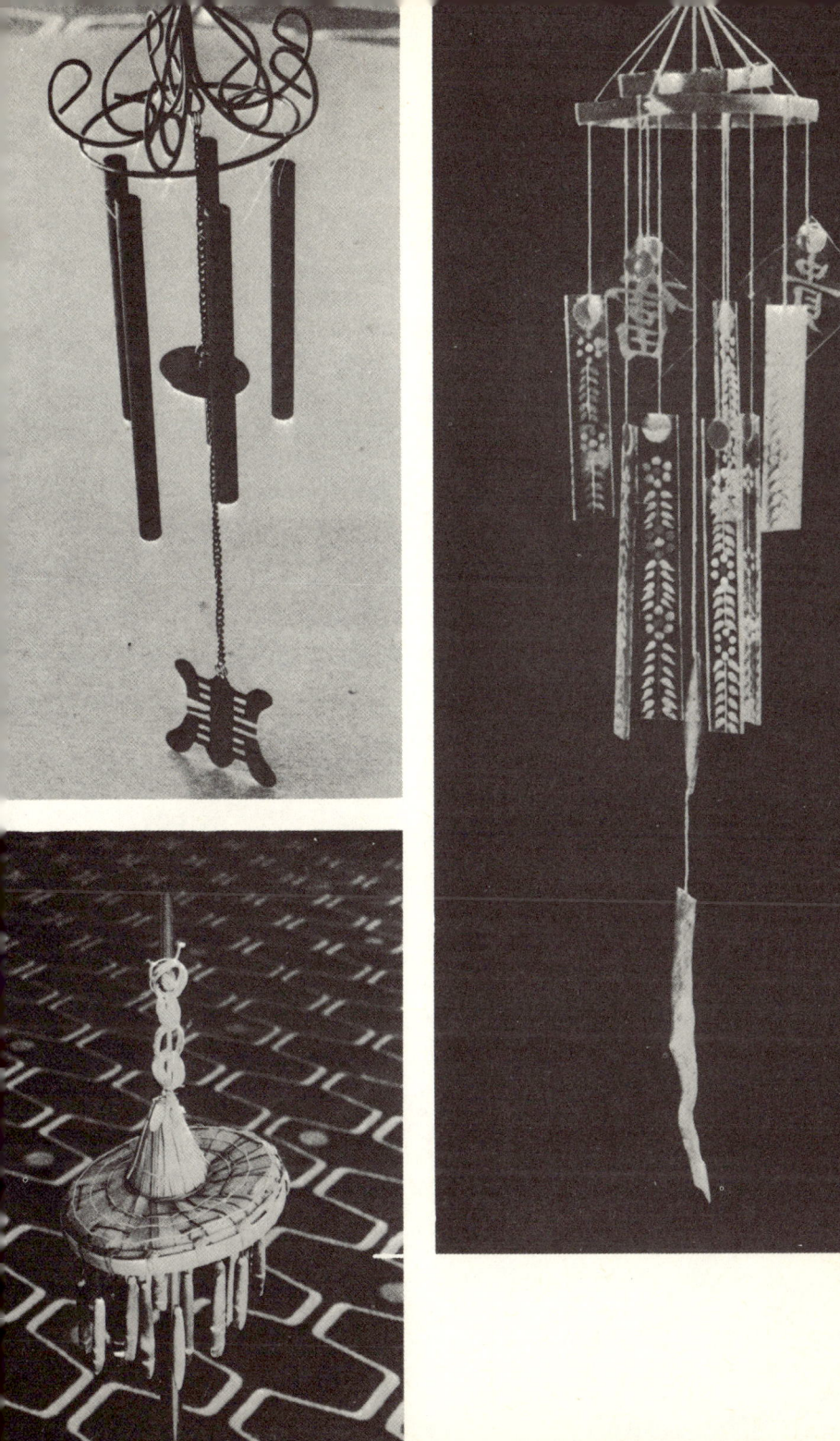

Windmaschine, Äolophon

Engl.: Wind Machine
Franz.: Machine à vent, Eoliphone
Ital.: Macchina a vento
Span.: Maquina de viento

Die Windmaschine, ursprünglich ein reiner Theatereffekt, hat schon seit langem auch Eingang in die Musik gefunden. Richard Strauss verwendet die Windmaschine in *Don Quixote* (1889), Ravel in *Daphnis und Chloë* und Vaughan Williams in *Sinfonia Antarctica* – um nur einige zu nennen.

Gewöhnlich besteht die Maschine aus einem Zylinder aus Holzleisten mit einem Segeltuchüberzug. Das Segeltuch bleibt unbeweglich; wird der Zylinder gedreht, erzeugt die Reibung vom Rand der Holzleisten am Tuch ein dem Wind ähnliches Geräusch. Die Höhe und Intensität des Klanges ändert sich je nach der Geschwindigkeit, in der der Zylinder gedreht wird.

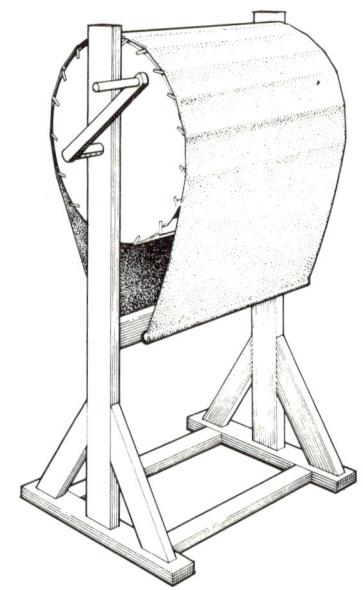

Es gibt auch elektrische Windmaschinen, bei denen der Klang durch einen Ventilator erzeugt wird; die gleichen Klangfeinheiten, wie bei einer von Hand getriebenen Windmaschine, sind aber nicht möglich. Dazu kommt, daß die elektrische Windmaschine entweder ein- oder ausgeschaltet ist. Ist sie eingeschaltet, wird ein tiefes und in leisen Passagen störendes Summen hörbar.

Weingläser

Obwohl die Glasharmonika veraltet ist, werden Weingläser gelegentlich noch benutzt. Die meisten Menschen kennen den Klang, der entsteht, wenn man mit einer angefeuchteten Fingerspitze um den Rand eines Weinglases oder Bechers gleitet. Dies ist ein bei Komponisten beliebter Klangeffekt, wobei die Tonhöhe vom Glas selbst und der darin enthaltenen Flüssigkeitsmenge bestimmt wird. Peter Maxwell Davies erzeugt am Ende von *Stone Litany* mit der Solosopranistin, einem weichen Marimbaphontriller und Weingläsern in c″ und e″ einen wunderschönen Klang.

Anders geartete Klangeffekte erreicht man, wenn man die Gläser zart mit einem leichten Schlägel anschlägt oder einen Cellobogen benutzt.

Drahtrollen

Siehe Sprungfedern auf Seite 159

Holzblöcke

Engl.: Wood Blocks
Franz.: Blocs de bois
Ital.: Blocchi di legno
Span.: Bloques de madera

Der traditionelle Holzblock ist ein rechteckiger Block aus Hartholz mit einem tiefen, schmalen Schlitz. Die Mitte und der Rand der Oberfläche oberhalb des Schlitzes bilden die besten Schlagflecken. Der Block ist oben und unten ausgehöhlt, was normalerweise bedeutet, daß der Spieler verschiedene Klangmöglichkeiten hat. Obwohl Holzblöcke ohne bestimmte Tonhöhe gedacht sind, bieten die vielen verschiedenen Größen, die zur Verfügung stehen, doch viele unterschiedliche Tonhöhen. Die Standardgröße ist etwa 7 mal 3 Zoll (= 17,5 mal 7,5 cm) mit einer Tiefe von 2,5 Zoll (= 6,3 cm) aber auch große Blöcke von 12 mal 5 Zoll (= 30 mal 12,5 cm) oder kleinere von 4,5 mal 2 Zoll (= 11,3 mal 5 cm) werden gebraucht. Gewöhnlich sind bei dem Block an jedem Ende zwei Löcher durchgebohrt, damit er an einen Spezialhalter angeklammert werden kann.

Der Holzblock-Klang ist ein sehr weit verbreiteter Effekt – entweder einzeln erzeugt oder in Sätzen von drei oder vier. Der Klang variiert deutlich je nach der Art des verwendeten Schlägels, und das Charakteristische daran ist ein hohler, spröder Klang, schärfer und eckiger jedoch als der seines Vetters, des Tempelblocks.

Man begegnet auch röhrenförmigen Holzblöcken, obwohl sie weniger beliebt sind. Sie bestehen aus einem runden Stück Hartholz, das an jedem Ende verschieden tief ausgehöhlt ist, um zwei Tonhöhen zu ermöglichen. Jedes Ende ist auch geschlitzt, um die Resonanz zu steigern.

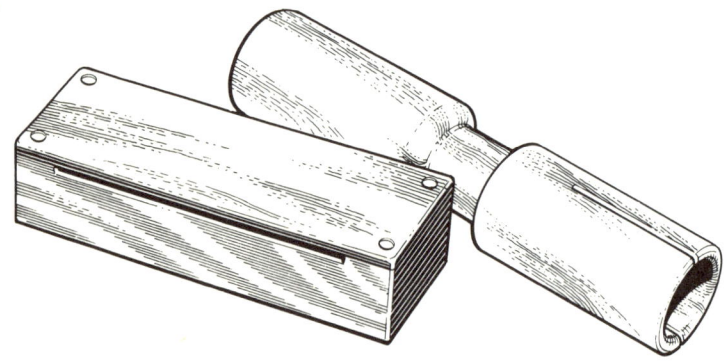

5.
Mallets: Schlaginstrumente
mit klaviaturartiger Anordnung
der Töne

Dieses Kapitel umfaßt *nur* die traditionellen Schlaginstrumente mit klaviaturartiger Anordnung, d.h. Glockenspiel, Marimbaphon, Tubaphon, Vibraphon und Xylophon. Alle anderen Instrumente mit bestimmter Tonhöhe einschließlich derer, die einmal eine bestimmte, einmal eine unbestimmte Tonhöhe haben, sind in dem Kapitel über allgemeine Schlaginstrumente mit eingeschlossen.

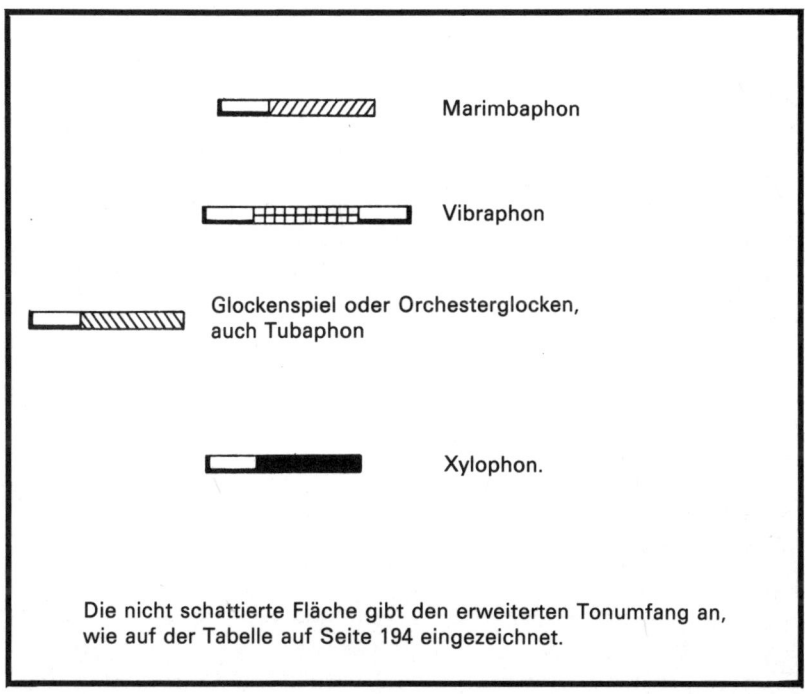

Marimbaphon

Vibraphon

Glockenspiel oder Orchesterglocken, auch Tubaphon

Xylophon.

Die nicht schattierte Fläche gibt den erweiterten Tonumfang an, wie auf der Tabelle auf Seite 194 eingezeichnet.

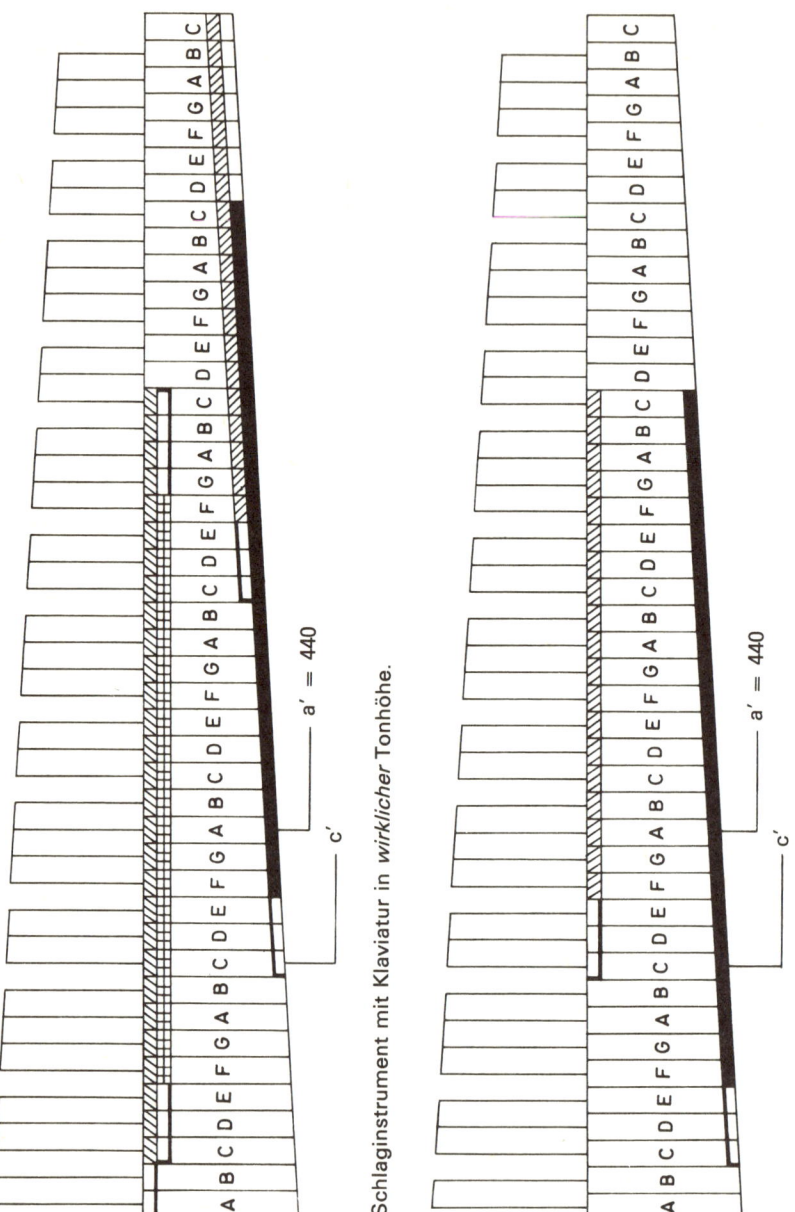

Schlaginstrument mit Klaviatur in *wirklicher* Tonhöhe.

a' = 440

c'

Xylophon wird normalerweise eine Oktave tiefer notiert und Glockenspiel zwei Oktaven tiefer.

a' = 440

c'

194

Der Tonumfang der Instrumente mit Klaviatur liegt nicht fest und kann recht erheblich variieren. Daher gibt die Tabelle gegenüber nur den Gesamtumfang an, dem man meistens begegnet.

Die Klangplatten dieser Instrumente (mit Ausnahme des Tubaphons) sind in der Mitte dünner als an den Enden, da sie von der Unterseite her ausgehöhlt sind. Ihre Seitenansicht sieht so aus:

Die Klangplatten hängen an einer Schnur oder liegen auf einer gepolsterten Stütze an den Knotenpunkten, das heißt, an den Punkten, an denen der Nachhall des Tones am wenigsten behindert wird. Ein kurzes Experiment wird die Knotenpunkte erkennen lassen: Streuen Sie pulverisierte Kreide über die Oberfläche der Klangplatte, schlagen Sie sie an, und das ganze Pulver wird sich zu den Knotenpunkten hinbewegen.

Glockenspiel

Engl.: Glockenspiel oder Orchestra Bells
Franz.: Jeu de timbres
Ital.: Campanelli
Span.: Timbres

Das Orchesterglockenspiel setzt sich aus einer Folge von Stahlklangplatten in chromatischer Anordnung zusammen, wobei die Versetzungszeichen normalerweise hervorgehoben sind. Die Breite der Platten variiert zwischen 1 und 1,5 Zoll (= 2,5 und 3,8 cm). Je schmaler die Platte, desto kleiner ist natürlich die Anschlagfläche und desto schwieriger ist es zu spielen. Deswegen bevorzugen die meisten Orchesterspieler die größeren Instrumente, bei denen die Platten in der Breite denen von Xylophon oder Vibraphon ähnlich sind. Der Tonumfang des Glockenspiels ist unterschiedlich – viele Instrumente haben einen Umfang von zweieinhalb Oktaven von g'–c''''; für ein Symphonieorchester ist jedoch ein dreioktaviges von c'–c'''' vorzuziehen. Einige wenige Instrumente sind bis zum e'''' oder f'''' nach oben weitergeführt. Man kann sagen, daß der Gesamtumfang innerhalb dreieinhalb Oktaven von c'–f'''' liegt und folgendermaßen notiert wird:

es kann bis
Normalerweise hinauf zum f'''' gehn.

Das Glockenspiel hat einen hohen, hellen, glockenähnlichen Klang und klingt zwei Oktaven höher als notiert. Einige Instrumente sind mit Platten aus Metallegierung gefertigt worden. Meiner Erfahrung nach sind diese minderwertig, denn dem Klang fehlt die besondere charakteristische Eigenart des Glockenspiels, da er mehr dem mit harten Schlägeln gespielten Vibraphon ähnelt. Das normale Glockenspiel hat keine Resonatoren, obwohl sie einmal von Deagan (ca. 1930) eingebaut wurden, und diese Instrumente waren von so hoher Qualität, daß man sie noch heute oft sieht. Eine moderne wichtige Neuerung ist das Glockenspiel mit Pedaldämpfer, der auf die gleiche Weise wie ein Klavier- oder Vibraphondämpfer funktioniert. Der Spieler drückt das Pedal herunter, um den Klang auszuhalten. Das ist ein klarer Vorteil, da die Resonanz des Glockenspiels es für den Spieler sonst sehr schwer macht, eine Anzahl von Tönen gleichzeitig zu dämpfen. Die stählernen Klangstäbe eines guten Glockenspiels sind sehr schwer; deswegen müssen die Schlägel genug Gewicht haben, um den vollen Ton aus dem Instrument herauszuholen.

Aus irgendeinem Grund scheint es heute für Hersteller schwer zu sein, Glockenspiele mit der notwendigen Tonqualität herzustellen. So üben die meisten Berufsspieler Kritik an den Instrumenten, die überall angeboten werden, und ziehen, wenn möglich, Stäbe vor, die vor dem Zweiten Weltkrieg gemacht wurden.

Lyra

Die Lyra ist ein Glockenspiel, das in Pyramidenform um einen Stab montiert und speziell für Marschmusik gedacht ist. Sie war im späten 19. Jahrhundert in Deutschland verbreitet und wird jetzt viel in amerikanischen Kapellen benutzt. In jüngster Zeit ist sie auch in England in Mode gekommen. Die Lyra wird mit einer Hand gespielt, die andere wird zum Halten des Instrumentes benötigt.

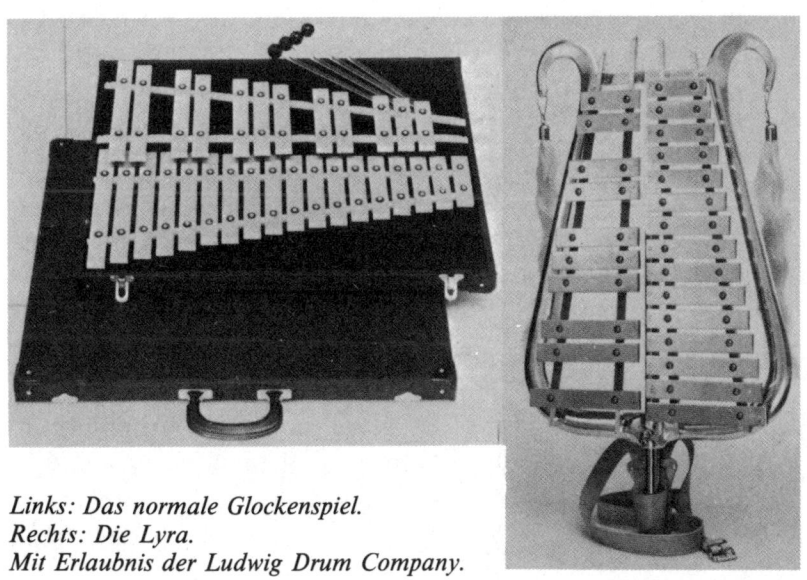

Links: Das normale Glockenspiel.
Rechts: Die Lyra.
Mit Erlaubnis der Ludwig Drum Company.

Klaviaturglockenspiel

Engl.: Keyed Glockenspiel
Franz.: Glockenspiel à clavier
Ital.: Campanelli a tastiera

Das Klaviaturglockenspiel gab es bereits vor dem heute üblichen Orchesterglockenspiel. Meistens hat es einen Tonumfang von drei Oktaven von c'–c'''' mit einer Klaviatur und einem Mechanismus ähnlich dem des Klaviers. An Stelle der filzüberzogenen Hämmer, welche beim Klavier die Saiten anschlagen, haben die Hämmer kleine Metallköpfe, um die Stahlstäbe zu schlagen. Viele Komponisten von Mozart (*Zauberflöte*) bis zu Debussy (*La Mer*) schrieben mit der Vorstellung eines Klaviaturglockenspiels, und die Stimmen sollten von einem Pianisten, nicht von einem Schlagzeuger gespielt werden. Heutzutage werden diese Stimmen im wesentlichen auf dem traditionellen Orchesterglockenspiel in der Schlagzeuggruppe gespielt. Dafür gibt es zwei Gründe: erstens, der Klang des Klaviaturglockenspiels ist dem des normalen Orchesterinstrumentes weit unterlegen, da er viel härter und metallischer ist, dazu eingeschränkt im dynamischen Umfang. Zweitens ist das Spielniveau in der Schlagzeuggruppe inzwischen so gut, daß die meisten Berufsmusiker mühelos diese Stimmen spielen können.

Marimbaphon

Im Aussehen ist das Marimbaphon ein großer Bruder des Xylophons, denn es hat ähnliche Holzstäbe und Resonatoren. Der normale Tonumfang des vieroktavigen Marimbaphons geht über das Xylophon hinaus und ist nach unten um eine Oktave erweitert. Der Klangcharakter des Marimbaphons ist völlig verschieden von der harten, spröden Qualität des Xylophons. Die Stäbe des Marimbaphons sind dünner, die tiefen sind auch etwas breiter, und die Marimbaphonschlägel bringen einen sehr vollen, runden, klangvollen Ton hervor. Bei der Verwendung von harten Xylophonschlägeln, vor allem bei den tieferen Stäben, riskiert man, daß man sie zerbricht; abgesehen davon beraubt man das Instrument seiner spezifischen Klangfarbe. Das Marimbaphon hat keinen großen dynamischen Umfang, es dringt nicht durch, und das sollte entsprechend in der Partitur berücksichtigt werden – vor allem für den Konzertsaal, wo es keinen Toningenieur gibt, der das Klangvolumen leicht verändern könnte.

Musser-Marimbaphon. Mit Erlaubnis der Ludwig Drum Co.

Der Tonumfang von beiden, Marimbaphon und Xylophon, variieren so stark, daß man zögert, den normalen Tonumfang zu definieren. In Europa begegnet man oft vieroktavigen Marimbaphons von c–c''''. In den USA dagegen stellen Ludwig Musser und Deagan Instrumente mit viereindrittel Oktaven her, die bis zum A unter den europäischen Modellen gehen. Die obere Grenze kann man noch weniger vorbestimmen – es gibt sogar fünfoktavige Instrumente, von c–c''''' und von A–a'''', die in Wirklichkeit ein Marimbaphon und ein Xylophon in einem sind. Sie werden manchmal Xylo-Rimba oder Marimba-Xylophon oder sogar Xylo-Marimba genannt. Dieses fünfoktavige Monstrum wurde in den dreißiger Jahren bekannt als Konzertinstrument für virtuose Solisten wie den berühmten Teddy Brown in England. Neuerdings werden zwei fünfoktavige Instrumente von c–c''''' mit je zwei Spielern in Boulez' *Pli selon Pli* verwendet.

Das echte Baßmarimbaphon, welches noch eine Oktave tiefer geht bis zum großen C, kommt selten vor. Obwohl Instrumente von diesem Umfang in den USA existieren, werden sie von keinem der bekannten Fabrikanten hergestellt. (Royal Percussion, BRD, produziert einen Instrumententyp mit diesem Umfang und einem eingebauten Verstärker; aber das ist in Wirklichkeit nicht dasselbe.) Da die Resonatoren für das Marimbaphon sehr wichtig sind, erfordert ein Baßinstrument, das bis zum C geht, Rohre von solcher Länge, daß sie entweder unten umgebogen werden müssen oder die Spielhöhe durch Anheben den Resonatoren angepaßt werden und der Spieler zum Stehen eine kleine Plattform haben muß.

Tubaphon

Das Tubaphon ist das seltenste Schlaginstrument mit Klaviatur. Es ähnelt in verschiedener Hinsicht dem Glockenspiel, obwohl die Töne aus Stahlrohren bestehen anstatt aus Stäben; der Klang ist weniger weich. Die Rohre haben eine abgerundete Oberfläche, das macht das Spielen des Instrumentes etwas heikel, da die Köpfe der Schlägel leicht abrutschen. Als in den zwanziger und dreißiger Jahren in England die Marschkapellen populär waren, wurde das Tubaphon oft als Soloinstrument benutzt. Heutzutage benutzen Komponisten es nur noch selten, das beste Beispiel ist bei Chatschaturjan im *Gayaneh*-Ballett für den Tanz der jungen Mädchen.

Vibraphon und **Vibraharfe**

Das Vibraphon wurde 1921 in den USA erfunden. Die Stäbe sind aus einer Metallegierung, und das charakteristische Vibrato wird durch Rotorblätter oben auf jedem einzelnen Resonator erreicht, deren Welle von einem elektrischen Motor angetrieben wird. (Viele der früheren Instrumente wurden durch einen Uhrwerkmotor angetrieben.) Die Rotation der Rotorblätter bringt die Luftsäule im Resonator in Bewegung und produziert ein regelmäßiges Pulsieren des Tones.
Das Vibraphon wurde als Jazzinstrument sehr rasch beliebt,

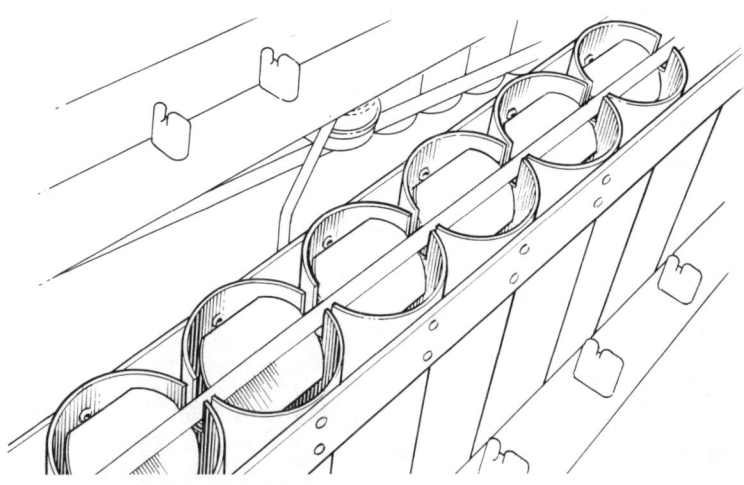

Der Querschnitt zeigt die Rotorblätter.

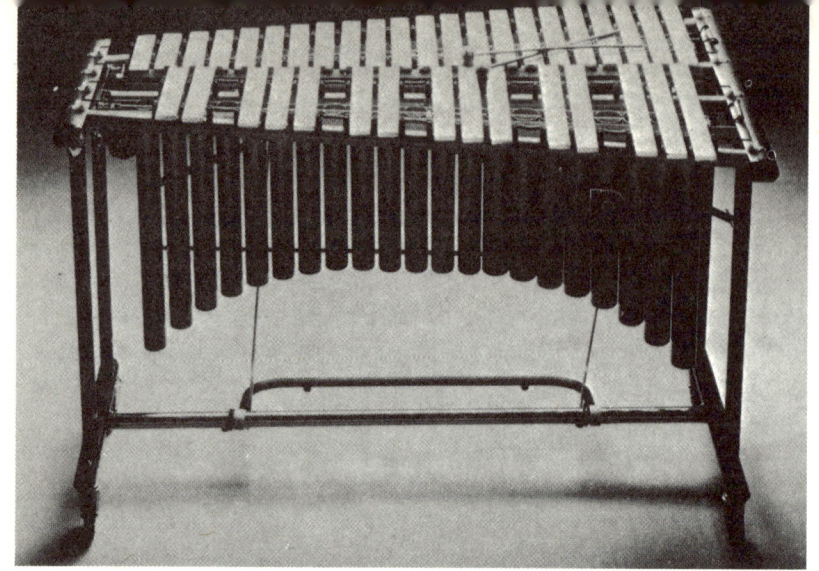

Oben: Dreioktaviges Premier-Vibraphon mit Pedalstab.
Mit Erlaubnis der Premier Drum Co.
Unten: Dreioktaviges Musser-Vibraphon mit Zentralpedal.
Mit Erlaubnis der Ludwig Drum Co.
Rechts oben: Vieroktaviges Deagan-Vibraphon.
Mit Erlaubnis der Slingerland Drum Co.
Rechts Mitte: Deagan-Elektrovibraphon.
Mit Erlaubnis der Slingerland Drum Co.
Rechts unten: Modernes vieroktaviges Xylophon.
Mit Erlaubnis der Premier Drum Co.

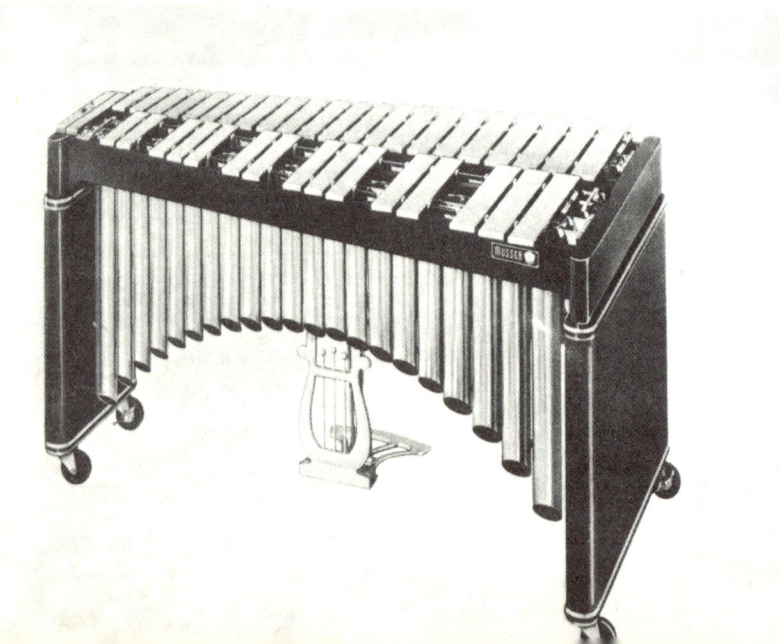

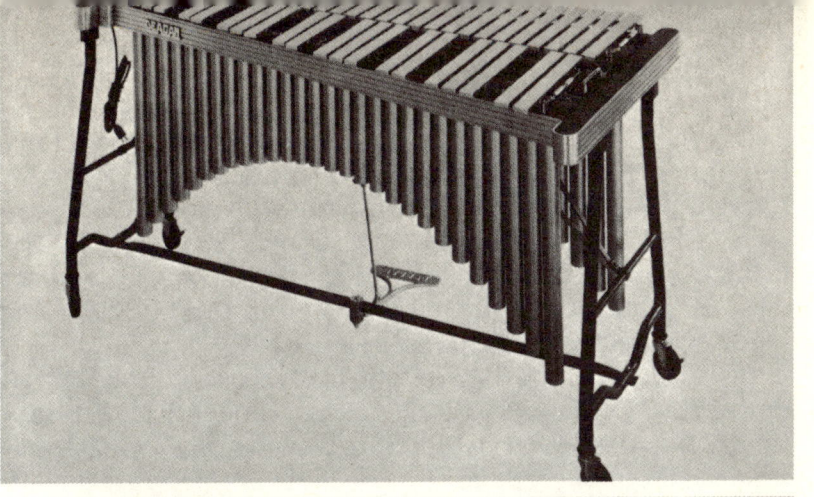

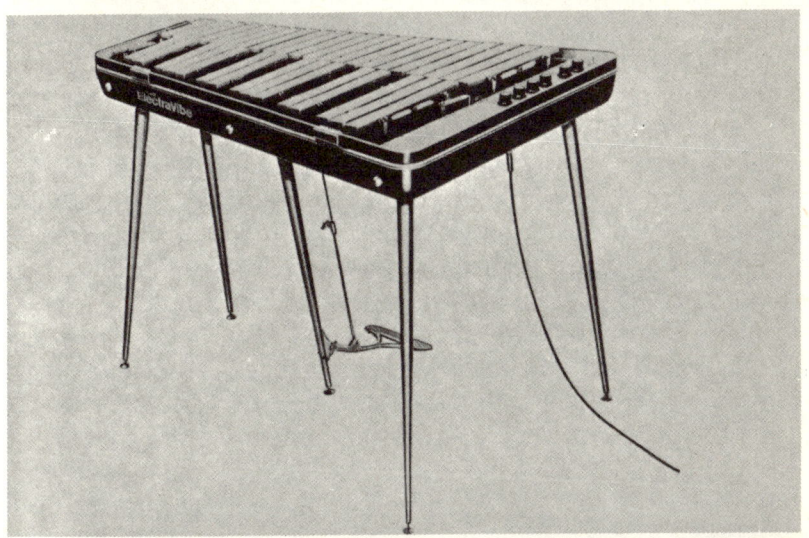

und von den frühen »Jazzgrößen« ist der Name Lionel Hampton in Verbindung mit dem Instrument ein Begriff. Im Laufe der Jahre wurde das Vibraphon allmählich als wesentlicher Bestandteil der Schlagzeuggruppe akzeptiert. Von dem frühen Instrument von zweieinhalb Oktaven, c′–f‴ hat sich das Vibraphon zu der dreioktavigen Form von f–f‴, die man heute am häufigsten sieht, ausgeweitet.

Der Pedaldämpfer des frühen Instrumentes funktionierte umgekehrt wie der nun allgemein verwendete, d.h., der Spieler drückte das Pedal herunter, um den Klang zu dämpfen. Eine zufällige Begegnung mit einem dieser alten Instrumente ist eine recht erzieherische Erfahrung für jeden Spieler, der das Pedal gewohnt ist, wie wir es heutzutage kennen: stellen Sie sich vor, plötzlich ein Klavier zu spielen, bei dem man das Pedal heruntertreten muß, um den Klang zu dämpfen.

In den letzten Jahren haben einige Komponisten, vor allem Henze, Werke geschrieben, die ein vieroktaviges Vibraphon von c–c‴″ verlangen. Das hat dazu geführt, daß ganz allmählich diese größeren Instrumente aufgetaucht sind, und neuerdings können sowohl Deagan in den USA wie auch Bergerault in Frankreich sie liefern.

Das Pedal bei den meisten europäischen Vibraphonen ist ein langer Stab, der sich praktisch über die ganze Breite des Instrumentes hinstreckt. Aus irgendeinem Grund haben die Hersteller in den USA ein sehr kleines Zentralpedal beibehalten. Meiner Meinung nach läßt sich das nur sehr unbeholfen betätigen, und ich freue mich, daß sich Deagan nun dem Pedalstab zuwendet, der für den Spieler so viel bequemer ist. Andererseits haben die amerikanischen Hersteller seit Jahren einen Geschwindigkeitsregler für die Rotorblätter gehabt, während ihre englischen Kollegen bis vor kurzem an einem sehr schwerfälligen System festgehalten haben. Neuerdings sind sowohl in Europa wie in den USA verschiedene Entwicklungen im Gange. Sie betreffen den elektrischen Teil des Vibraphons, den Verzicht auf Rotorblätter und den Ersatz durch Verstärker.

Xylophon

Engl.: Xylophone
Franz.: Xylophone
Ital.: Silofono
Span.: Xilofon

In primitiver Form hat das Xylophon seit alters her sowohl in Afrika wie auch in Asien existiert. Als ein früher Versuch, grobe Unterschiede in der Tonhöhe zu erreichen, wurden verschieden lange Holzbretter über die Beine des Spielers gelegt. In der weiteren Entwicklung wurde eine größere Anzahl von Holzleisten und Kürbissen oder irgendwelche Kästen als Resonatoren verwendet.

Das Xylophon tauchte im 19. Jahrhundert zuerst als Orchesterinstrument auf. Es war ein vierreihiges Xylophon – sehr verschieden im Aussehen und in der Technik von dem heutigen Xylophon.

Die Holzstäbe wurden auf Strohseile gelegt; deswegen war es auch als »Holz- und Strohfidel« bekannt. (Die Partituren von Richard Strauss sehen ein »Holz- und Strohinstrument« vor.) Die Schlägel wurden löffelförmig und gewöhnlich aus Hartholz oder Horn hergestellt. Das vierreihige Xylophon gibt es jetzt in England nicht mehr, obwohl man es gelegentlich sonst noch in Europa findet. Es wird üblicherweise so gebaut, daß die mittleren Reihen den weißen Tasten des Klaviers entsprechen, während die beiden äußeren Reihen aus den Halbtönen bestehen; dabei ist es wichtig, daß einige dieser Töne verdoppelt sind und an beiden äußeren Reihen erscheinen, was das Spielen bestimmter Passagen erleichtert. Die Zimbal ist auf eine ähnliche Weise aufgebaut, hat jedoch keine verdoppelten Töne.

Im 19. Jahrhundert wurden gelegentlich Xylophone mit Klaviaturmechanik verwendet. Ich habe diese Art von Instrument nie gesehen; die Qualität des Tones soll jedoch viel zu wünschen übriggelassen haben. Die einzige Stimme für dieses Instrument, auf die ich gestoßen bin, ist in Bartóks *Herzog Blaubarts Burg*, die ein »xilophono a tastiera« verlangt. Da der Klang so grob und das Instrument fast nicht aufzutreiben ist, läßt man für gewöhnlich zwei Spieler auf traditionellen Xylophonen spielen.

Das den meisten Schlagzeugern heutzutage bekannte Xylophon ist chromatisch und mit klaviaturartiger Anordnung, wobei die Halbtöne etwas hervorstehen. Die besten Stäbe sind aus Rosenholz von Honduras, obwohl es zunehmend immer schwieriger zu werden scheint, abgelagertes Nutzholz von ausreichender Qualität zu beschaffen. Das hat Ludwig Musser und Deagan in den USA dazu veranlaßt, Xylophone aus Kunststoffmaterial herzustellen. Für mein Empfinden reichen sie in der Klangqualität nicht aus, um die höchsten Erwartungen zu erfüllen, obwohl ich gerne zugebe, daß sie durch die Stabilität der Stimmung von Vorteil sind.

Das Charakteristische des Xylophons ist sein trockener, spröder Ton – in Saint-Saëns' *Danse Macabre* soll es das Rasseln der Totenskelette darstellen. Manche meinen, daß das moderne Xylophon mit Resonatoren die Schärfe, das »Unangenehme« des alten Instrumentes entfernt und den Klang zu sehr verfeinert hat; aber da ich mit dem modernen Instrument groß geworden bin, kann ich das kaum beurteilen.

Die Stäbe des Xylophons können zwischen 1 und 1,75 Zoll

(= 2,5 und 4,6 cm) breit sein, und der normale Tonumfang liegt zwischen drei und vier Oktaven. Die meisten heutigen Modelle, die in Europa und in den USA angeboten werden, sind dreieinhalboktavige Instrumente von f–c'''' mit Stäben von 1,5 Zoll (= 3,8 cm) Breite. Das englische Premier-Modell hat einen Umfang von vier Oktaven von c–c'''' und Stäbe einer Breite von 1,75 Zoll (= 4,5 cm). Für das moderne Repertoire eines Symphonieorchesters ist ein vieroktaviges Instrument vorzuziehen, da viele der Werke heute ein Instrument von diesem Umfang verlangen. Bei den modernen Instrumenten sind die Stäbe an einer Schnur aufgehängt, die durch Löcher führt, die an den Knotenpunkten der Stäbe gebohrt sind. Beide, Xylophone und Marimbaphone, mit ihren empfindlichen Holzstäben müssen pfleglich behandelt werden, wenn sie ihre Stimmung halten und die Stäbe unbeschädigt bleiben sollen. Soweit wie möglich sollten sie in einer gleichmäßigen Temperatur unter Vermeidung aller Extreme bleiben. Die Nähe von Heizkörpern muß besonders vermieden werden. Die Instrumente müssen in regelmäßigen Abständen auf das Nachlassen der Stimmung überprüft werden, was besser durch Experten mit den richtigen Werkzeugen als durch den Spieler selbst geschieht. Die Tonhöhe wird grundsätzlich tiefer, wenn man die Unterseite der Stäbe in der Mitte, und höher, wenn man die Enden abfeilt. Der Spieler muß auch dazu beitragen, das Instrument zu schonen, indem er nur die richtigen Schlägel benutzt, ferner verhindert, daß andere Instrumente oder Ständer direkt auf die Stäbe gelegt werden, und indem er eine passende Schutzhülle benutzt, wenn das Instrument nicht gespielt wird.

Ich glaube, es steht fest, daß die meisten Menschen dazu neigen, in den höheren Oktaven zu hoch zu hören, und es ist auch bekannt, daß Geiger in den höheren Lagen zu hoch spielen, wo das Aufsetzen der Finger so eng wird, daß es fast unmöglich wird, rasche Passagen anders zu spielen. Dies hat dazu geführt, daß viele Berufsmusiker das Xylophon in den höheren Oktaven »heller« oder ein ganz klein wenig höher stimmen lassen. Trotzdem wird der Xylophonspieler sein Instrument im Vergleich zu den Violinen bei manchen sehr hohen Unisonopassagen als zu tief empfinden. In diesen Fällen kann man nur versuchen, die Geigengruppe darauf aufmerksam zu machen, daß sie etwas zu hoch sind, was kein leichtes Unterfangen ist! Die Frage der Tonhöhe wird immer umstritten bleiben, und trotz internationaler Konferenzen, ein allgemein gültiges a' zu bestimmen, benutzen in einigen Teilen der Welt Orchester ein a', das wesentlich höher ist als woanders. In England spielen die meisten Berufsorchester etwas höher als das empfohlene a' = 440, und deswegen lassen die meisten Schlagzeuger ihr Instrument auf a' = 442 stimmen und das obere Register ein klein wenig »heller«, wie oben erwähnt.

Technik

Die Art, den Schlägel für Instrumente mit Klaviatur zu halten, ähnelt sehr der bei Pauken. Die Handfläche ist nach unten gerichtet, und der Schlägel dreht sich zwischen dem Daumen und dem Mittelglied des Zeigefingers.
Viele Spieler ändern das etwas ab und strecken den Zeigefinger am Schlägel entlang aus, der dann am Ende des Daumens und unter den anderen Fingern liegt.
Auf diese Weise hat man eine bessere Kontrolle über die Richtung des Schlägels, was natürlich bei einem Instrument mit chromatischer Anordnung der Töne von Bedeutung ist. Bei aller Theorie – der Ton selbst muß dem Instrument entlockt werden. Wenn der Schlägel auf dem Klangstab verweilt, wird das die Qualität des Tones beeinträchtigen.
Ein ausschließliches Problem des Schlagzeugers ist, daß die Breite der Stäbe von den Schlaginstrumenten mit Klaviatur ganz erheblich variiert, einige haben sogar am selben Instrument verschieden breite Stäbe. Man stelle sich Pianisten vor, wenn Steinway, Bechstein und Blüthner Tasten von ver-

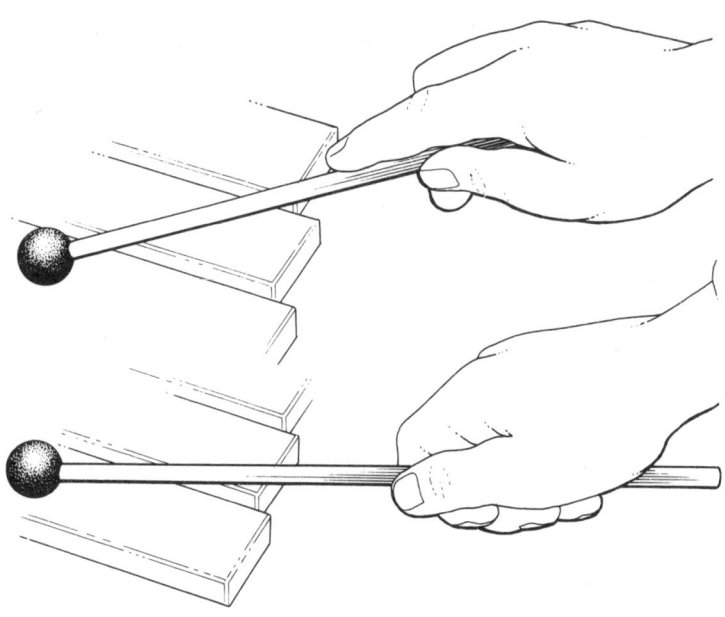

Oben: abgeänderte Haltung. Unten: Grundhaltung.

schiedener Breite verwenden würden und z. B. die Tasten unter dem c′ ³⁄₁₆ Zoll (= ca. 5 mm) breiter wären. Kein anderer Instrumentalist muß sich mit solchen Problemen auseinandersetzen: Sich rasch von Marimbaphon zu Vibraphon, zu Glockenspiel zu bewegen, könnte man vergleichen mit der Umstellung von Cello auf Viola, auf Violine. Eine Oktave beim Marimbaphon mißt 20 Zoll (= 50 cm), beim Glockenspiel nur 11³⁄₁₀ Zoll (= 28,3 cm).

Der Schüler eines Schlaginstrumentes mit Klaviatur muß mit seinem Instrument vertraut werden, indem er die üblichen Tonleitern, Dreiklänge etc. übt, und schreitet dann fort zu Etüden mit den jeweils besonderen Schwierigkeiten. Viele Schüler benutzen das Geigenrepertoire zum Üben des Vomblattlesens. Schlaginstrumente mit bestimmter Tonhöhe sind normalerweise im Violinschlüssel notiert, mit Ausnahme des Marimbaphons, dessen Stimme im Baß- und Violinschlüssel geschrieben wird. Wenn beide Schlüssel verwendet werden, dann sollte die Stimme trotzdem nur auf einem Liniensystem erscheinen. Im Gegensatz zur Vorstellung einiger Komponisten sollten Stimmen von Schlaginstrumenten mit Klaviatur *nicht* im Baß- und Violinschlüssel übereinander geschrieben werden, wie man es bei einer Klavierstimme tut. Schlagzeuger, gleichgültig ob sie Klavier spielen oder nicht, lesen die Stimme nicht wie ein Pianist, da die sichtbare Linie der Noten auf einem Liniensystem der Leitfaden des Spielers zu den Intervallen ist, die er auf dem Instrument ausführen soll.

So wie andere Instrumentalisten ihre Fingersätze einrichten müssen, so muß der Schlagzeuger die Schlägelführung ausarbeiten, d.h. welcher Schlägel beim Beginn eines bestimmten Einsatzes vorzuziehen ist und wo derselbe Schlägel benötigt wird, um Wiederholungsschläge auszuführen. Eine ausschließliche Schlägelführung LRLRLR oder RLRLRL, »Hand zu Hand« genannt, ist für viele Passagen unpraktisch. Als einfaches Beispiel dafür sehen wir uns die Tubaphonstimme vom Tanz der jungen Mädchen in Chatschaturjans Ballett *Gayaneh* an:

Die meisten Spieler würden bei dieser Passage die Schlägel so führen, daß sie für den Anfang des zweiten Taktes dieselbe Hand benutzen wie für das letzte Achtel des ersten, um dann das so zu wiederholen:

Das ist viel übersichtlicher und weniger mühsam als ein Hand-zu-Hand-Schlagen. In der Fortsetzung ist eine wiederholte rechte Hand für das zweite und dritte Achtel des fünften und siebenten Taktes empfehlenswert. Die Schlägelführung für die acht Takte sähe dann folgendermaßen aus:

Für eine Passage wie im dritten Satz von Ravels Suite *Ma Mère l'Oye* ist eine Hand-zu-Hand-Schlägelführung am besten, aber es ist ein recht ungewöhnliches Beispiel. Hierbei wird die linke Hand nur die fis' spielen und hinten bleiben, ohne die rechte Hand zu behindern, die alle anderen Töne spielt.

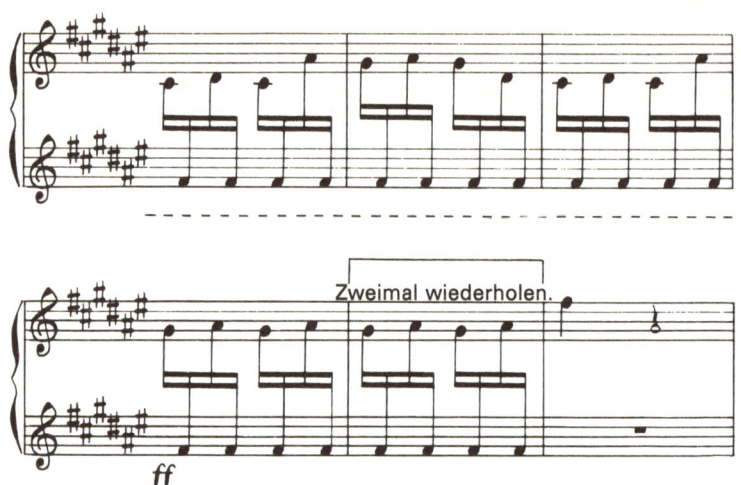

Bisher haben wir uns zwei sehr einfache Beispiele angesehen. Wenn der Spieler jedoch mit einer Passage wie der folgenden konfrontiert wird, muß man sie völlig anders angehen:

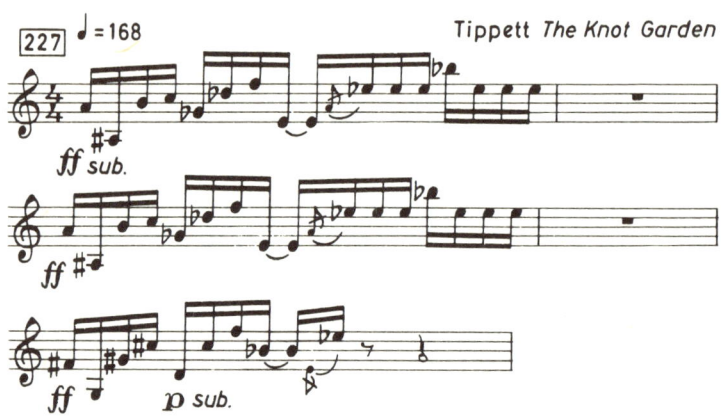

Wahrscheinlich würden sechs Spieler auch auf sechs unterschiedliche Lösungen kommen, um diese Passage einzurichten. Mir selber erscheint folgende Schlägelführung am sinnvollsten:

Bis jetzt haben wir nur die Verwendung von zwei Schlägeln in Betracht gezogen; oft werden aber vier benötigt. Die Schlägel werden unter der Handfläche gekreuzt. Dabei befindet sich der innere Schlägel oben, der Daumen und der Zeigefinger regulieren den Winkel zwischen den Schlägeln und entsprechend dem Intervall, das gespielt wird.

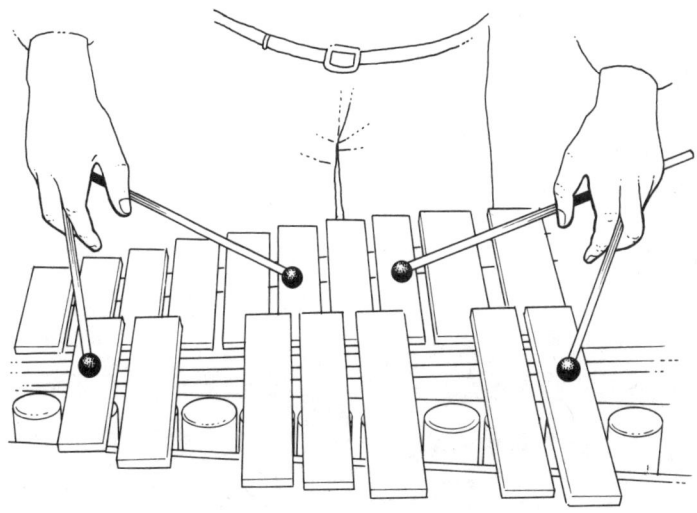

Das Handgelenk ist auch wesentlich beteiligt, da z. B. beim Spiel von c′ und es′ mit jeder Hand sowohl das Handgelenk gedreht werden muß, als auch der Daumen und die Zeigefinger im entsprechenden Abstand gehalten werden müssen.

Als Xylophonsoli populär waren, wurden vier Schlägel folgendermaßen benutzt:

Hackford *Hittin' 'Em Up*

Milhaud verlangt in seinem Konzert für Marimbaphon und Vibraphon einen Spieler mit einer sehr fortgeschrittenen Technik:

In den letzten Jahren sind jedoch einige Spieler zu dem Ergebnis gekommen, daß man sehr zum Vorteil vier Schlägel benutzen kann, um das zu spielen, was anscheinend als eine Stimme für zwei gedacht war. Meistens handelt es sich dabei um eine Stimme mit vielen großen Sprüngen, und die Extraschlägel kann man verwenden, um etliche dieser Sprünge zu umgehen. Einige Partituren von Boulez sind dafür geeignet, z.B. benutze ich vier Schlägel in *Le Marteau sans Maître, Pli selon Pli, Eclat.* Als Beispiel die beiden ersten Takte von *Le Marteau*:

Man beachte das angegebene Tempo: haarsträubende ♩=208! Bei der Verwendung von vier Schlägeln lassen sich diese zwei Takte recht gut bewältigen, auch bei einem sehr schnellen Tempo. Es ist klar, daß bei der Benutzung von vier Schlägeln die Angabe von nur L und R nicht ausreicht. Meine persönliche Lösung dieses Problems ist folgende: Ich bezeichne die Stimme mit rot und blau, rot bedeutet den Schlägel innen, blau den Schlägel außen. Demnach ist die erste Note ein blaues R, die dritte ein rotes und der Vorschlag zu Beginn des zweiten Taktes ein blaues R. Da dieses Buch schwarz-weiß ist, notiere ich so: R und L bedeutet die inneren, während r und l die äußeren Schlägel bedeutet. Dann sehen die beiden ersten Takte folgendermaßen aus:

Als weiteres Beispiel ein Teil des achten Satzes aus *Le Marteau sans Maître*:

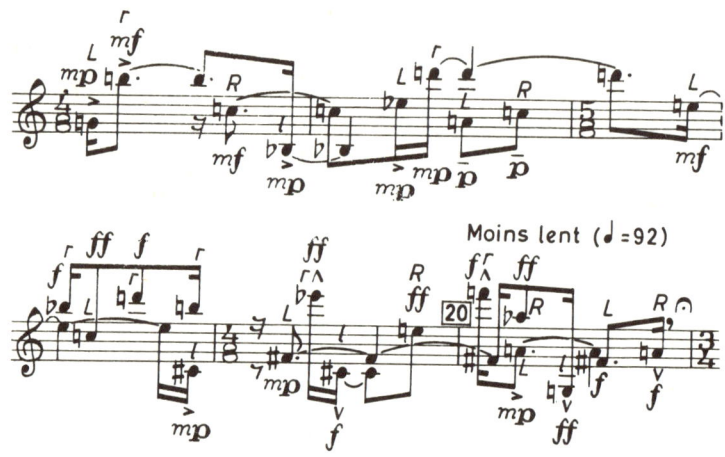

Mit dem System der vier Schlägel sind die sonst sehr großen Sprünge nicht notwendig. In Takt 20 z.B. spielt der innere linke Schlägel das a′ und das fis′ in der unteren Linie und läßt den äußeren linken Schlägel bequem schweben, um das g zu spielen.

Jeder einzelne muß sicherlich entscheiden, welche für ihn die bequemste Methode ist, um sich mit einem bestimmten technischen Problem auseinanderzusetzen.

Während die Grundtechnik für alle Schlaginstrumente mit Klaviatur die gleiche ist, ist das Vibraphon aus drei Gründen etwas andersartig: Erstens ist die Klaviatur des Vibraphons immer eben, anders als bei den anderen Instrumenten, bei denen die Halbtöne normalerweise hochstehen; zweitens klingen die Töne nach und drittens haben die Vibraphonschlägel meistens eine Garnumwicklung. Während der Pedaldämpfer des Instrumentes den ganzen Klang ausschalten kann – wie ein Klavierdämpfer, ermöglichen die weich umwickelten Schlägel, einzelne Töne abzudämpfen und die anderen klin-

gen zu lassen – entweder mit der Hand oder mit dem Schlägel
selbst. Manchmal wird das dem musikalischen Empfinden
des Spielers überlassen oder vom Komponisten angegeben,
z. B. in Boulez' *Le Marteau*:

Dazu kommt, daß man die Tonhöhe des Vibraphons »bie-
gen« kann, indem man einen Schlägel fest auf den Knoten-
punkt des Stabes setzt und zur Mitte gleitet, nachdem man
den Ton normal mit dem anderen Schlägel angeschlagen hat.
Dabei entsteht ein geringes, aber wahrnehmbares Abnehmen
der Tonhöhe.

Der Leser wird inzwischen bemerkt haben, wie anfällig der
Schlagzeuger für Pannen ist. Auf einer Konzertreise in
Deutschland spielten wir vor einigen Jahren ein Werk von
Bernard Rands mit einer sehr komplizierten Schlagzeugauf-
stellung. Wegen dieser Schwierigkeit waren die Proben auf
der Reise einmal gestrichen, und wir spielten das Vibraphon
bis zum Konzert hin nicht. Dann wurde es von den Orchester-
dienern (in Düsseldorf) aufgestellt. Stellen Sie sich die Be-
stürzung während des Konzertes vor, als Terry Emery zum Vibraphon ging, seinen Fuß zum Pedal hin bewegte und – es
nicht fand. Als das Stück zu Ende war, stellten wir fest, daß
das Instrument mit dem Pedal auf der falschen Seite aufgebaut worden war, nämlich zum Publikum hin anstatt zum
Spieler!

Schlägel

Für die Schlaginstrumente mit Klaviatur ist eine sehr große Anzahl verschiedener Schlägel erforderlich. Die meisten Spieler ziehen einen in sich federnden, aber nicht zu biegsamen Schaft vor. Es ist schwierig, Rohr aus Malacca zu bekommen, daher verwenden einige Firmen Kunststoffschäfte. Für Glockenspiel, Tubaphon und Xylophon werden Schlägel mit kleinen runden oder ovalen Köpfen benutzt. Aus Gummi, Holz oder Kunststoff hergestellt und aufgrund der vielen Materialarten ermöglichen sie dem Spieler eine große Vielfalt von Schattierungen und Klangfarben. Außerdem können für das Glockenspiel kleine Bronzeschlägel benutzt werden oder Schlägel, deren Köpfe mit Metall beschwert und mit irgendeinem anderen Material umwickelt sind.

Vibraphon- und Marimbaphonschlägel haben ähnliche Rohr- oder Kunststoffschäfte, und die Köpfe sind aus Holz, Gummi oder Kunststoff mit Garn oder Kordel umwickelt. Das Gewicht, die Länge und die Ausgewogenheit der Schlägel sind eine persönliche Geschmacksfrage.

Neuerdings sind für einige Werke Schlägel mit zwei Köpfen populär geworden, sie schließen verschiedene Kombinationen von Xylophon, Vibraphon, Pauken und kleiner Trommel mit ein. Ganz offensichtlich sind den verschiedenen Varianten keine Grenzen gesetzt, und sie sind oft von unschätzbarem Wert.

6.
Ständer und Zubehör

Ständer und Zubehör sind beim Schlagzeug von so großer Bedeutung wie bei keinem anderen Instrument. Für einen Schlagzeuger, der seine Aufgabe ernst nimmt, sind Ständer und Zubehör genauso wichtig wie die Instrumente selbst. Sie variieren von den gewöhnlichen Trommel- und Beckenständern bis zu den nach Maß angefertigten für einzelne Instrumente oder einem zusammengesetzten Ständer, der leicht den verschiedenen Bedürfnissen angepaßt werden kann. Die erforderlichen Eigenschaften sind Stabilität und vielseitige Verwendbarkeit, möglichst verbunden mit leichter Transportmöglichkeit und einem Minimum an Gewicht.

Manchmal wird der Spieler auch gezwungen sein, zu improvisieren oder zusätzlich für besondere Erfordernisse Spezialständer anfertigen zu lassen.

Große Trommeln können auf einen gepolsterten, bockgestellartigen Ständer gelegt werden, der in der Höhe regulierbar ist; in diesem Fall bleibt die Trommel natürlich immer in senkrechter Stellung. Ein Ständer, der es ermöglicht, die Trommel zu kippen und sie in jedem beliebigen Winkel einrasten zu lassen, ist für das moderne Symphonieorchester viel praktischer. Eine Achse, die durch den Kessel der Trommel führt, beeinträchtigt die Tonqualität ganz entschieden; bei weitem die beste Methode ist das Prinzip, das Ludwig für seinen Ständer der großen Trommel eingeführt hat: Die Trommel wird an einem äußeren Stahlring aufgehängt, der sich um seine eigene Achse dreht. Der Spieler kann die Trommel in jedem beliebigen Winkel sofort einrasten lassen.

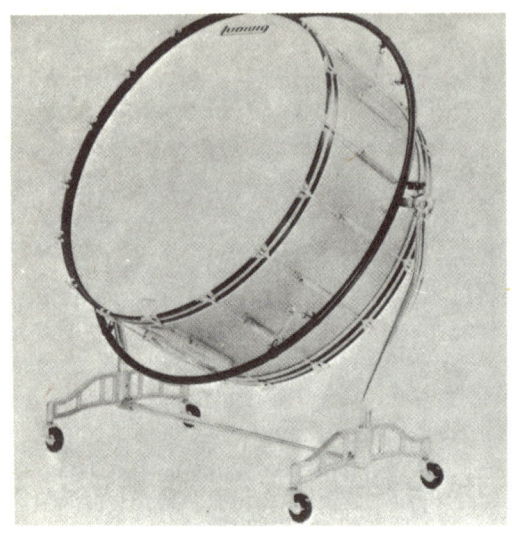

Große Orchestertrommel von Ludwig, im Winkel regulierbar; die Trommel ist aufgehängt. Mit Erlaubnis der Ludwig Drum Co.

Kuhglocken. Die üblich hergestellte Kuhglocke kann an die meisten Beckenständer oder an einen Tempelblockständer durch eine einfache U-förmige Klammer befestigt werden.

Chromatische Sätze von Kuhglocken erfordern nach Maß angefertigte Ständer von Spezialisten wie Kolberg.

Beckenständer gibt es bei allen großen Herstellern. Ein guter Ständer sollte etwa zwischen 2 und 5 Fuß (= 60 und 150 cm) hoch in der Höhe verstellbar sein. Der Winkel des Beckens muß auch leicht zu regulieren sein. Manche Spieler bevorzugen eine Gummihülse, die an der Spitze des Ständers befestigt ist, andere eine Befestigung durch eine weiche Kunststoffscheibe, Filzscheiben, auf denen die Becken liegen und eine von einer Schraube gehaltene Lederscheibe. Auf dem Markt gibt es jetzt auch Beckenständer, die denen für Mikrophone mit einem verstellbaren Gewicht am einen Ende des Hebelarmes ähneln, so daß das Becken über eine größere Schlagzeuganordnung geschwenkt werden kann, was oft recht praktisch ist.

Ständer, die Paare von gewöhnlichen Becken halten, werden von keinem der größeren Fabrikanten hergestellt, obwohl die meisten Schlagzeuger sie für erforderlich halten. Sie
ermöglichen dem Spieler nicht nur, die Becken sehr rasch
und leise abzulegen, sondern sie erlauben ihm auch, dies zu
tun, ohne die Augen von der Stimme und/oder dem Dirigenten abzuwenden. Der Spieler kann die Becken auch kurz hinlegen, um seine Hände vom Gewicht zu befreien, denn schon
nach kurzer Zeit meint man zu spüren, wie ein Paar Becken
von 21 Zoll (= 52 cm) Durchmesser zunehmend schwerer
werden!

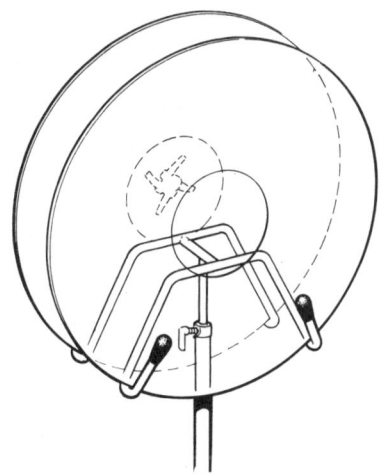

Giannini-Modell eines Beckenständers.

Manche Spieler ziehen es vor, die Becken auf eine flache, filz-
bedeckte Oberfläche niederzulegen, andere eine Art von Ablage mit eingeschnittenen Schlitzen, in denen die Becken
senkrecht stehen können. Für mich sind die von Giannini in
Rüdesheim hergestellten Ständer ideal. Sie sind leicht, beanspruchen sehr wenig Platz, passen auf einen normalen
Beckenständer und halten eigentlich jede Beckengröße fest
und sicher.

221

Gongs und Tamtams können Probleme aufwerfen, denn wenn der Ständer leicht und transportierbar ist, ist er kaum völlig stabil. Ein 40-Zoll(= 100 cm)-Tamtam stellt ein sehr beträchtliches Gewicht dar, und wenn es angeschlagen wird, verursacht das Schwingen einen großen Druck auf den Ständer. In England sind die Leichtgewichtständer beliebt, bei ihnen ruht das Gewicht des Tamtam über den beiden V-förmigen Beinen. Sie sind verhältnismäßig sicher, wenn das Instrument so angeschlagen wird, daß die Schwingungen gerade hin und her gehen. Wenn der Spieler aber schlagen muß, ohne vorher genau zielen zu können, kann er etwas daneben treffen und das Instrument in eine Seitwärtsschwingung versetzen – das ist ein sicheres Rezept für eine Katastrophe, und es gibt wohl nichts Störenderes als ein Tamtam, das mitten im Konzert zusammenkracht! Darum sind Ständer, in denen das Tamtam in einem Stahlrahmen aufgehängt ist, mit Beinen, die nach beiden Seiten herausragen, unbedingt vorzuziehen.

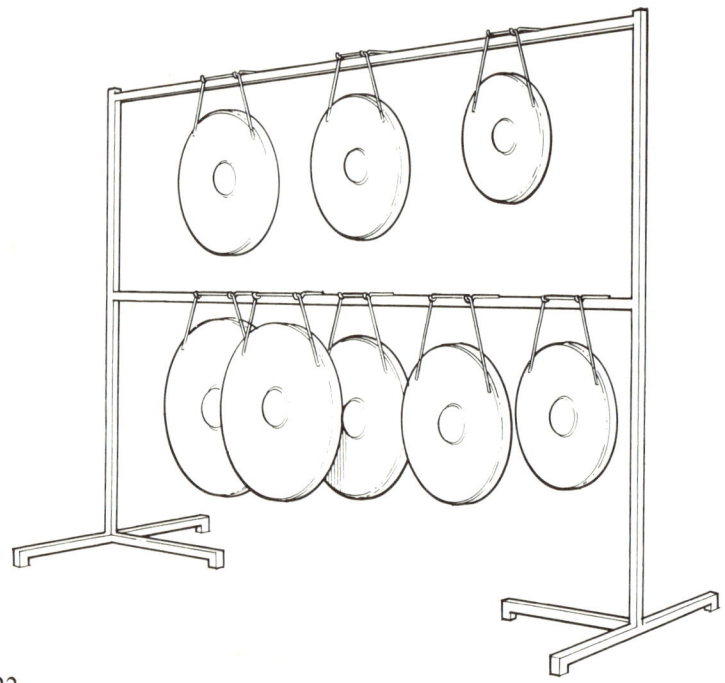

Gestelle, an denen man eine Anzahl von Gongs oder Tamtams anbringen kann, sind jetzt auch gefragt. Sie müssen zwei Querstangen mit Haken haben, die alle 3 oder 4 Zoll (= 7,5 oder 10 cm) auseinander sind, oder einen gleitenden Ring. Die Höhe der unteren Stange muß regulierbar sein, damit man die Gongs nötigenfalls chromatisch anordnen kann. Dieser Ständertyp ist zum Beispiel in Boulez' *Rituel in Memoriam Maderna* erforderlich, wo sieben Gongs und sieben Tamtams verlangt werden. Sie werden in umgekehrter Reihenfolge aufgehängt, d.h. der kleinste Gong über dem größten Tamtam und der größte Gong über dem kleinsten Tamtam.
Kleinere verstellbare Gestelle, die drei oder vier Instrumente halten können, sind auch sehr nützlich, wenn die größeren Modelle zu unhandlich sind.

Ständer für viele Schlaginstrumente. Bei dem Stand des zeitgenössischen Schlagzeuges können die vielen verschiedenen Instrumente für einen Spieler große Probleme aufwerfen. Oft ist es schon sehr schwierig, die Instrumente nur gut und übersichtlich anzuordnen. In Gerhards *Concert for Eight* z.B. braucht ein Schlagzeuger ein vieroktaviges Marimbaphon, Vibraphon, Glockenspiel, vier Tomtoms, drei Tempelblöcke, Tamtam, große Trommel, drei aufgehängte Becken, Maracas, Claves, Tamburin, Cymbales Antiques, einen Baßbogen und ein Plektrum – zusätzlich muß der Spieler einen »Fluchtweg« frei lassen, um am Ende des Werkes an den Flügel hasten zu können. Diese Probleme haben zur Herstellung eines Systems für Ständer geführt, das leicht angepaßt werden kann, um eine große Vielfalt von Instrumenten für den Spieler bequem zu montieren. Bei weitem das beste, das ich kenne, ist von Kolberg entworfen. Man kann es vergleichen mit einem Märklin-Baukasten für Schlagzeug – jede Zahl oder Art von Instrumenten kann man bequem und sicher anordnen.

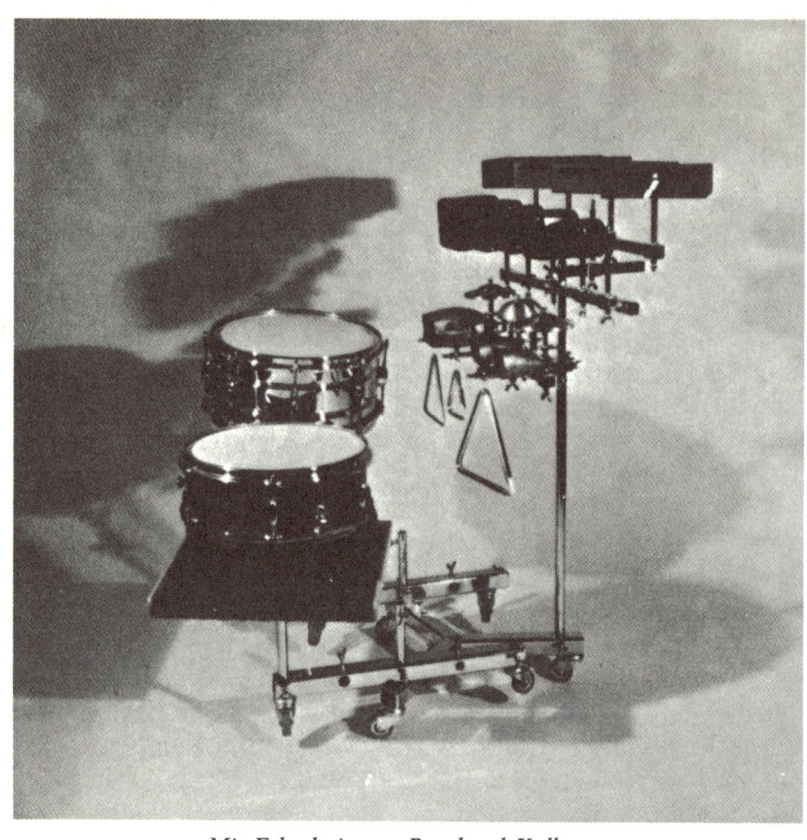

Mit Erlaubnis von Bernhard Kolberg.

Pedale. Die Pedale für große Trommel und Hi-Hat sind heutzutage hochentwickelt und völlig anders als die von den früheren Jazztrommlern benutzten.

Das Pedal der großen Trommel ist so entworfen, daß es sich – verbunden mit Kraft und Stabilität – möglichst rasch bewegen läßt; es muß viel aushalten können. Der untere Teil des Pedals ist am Reifen der großen Trommel angeklammert. Der Laie würde staunen über den technischen Jargon, den die Hersteller verwenden, um den Verkauf ihrer Pedale zu för-

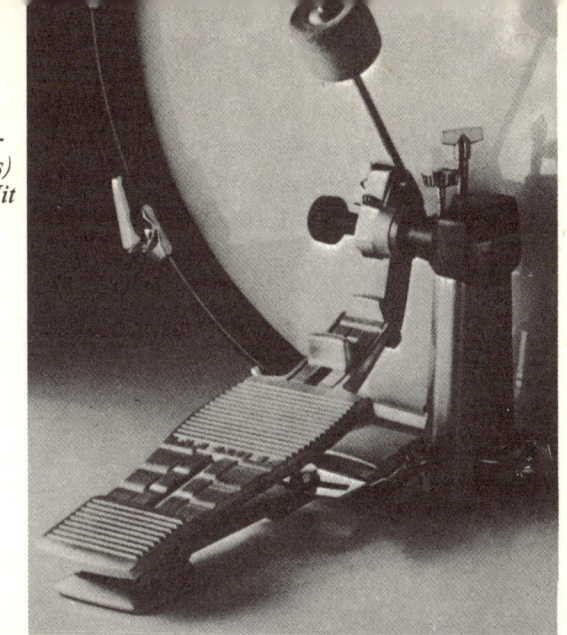

Pedale für große Trommel von Premier (rechts) und Ludwig (unten). Mit Erlaubnis der Ludwig Drum Co. und Premier Drum Co.

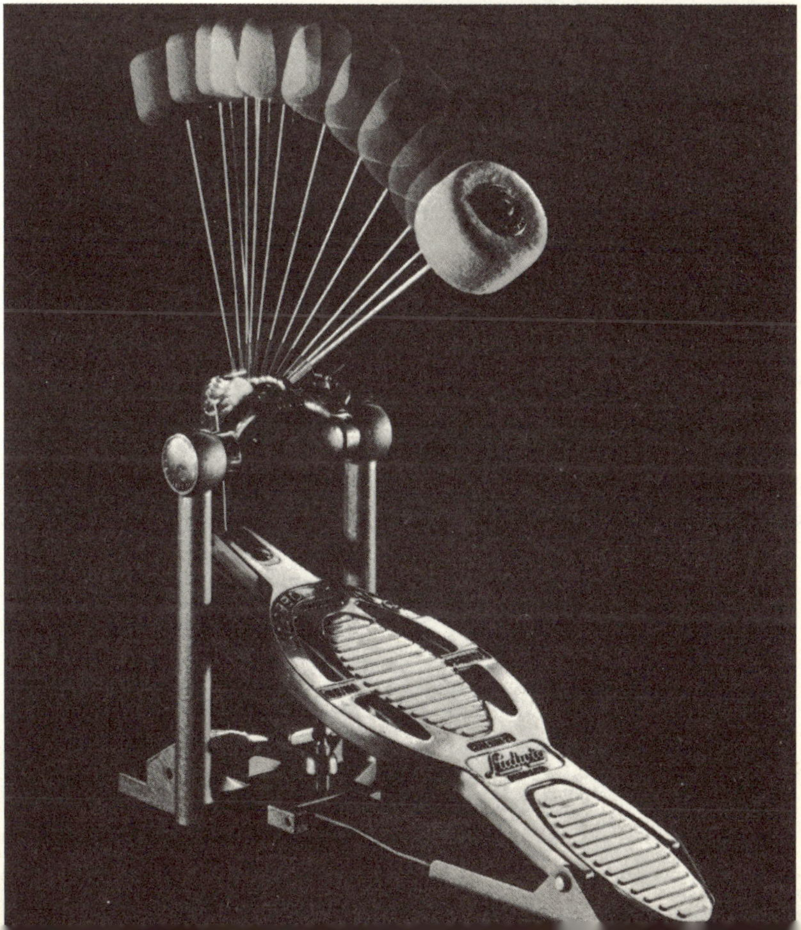

dern – »voll regulierbare Pedalspannung«, »besonderes Kennzeichen zwei einstellbare Druckfedern«, »Mechanismus mit Beschleunigungshebel«, »gebogene Kippwellen« usw.

Das Hi-Hat-Pedal ist für den Jazzschlagzeuger genauso wichtig. Das untere Becken wird mit der Fläche nach oben in der gewünschten Höhe befestigt und bleibt unbeweglich; das Pedal wird durch den Schaft des Ständers mit dem Stab verbunden, an dem das obere Becken befestigt ist. Das Niederdrücken des Pedals senkt die Fläche des oberen Beckens, um die des unteren Beckens zu treffen. Der Abstand zwischen den Becken vor dem Niederdrücken des Pedals wird je nach dem persönlichen Geschmack des Spielers festgelegt. Wichtig ist, daß alle Pedale am Boden fest haften; jede Tendenz zum »Kriechen« – vom Spieler wegzurutschen – muß vermieden werden.

Übungstrommeln. Immer auf den Trommeln selbst zu üben, ist sehr ermüdend, es führt wahrscheinlich zu vorzeitiger Taubheit, und man verliert sicherlich die Zuneigung aller in Hörweite Befindlichen. Deshalb ist die Übungstrommel ein wesentliches Stück der Ausrüstung. Es gibt viele verschiedene

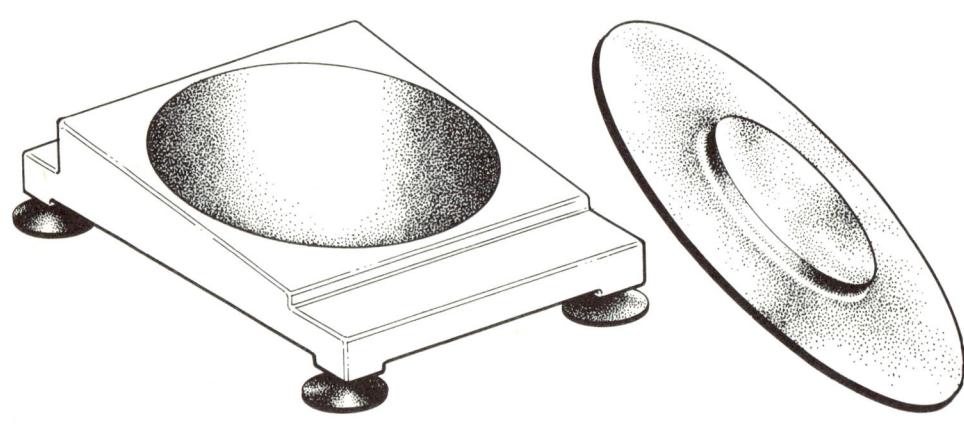

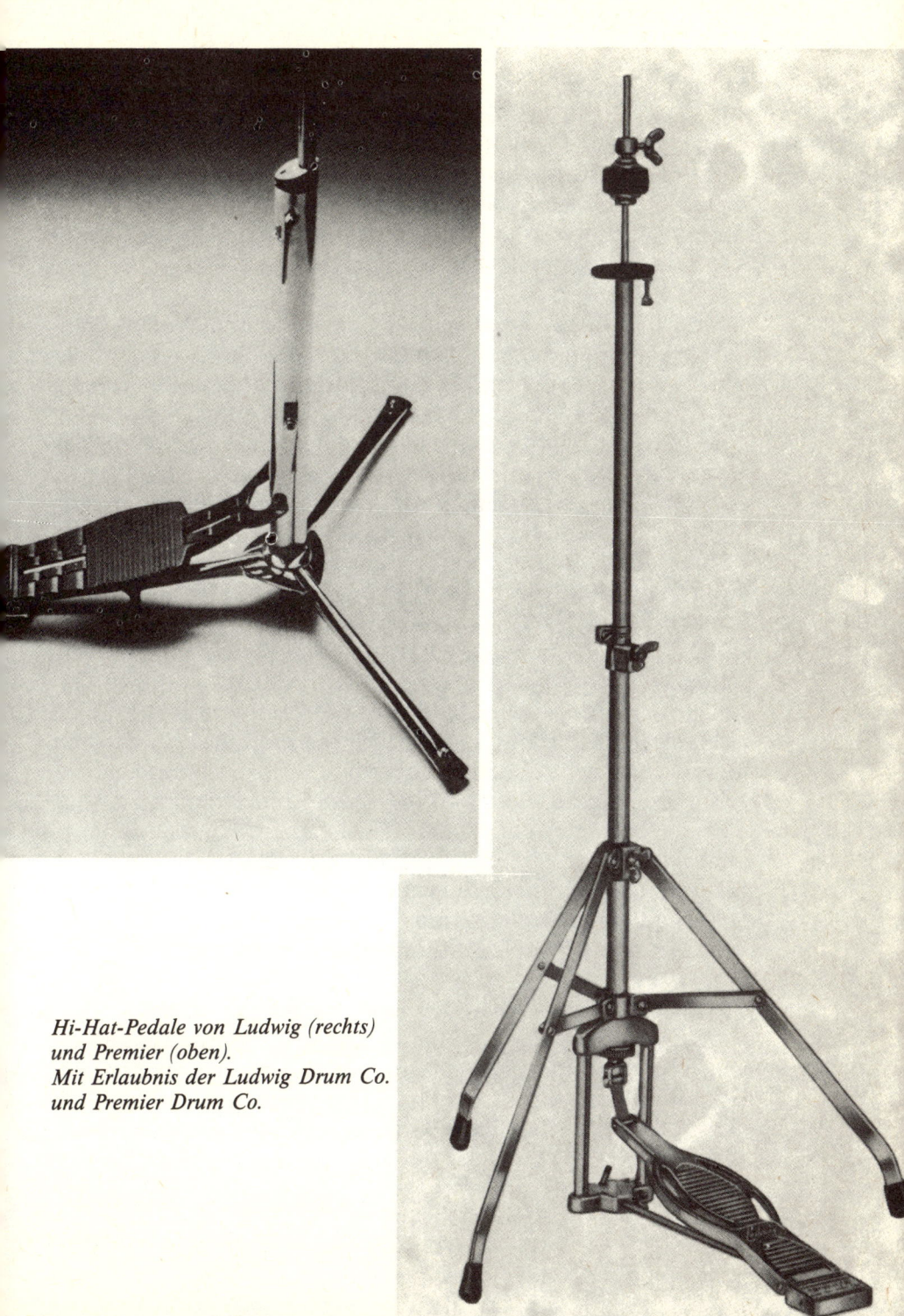

*Hi-Hat-Pedale von Ludwig (rechts)
und Premier (oben).
Mit Erlaubnis der Ludwig Drum Co.
und Premier Drum Co.*

Modelle; einige sind auf Ständern montiert, andere passen auf das Schlagfell, die meisten stehen frei auf irgendeiner passenden Fläche. Sie bestehen meistens aus Gummi oder dehnbarem Kunststoff, wie ein Fell es auch sein würde. Während die ursprüngliche Übungstrommel als Ersatz für eine kleine Trommel gedacht war, stehen nun vollständige Ausrüstungen von Übungstrommeln zur Verfügung.

Ständer für kleine Trommeln sind in Höhe und Winkel regulierbar. Um dem erheblichen Gewicht der Trommel gewachsen zu sein, muß der Ständer kräftig gebaut sein und die Trommel mit einem Minimum an Schwankungen halten können, so daß er nicht jedes Mal wie eine Palme sichtbar in der Brise schwingt, wenn die Trommel geschlagen wird! Es gibt auf dem Markt Dutzende von verschiedenen Ständern für kleine Trommeln. Man wird je nach Vorliebe und Geldbeutel wählen. Zwei Ständer werden am meisten benutzt: erstens, ein dreiarmiges, wiegenartiges Gestell für die Trommel, wobei zwei Arme in feststehender Lage nach außen gebogen sind, der dritte ist regulierbar, um sich Trommeln mit verschiedenen Durchmesser anzupassen, die Achse dieses Gestelles befindet sich an der Spitze des zentralen Stabes; und zweitens, eine dreiarmige Kralle für die Trommel, bei der sich mittels einer zentralen Schraube unten die drei Arme gleichzeitig zusammenziehen und die Trommel umklammern, statt daß die Trommel auf den Armen liegt. Bei dieser Methode bleibt das Gewicht mehr im Zentrum, wenn die Trommel in die gewünschte Spiellage gekippt wird.

Bei einigen Ständern sind verschiedene Sockel erforderlich, um sich den tiefen Militärtrommeln anzupassen.

Tamburins haben entweder eine kleine am Reifen angeschraubte Vorrichtung, durch die man das Instrument an einen Beckenständer montieren kann, oder, was seltener vorkommt, es wird mit einer klauenähnlichen Klammer ähnlich dem Ständer für die kleine Trommel oder mit einer ausdehnbaren Vorrichtung gehalten, die sich selbst innerhalb vom Reifen des Tamburins festspannt. (Diese werden bei Kolberg in der BRD hergestellt.)

Tempelblöcke. Der echte Tempelblock hat eine recht sperrige Form und erfordert eine besondere Klammer, die an einem senkrechten Stab befestigt ist. Da meistens eine Reihe mehrerer Blöcke nötig sind, braucht man einen Ständer, an dem eine variable Anzahl von kurzen, vertikalen Stäben angebracht werden kann, die auch beweglich sein müssen, um sich den sehr unterschiedlichen Größen der Blöcke anpassen zu können. So ist eine T-förmige Vorrichtung für einen Bekkenständer erforderlich mit einem horizontalen Stab oben, der etwa 24 bis 36 Zoll (= 60 bis 90 cm) lang ist. Die vertikalen Stäbe halten ihrerseits die Tempelblöcke. Derselbe Ständer hält auch Kuhglocken und kann leicht für andere Instrumente wie Triangeln, Crotales, Holzblöcke etc. angepaßt werden. Diese Ständer gibt es in England bei Percussion Services und Percussion Enterprises und in der BRD bei B. Kolberg.

Tomtoms und Timbales. Das Standtomtom hat regulierbare Beine; die kleineren sind auf Bass-Drums mittels verschiedenartiger Arme, Klammern, Winkelklammern usw. montiert, die je nach dem Hersteller verschieden sind.
Normalerweise werden je zwei Konzerttoms auf einem Ständer montiert, eine Klammer an der Seite des Kessels gleitet über die U-förmige Spitze des zentralen Stabes des Ständers. Diese sollten in Winkel und Höhe regulierbar sein.

Timbales werden auf eine recht ähnliche Weise montiert, können aber nicht gekippt werden. Dem Ständer ist oft ein Stab für zusätzliche Kuhglocken eingebaut.

Für chromatische Tomtoms sind nach Maß angefertigte Ständer erforderlich.

Ablage oder Tisch. Die Trommler des alten Varieté-Theaters benutzten häufig eine Ablage, um die vielen verschiedenen Pfeifen, Schlägel und Effektinstrumente unterzubringen. Heute wird die Ablage noch genauso gebraucht. Man kann sie bei Percussion Services in London, Ludwig in den USA oder Kolberg in der BRD kaufen. Ich halte es für eine gute Lösung, einfach ein Pult mit Holzoberteil zu nehmen, wobei die Platte in horizontaler Lage ist; mit einer rechteckigen Un-

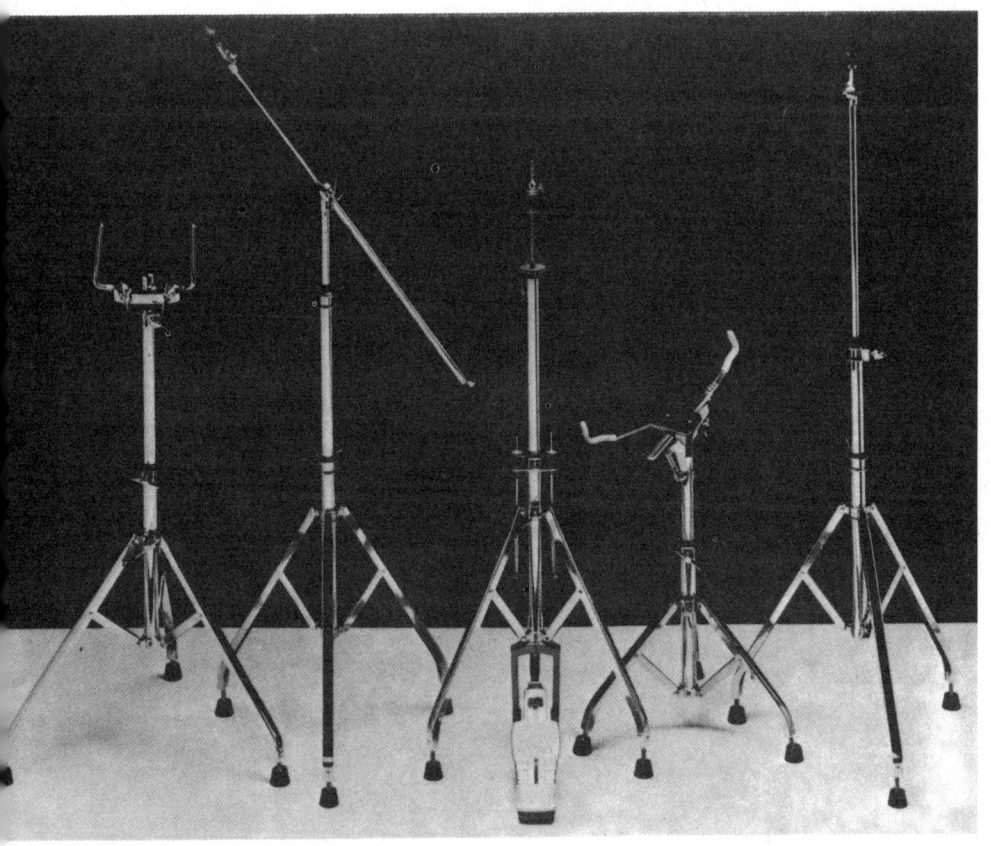

von links: Ständer für Tomtom, Becken, Hi-Hat, kleine Trommel, Becken.
Mit Erlaubnis der Premier Drum Co. Ltd.

terlage aus Filz oder Gummi ist es so eine schlichte, aber brauchbare Ablage.

Triangelständer werden jetzt sehr viel gebraucht. Obwohl sie von den großen Fabrikanten nicht hergestellt werden, gibt es einfach L-geformte Stäbe, die fast an jeden üblichen Bekkenständer passen.

231

Holzblöcke. Halter für einzelne Blöcke sind von vielen Herstellern erhältlich. Sie sind so gemacht, daß man sie an die Reifen einer großen Trommel von einer Jazzausrüstung oder an ein Pult oder eine Ablage klammern kann. Oft passen sie auch für eine einzelne Kuhglocke.

Die größeren Holzblöcke sind zu schwer, um sie nur an eine Fassung zu montieren; es ist dann sicherer, die Fassung an beiden Enden zu stützen. Es ist unangenehm, mehrere Blöcke montieren zu müssen; werden sie längsseitig aufgebaut, dann beanspruchen sie gewöhnlich zu viel Platz, und wenn Seite an Seite, dann ist es schwieriger, auf ihnen zu spielen. Oft ist es günstiger, mehrere Blöcke nur auf eine Ablage oder einen Tisch zu legen.

Dritter Teil

Bei der Aufführung

7.
Die Schlagzeuggruppe

Oft hört man andere Orchestermitglieder sagen, daß sie auf die Eintracht der Schlagzeuger neidisch sind. »Wenn wir nur unsere Leute dazukriegen könnten, so zusammenzuhalten wie die Schlagzeuggruppe!« Die Erklärung für diese Einigkeit ist einfach, denn die Schlagzeuggruppe arbeitet völlig anders als die anderen Orchestergruppen zusammen. Die anderen Spieler müssen sich zwar bewußt sein, daß sie in einer Gruppe spielen, aber ansonsten sind sie nur sich selber verantwortlich. In der Schlagzeuggruppe verlassen sich die Spieler sehr aufeinander. Wenn die Gruppe einheitlich wirken soll, dann ist Zusammenarbeit und Einvernehmen zwischen den Spielern entscheidend. Zunächst einmal müssen die Instrumente vor der Probe oder dem Konzertbeginn aufgestellt werden. Auch wenn die Orchesterdiener die großen Geräte aufgestellt haben, werden die Spieler entscheiden müssen, welche Ständer, Becken, Trommeln, Zubehör und Schlägel erforderlich sind, und sie alle entsprechend anordnen. Zudem verlassen sie sich im Konzert häufig aufeinander und werden oft Instrumente für verschiedene Werke umstellen müssen. Verlaß aufeinander und gute Zusammenarbeit werden daher zur zweiten Natur, mehr aus Notwendigkeit als dem Wunsch entsprechend.

Schlagzeuggruppen schwanken viel mehr in der Größe als andere Orchestergruppen. In meinem eigenen Orchester haben wir zwei Pauker und vier Schlagzeuger, wobei der zweite Pauker bei Bedarf auch zum Schlagzeug überwechselt. Diese Zahl wird vergrößert, wie und wann die Partitur es verlangt, und erreicht nicht selten das Doppelte. Zum Beispiel benötigen *Hyperprism* von Varèse fünfzehn Schlagzeuger und Stockhausens *Gruppen* zwölf. In London gibt es viele Schlagzeuger, und alle Orchester arbeiten nach dem System, immer so viele Spieler zu engagieren, wie es die Partitur verlangt. Meiner Ansicht nach ist das die einzig korrekte Einstellung, denn sicherlich hat der Komponist, ob verstorben oder lebend, einen Anspruch darauf, daß das Werk wie vorgesehen aufgeführt wird. Ich weiß, daß einige Orchester in anderen Städten dazu neigen, Schlagzeugspieler aus Einsparungsgründen zu streichen, obwohl sie wahrscheinlich nicht im Traum daran denken würden, irgendeine andere Gruppe zu verkleinern.

Schlagzeuger wurden einmal von den meisten anderen Musikern als ein Haufen von Dummköpfen angesehen, und beim Zusammentreffen mit Kollegen in vielen Ländern möchte es scheinen, daß diese Ansicht weit verbreitet war. Aber so wie sich das Schlagzeug geändert hat, so hat sich auch diese Einstellung geändert, und heute betrachtet die Mehrzahl anderer Musiker Schlagzeuger eher als ihresgleichen denn als geringere. In der Schlagzeuggruppe des Orchesters sollten sich die Spieler der Tatsache bewußt sein, daß sie gewöhnlich den »Glanz« beitragen; meistenteils sind sie der Zuckerguß auf dem Kuchen, *nicht* die Grundzutaten. Zu jeder Zeit müssen sie auf das Orchester hören und dafür sorgen, daß ihre Leistung ein musikalischer Beitrag zur Gesamtwirkung ist, daß sie Farbe und bestimmte Höhepunkte beisteuern – Schlagzeug darf niemals unnötig aufdringlich oder penetrant sein. In der Praxis bedeutet das, die Klänge des Schlagzeuges mit den anderen Instrumenten abzustimmen und auf die Dauer der Klänge zu achten. Ich gebe zu, daß es für Komponisten schwierig sein kann, sehr spezifisch für Schlagzeug zu komponieren – die Partitur kann einen Holzblock verlangen, aber ich könnte sechs Holzblöcke anbieten, und mit verschiedenartigen Schlägeln hätte ich eine Auswahl von etwa dreißig oder vierzig verschiedenen Klängen. Auch vergessen Komponisten häufig, daß bei einigen Schlaginstrumenten, z.B. kleine Trommel, Xylophon und Holzblock, die Klangdauer eines einzelnen Tones genau gleichbleibt, ob er nun als Doppelganze (Brevis) oder als zweiunddreißigstel Note, als ganze oder als sechzehntel Note geschrieben ist. Daher muß der Komponist auf die Schlagzeuger vertrauen, daß sie seine Absicht auf möglichst musikalische Weise realisieren. Eine erstklassige Gruppe steuert bei Forte-Passagen herrliche Brillanz und Tragweite bei, während sie bei den ruhigeren Passagen auch Farbe und Feinheiten hinzufügt. Demgegenüber kann eine grobe Schlagzeuggruppe ein sonst gutes Orchester unordentlich und undifferenziert klingen lassen. Man muß jedoch zugeben, daß auch die besten Schlagzeuggruppen weitgehend von den Komponisten abhängen, von denen einige die Schlaginstrumente nur als Lärmmacher benutzen. Wenn das Schlagzeug nicht so ausgewählt und eingesetzt wird, daß es den Gesamteffekt steigert, wenn es nur Füllsel ist, dann wäre es besser, es gänzlich aus der Partitur zu streichen. Besonders gerne spielen die Schlagzeuger Werke von Komponisten wie Bartók und Britten, die beide brillant für Schlagzeug geschrieben haben: Keine überflüssige Note – alles hat einen Sinn und steuert zum Gesamtbild bei.

Welches Instrument benutzen?

Als ich meine Laufbahn im London Philharmonic Orchestra begann, war die Schlagzeuggruppe mit einer großen Trommel, zwei kleinen Trommeln, ein Paar Becken (16 Zoll = 40 cm), einem dreioktavigen Xylophon, Glockenspiel und Tamtam ausgerüstet, dessen Tonqualität mich immer an den Deckel eines Mülleimers erinnerte. Während ich dies niederschreibe, denke ich, ob meine Erinnerungen richtig sind, denn die Dinge haben sich in diesen rund zwanzig Jahren sehr verändert. Viele Dirigenten erwarten nun eine große Auswahl vorzufinden und verlangen zum Beipiel eine höher gestimmte kleine Trommel, ein Paar größere Becken, ein weniger »plumpsendes« Tamtam etc. George Szell verlangte einmal beim London Symphony Orchestra eine Auswahl von sieben kleinen Trommeln für Mahler-Lieder – und Szell gehörte nicht zu den Dirigenten, mit denen man argumentieren kann. Um ein anderes extremes Beispiel anzuführen – der Komponist Penderecki dirigierte einmal eines seiner Werke, das eine Binsasara verlangt, und ich hatte mir erhebliche Mühe gemacht, das richtige Instrument aufzutreiben. Stellen Sie sich meine Reaktion vor, als sich folgender Dialog ergab:

Penderecki: »Was werden Sie für die Binsasara benutzen?«

J.H.: »Nun, natürlich eine Binsasara.«

Penderecki: »Oh! Haben Sie nicht irgend etwas anderes, das sie spielen könnten?«

Wirklich, manche müssen immer das letzte Wort behalten!

Zumindest was London anbetrifft, sind wir nun in der Lage, daß die Schlagzeuger *glauben,* ein breites Instrumentenangebot zur Verfügung stellen zu können, wenn der Komponist oder Dirigent es so verlangt. In den letzten Jahren haben sowohl Orchester wie Spieler viel investieren müssen, um die Dinge auf den heutigen Stand zu bringen. Dieses Problem betrifft ausschließlich das Schlagzeug – man hört niemals einen Dirigenten nach einer größeren Violine oder einem kleineren Cello fragen!

Der Soloschlagzeuger

So wie sich das Schlagzeug entwickelt hat, so auch die Verantwortung und die Pflichten, die dem Solospieler der Gruppe zufallen. Von ihm wird erwartet:

Erstens: normalerweise die Hauptstimme zu spielen,

Zweitens: zu bestimmen, wie viele Schlagzeuger benötigt werden, um die Absichten des Komponisten genau wiederzugeben,

Drittens: dafür zu sorgen, daß alle richtigen Instrumente greifbar sind; falls erforderlich, diejenigen auszuleihen, die das Orchester nicht besitzt,

Viertens: den anderen Mitgliedern der Gruppe die Stimmen zuzuteilen und zu entscheiden, welcher Spieler welche spielt,

Fünftens: das Spiel der Gruppe zu überwachen und, falls notwendig, Korrekturen anzuordnen.

Das alles zusammen macht sehr viel Arbeit, ehe ein Ton gespielt wird, und erklärt, warum ein Orchesterintendant in einer schwachen Stunde zugab, daß seiner Ansicht nach die Stellung des Soloschlagzeugers heutzutage oft genauso wichtig ist wie die des Konzertmeisters.

Es kann erhebliche Zeit kosten zu entscheiden, wie viele Spieler für ein Werk erforderlich sind. Einige Komponisten teilen die Instrumente selber zu, die jedes Mitglied spielen soll; entweder hat jeder seine eigene Stimme, oder der Komponist numeriert sie und setzt eine Schlagzeugpartitur richtig aus. Andere Komponisten schreiben nur die Schlagzeugpartitur und überlassen das Aussortieren dem Soloschlagzeuger; andere wieder schreiben eine Schlagzeugpartitur und kommen fälschlicherweise zu dem Schluß, daß sie x Spieler brauchen werden. In solch einem Fall muß der Soloschlagzeuger die Orchesterdirektion oder die Aufnahmegesellschaft davon überzeugen, daß der Komponist nicht fähig war, die richtige Anzahl für das Schlagzeug anzugeben. Die Zahl der benötigten Spieler hängt nicht allein von der Zahl der Instrumente ab, die an einer bestimmten Stelle gespielt werden, sondern auch von der zur Verfügung stehenden Zeit, die Instrumente auszuwechseln. Das richtige Vertauschen von Spielern und Instrumenten ist häufig sehr schwierig, und wahrscheinlich müssen einige Instrumente doppelt besetzt werden.

Wie wir schon vorher gesehen haben, ist das Spektrum des Schlagzeuges jetzt so breit, daß ein Spieler nicht auf allen Instrumenten gut sein kann. Beim Zuteilen der Stimmen muß der Soloschlagzeuger die Vorzüge und Schwächen der einzelnen Spieler seiner Gruppe kennen. Der Spieler A mag an der kleinen Trommel ausgezeichnet sein aber nicht so gut an den Becken. Der Spieler B ist an den Mallet-Instrumenten gut und besonders begabt für Fingerkastagnetten; der Spieler C ist Spezialist für Becken und kann sich auf dem Flexaton gut entfalten usw. Der Soloschlagzeuger muß sich die Partitur anschauen, die gespielt werden soll, er muß selber sein Ensemble richtig einschätzen und dementsprechend die Stimmen zuteilen. Wenn er das Glück hat, eine sehr vielseitig begabte Gruppe zu haben wie ich z.b., dann wird als zusätzliches Problem das Standardrepertoire Kopfschmerzen verursachen: er muß so ausreichend variieren, daß eine Gruppe talentierter Spieler interessiert und zufrieden bleibt.

Die Aufgabe des Soloschlagzeugers ist also viel größer als nur der erste Spieler zu sein. Er muß sich mit viel Organisation und Vorausplanung befassen, und je umfassender das Repertoire des Orchesters ist, um so beschäftigter wird er sein. Da vor allem die modernen Kompositionen komplizierte Schlagzeugkombinationen verlangen, lohnt es sich für den Soloschlagzeuger, darüber Buch zu führen, was die einzelnen Werke brauchen; das kann vor späteren Aufführungen viel Zeit und Mühe sparen. So benötigt z. B. Berios *Epifanie* sechs Spieler, die ich wie folgt notiert habe:

Schlagzeug 1 2 Sprungfedern, 2 Tamtams, Tomtom, 5 Tempelblöcke, 3 Holzblöcke, 2 kleine Trommeln, Bongos, 2 Pauken, Glocken bis zum g, 3 große Kuhglocken

Schlagzeug 2 2 Sprungfedern, Tamtam, 3 Tomtoms, 3 Holzblöcke, 2 kleine Trommeln, Claves, Guiro auf einem Ständer, Schellen, 5 Kuhglocken, 3 aufgehängte Becken, Bongos, 3 große Kuhglocken

Schlagzeug 3 2 Sprungfedern, Tamtam, große Trommel, Peitsche, 2 kleine Trommeln, Tamburin auf einem Ständer, 2 Congas, 3 große Kuhglocken, 3 Holzblöcke, Gongs mit bestimmter Tonhöhe

Schlagzeug 4 Xylophon, Vibraphon

Schlagzeug 5 Marimbaphon

Schlagzeug 6 Glockenspiel

Das bedeutet achtzig und mehr Instrumente und dreißig bis vierzig Ständer und natürlich eine große Vielfalt von Schlägeln. (Man sollte beachten, daß die Numerierung von Schlagzeugstimmen normalerweise nicht den Schwierigkeitsgrad angibt, sondern nur aus praktischen Gründen erfolgt. Sie entspricht nicht etwa der ersten, zweiten und dritten Trompete.) Einige dieser zeitgenössischen Werke beanspruchen für das Schlagzeug sehr viel Raum, für den in vielen Konzertsälen nicht vorgesorgt ist – ein weiterer Gesichtspunkt, den der Soloschlagzeuger bei der Programmgestaltung des Orchesters beachten muß.

Das Schlagzeug im Aufnahmestudio

Gute Tonmeister sind rar, gute Tonmeister, die der Schlagzeuggruppe Gerechtigkeit widerfahren lassen, sind noch rarer. Ich vermute, daß jeder professionelle Schlagzeuger, seine eigene Geschichte über Studioaufnahmen zu erzählen hat. Der Spieler steht oft im Mittelpunkt, der Dirigent wird viel mehr Volumen verlangen, und der Toningenieur bittet den Spieler heimlich, den Wunsch des Dirigenten zu ignorieren! Man muß zugeben, daß wir wirklich in den Aufnahmestudios Kopfzerbrechen verursachen. Die Tonresonanz, die im Konzertsaal so geschätzt wird, scheint im Studio große Probleme aufzuwerfen.

Es ist eine merkwürdige Tatsache, daß bei Schlaginstrumenten das, was im Studio richtig klingen kann, auf dem Tonband falsch klingt und umgekehrt – was dem Spieler falsch erscheint, mag erstaunlich richtig klingen, wenn er die Wiedergabe hört. Aber das ist eher die Ausnahme als die Regel. Das Problem für die meisten Aufnahmetechniker ist der Nachhall gewisser Schlaginstrumente, der die Mikrophone überflutet, die speziell für andere Instrumente gedacht sind.

Einige Aufnahmetechniker scheinen die Ansicht zu vertreten, daß die beste Art, mit dem Schlagzeug klarzukommen, die ist, die ganze Dynamik in der gespielt wird zu senken, aber dabei vergißt man, daß bei vielen Schlaginstrumenten der Fortissimo-Effekt nicht dadurch erreicht werden kann, daß die Instrumente nur mezzoforte gespielt werden, und die Dynamik durch Verschieben des Lautstärkerhebels auf dem Aufnahmepult angehoben wird. Ein fff-Beckenschlag muß auch so gespielt werden; wenn die Lautstärke für das Aufnahmegerät zu groß ist, muß der Spieler weiter vom Mikrophon wegrücken.

Die Macht und der Einfluß von Schallplattenfirmen, Produzenten und Ingenieuren sind heute enorm; aber ich finde es sehr bedauerlich, daß Orchester und Ensembles nicht mehr über die Qualität des Endresultates mitbestimmen dürfen.

8.
Die Verwendung von Schlagzeug in der Kammermusik und als Soloinstrument

Die Verwendung von Schlagzeug in der Kammermusik hat in den letzten dreißig Jahren sehr zugenommen. Bis zum Zweiten Weltkrieg waren es nur wenige Kompositionen, obwohl diese drei außergewöhnliche Werke einschlossen: Strawinskys *Geschichte vom Soldaten* (1918), Waltons *Façade* (1923) und Bartóks *Sonate für zwei Klaviere und Schlagzeug* (1938).

Die Geschichte vom Soldaten wird einen guten Schlagzeuger heutzutage weniger anstrengen als früher. Nicht daß es vom schlagtechnischen her besonders schwierig ist, sondern wegen der häufigen Taktwechsel und der absurden Stimmen. Heute sind Spieler vertraut mit ⅝, ⅞, ⁵⁄₁₆, ⁷⁄₁₆ etc.; aber wir müssen immer noch aus den gleichen Stimmen lesen, und ich kenne keinen Schlagzeuger, der dem Schlußmarsch *Marche Triomphale du Diable* gewachsen ist, so wie er gedruckt ist.

244

Diese Passage ist für große Trommel (flach gelegt) und drei
andere Trommeln. Wie viel einfacher wäre es zu lesen, wenn
sie etwa so aussehen würde:

Bartóks *Sonate für zwei Klaviere und Schlagzeug* (zwei Spieler) wurde nach etwa sechsunddreißig Proben 1938 in Basel uraufgeführt, wobei der Komponist und seine Frau die Klavierparts spielten. (Das Werk existiert auch in einer Orchesterfassung, wird aber seltener gespielt. Die Klavierstimmen sind etwas anders, während die Schlagzeugstimmen bei beiden Fassungen gleich sind.) Vor einigen Jahren kam die Aufnahme der amerikanischen Erstaufführung neu heraus, bei der das Schlagzeug besonderes Interesse weckt. Anfangs wurde die Sonate oft unter Mitwirkung eines Dirigenten aufgeführt, aber das geschieht jetzt seltener. Das Werk verlangt vier sehr fähige Musiker, denn jeder einzelne hängt von seinen drei Kollegen ab – es ist ein Quartett, *nicht* zwei Klaviere mit Schlagzeugbegleitung. Ein Schlagzeuger spielt vorwiegend Pauke, dazu zwei kleine Trommeln, Triangel, Tamtam und Becken; der andere spielt Xylophon, zwei kleine Trommeln, große Trommel, Triangel, Tamtam und Becken. Die Stimmen für die Schlaginstrumente sind hervorragend, zum Beispiel die Pauken, welche die Klaviere in das erste Allegro des ersten Satzes führen, das Xylophon, welches das Thema des dritten Satzes aufstellt, oder die atmosphärisch so dichte Soloeinleitung zum zweiten Satz von Trommel und Becken.

Unter den Kammermusikwerken bis zum Zweiten Weltkrieg, die Schlagzeug verwendeten, waren die von Strawinsky und Bartók sicherlich herausragend. Für eine mehr ins Einzelne gehende Analyse habe ich drei Werke von Komponisten ausgewählt, die in ihren musikalischen Ideen durch Welten getrennt sind: Sir William Waltons *Façade*, Roberto Gerhards *Concert for Eight* und Karlheinz Stockhausens *Kontakte*.

William Walton (geb. 1902): Façade

Façade wurde 1920 für einen Sprecher und sechs Instrumente – Flöte, Klarinette, Altsaxophon, Cello, Trompete und Schlagzeug – geschrieben. Der Schlagzeuger braucht nur verhältnismäßig wenige Instrumente. Die in der Partitur angegebenen sind: kleine Trommel, Becken, Triangel, Tamburin, Kastagnetten, zwei Holzblöcke, Schlägel und Besen. Ich würde jedoch noch einiges hinzufügen: ein Chic-Cymbal (ein sehr dünnes Becken mit einem Durchmesser von ungefähr 6 oder 7 Zoll = 15 oder 17,5 cm) sowie auch das normale aufgehängte Becken, dazu Hand-, Maschine- und Stielkastagnetten, und zwei Tempelblöcke sind eher üblich als Holzblöcke, obwohl einige Spieler einen Holzblock wegen des Randschlageffektes bevorzugen. Die Aufstellung für die Schlaginstrumente ist sehr wichtig: Das Chic-Cymbal habe ich zur linken, das normale freihängende Becken rechts, Triangel vor mir, Tempelblöcke mehr rechts und Kastagnetten, Tamburin, Schlägel etc. leicht greifbar auf einer flachen Ablage an einer der beiden Seiten.

Aufstellung für Waltons Façade

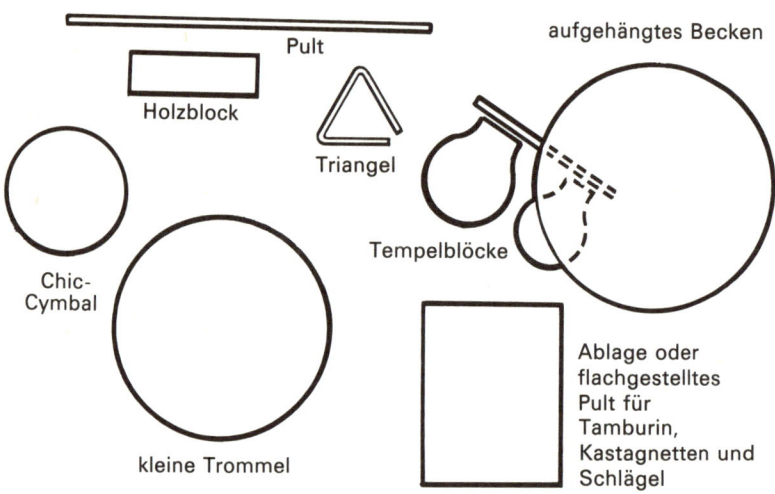

Nach einer Aufführung vor einigen Jahren bemerkte einer der Spieler, daß *Façade* niemals ein hundertprozentiges Stück ist! Damit meinte er, daß da bei einer Aufführung nie alles

248

fehlerfrei ist – irgendwie ist niemand mit seinen Leistungen je völlig zufrieden, denn irgendeine Kleinigkeit mißlingt immer. Eine richtige Beobachtung, denn *Façade* ist wirklich ein solches Stück.

Für Schlagzeuger bestehen die meisten Schwierigkeiten in einigen äußerst raschen Wechseln. Die Eröffnungsfanfare ist einfach – die Takte 3, 4 und 5 sollten als ununterbrochener Wirbel gespielt werden –, unter strikter Beachtung des Pianissimo, und das Becken wird *nach* dem letzten Achtel der kleinen Trommel abgedämpft. Dieses gilt auch für die Nr. 1 *Hornpipe,* und immer muß das Schlagzeug »unter« der Stimme des Sprechers liegen.

1. »Hornpipe«.

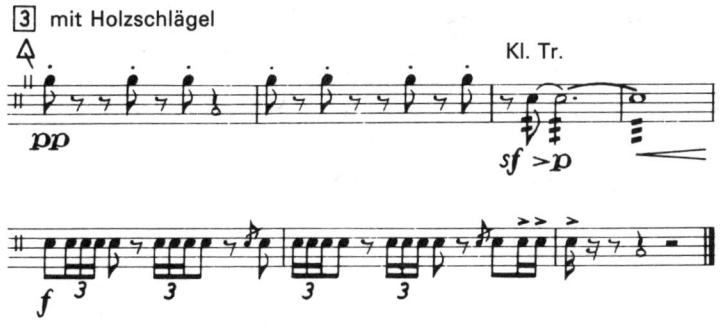

In Nr. 2 *En Famille* ist ein schwieriger, schneller Wechsel zu Besen bei Ziffer 4, der in einer Pause von nur zwei Achteln ausgeführt werden muß. Der Besen muß natürlich handlich zurechtgelegt werden – einige Dirigenten machen aber auf jedem Fall vor Ziffer 4 eine kleine Zäsur –, am einfachsten ist es, bei dieser Passage nur einen Besen zu benutzen, da der Rand des Beckens in der Mitte der Besendrähte ist.

2. »En Famille«

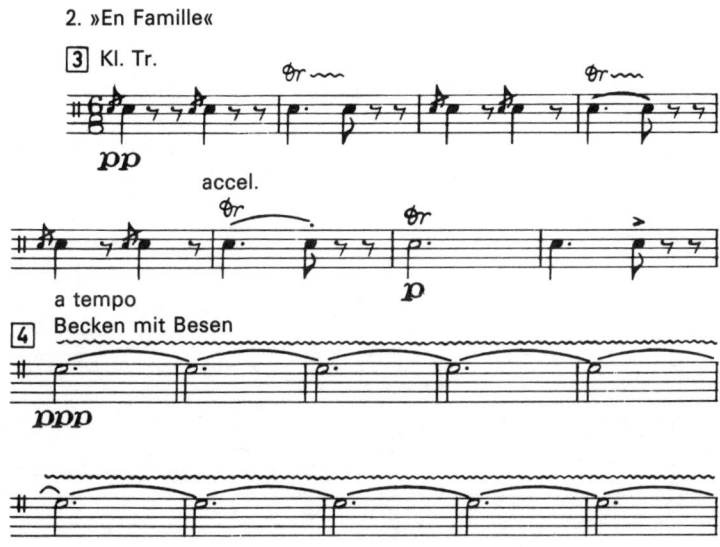

In Nr. 4 *Long Steel Grass*, so scheint mir, ist die beste Lösung, für die Eröffnungsfanfare bis zur Ziffer 1 Stielkastagnetten zu benutzen, damit man genug Volumen hat, um die Trompete zu unterstützen, und dann auf eine Kastagnette mit einem Fingertriller überzuwechseln, um von Ziffer 1 an weiter einen wirklichen Pianissimo-Effekt zu erzielen.

4. »Long Steel Grass«

In Nr. 5 *Through Gilded Trellises* ist die gleiche Methode mit einer Kastagnette bis zur Ziffer 1 am besten; bei 3 jedoch ist die Kastagnettenmaschine nötig, um das Forte zu erzielen und dem Spieler genug Zeit zu geben, sich auf die kleine Trommel zwei Takte später vorzubereiten. Alle Tamburinwirbel sind Daumentriller, während der Schlägel der kleinen

Trommel vor dem Tamburin, 5. und 6. Takt vor Schluß, auf-
genommen werden muß, um für den letzten Beckenschlag bereit zu sein.

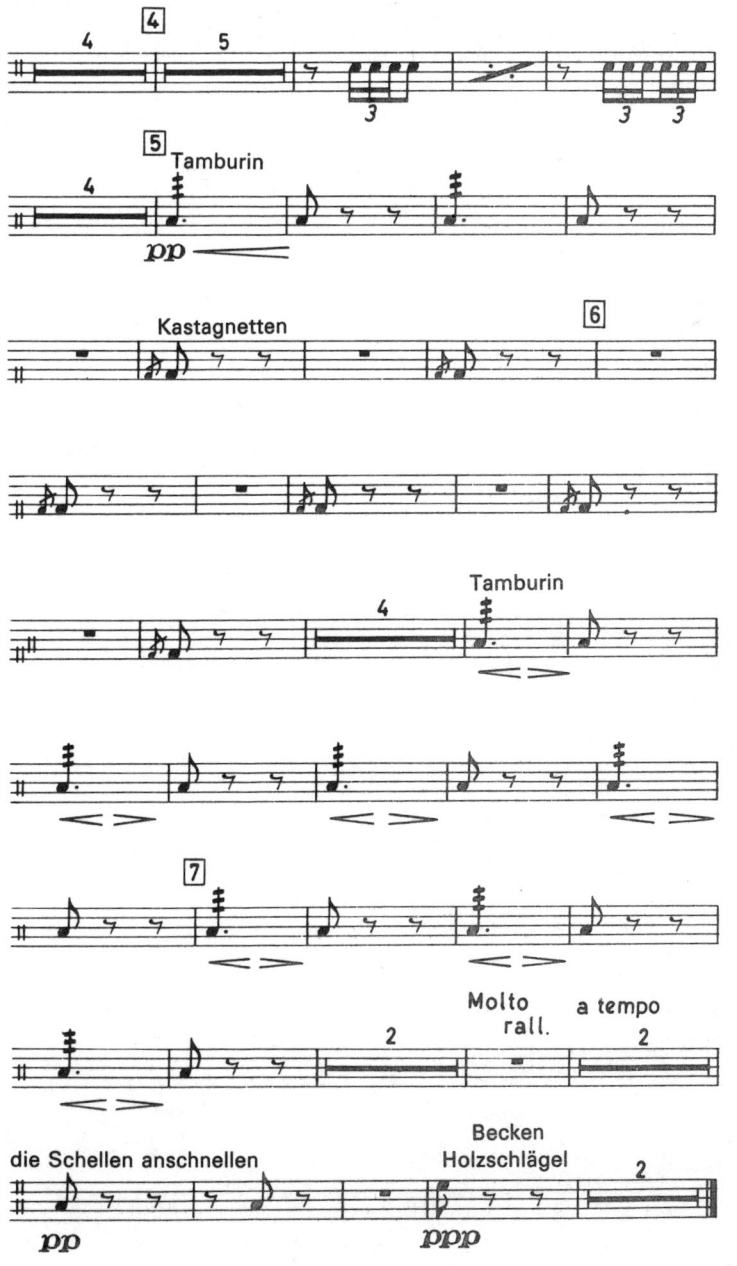

255

In Nr. 6 *Tango-Pasodoble* wird das Chic-Cymbal bei Ziffer 4 benötigt und nach 5 eine Kastagnette im Pianissimo.

Im Gegensatz dazu verlangt *Lullaby for Jumbo* einen weichen, resonanten »Klangfleck« von einem normalen 17 oder 18 Zoll (= 42,5 oder 45 cm) Becken und die einzelne Kastagnette für den präzisen Pianissimo-Rhythmus bei Ziffer 1.

rall. _ a tempo

Kl. Tr.

Becken mit
weichem Schlägel

pp   *pp*

Nr. 8 *Black Mrs. Behemoth* beginnt mit der kleinen Trommel »auf dem Holz« – hier werden meistens Randschläge angewandt.

8. »Black Mrs. Behemoth«

♩ =52

Kl. Tr. auf dem Holz   Becken

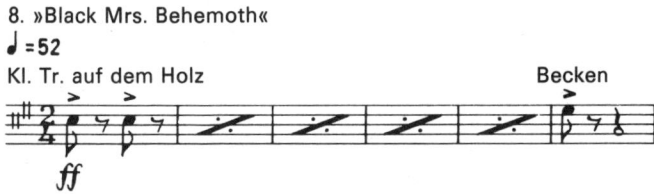

ff

Nr. 9 *Tarantella* wird gewöhnlich etwa im Tempo ♩ = 152 genommen, daher ist die Kastagnettenmaschine am bequemsten; die Tamburinwirbel müssen Daumentriller sein.

9. »Tarantella«

Becken
weicher Schlägel   Kastagnetten

Tamburin

pp < >   < >

die Schellen anschnellen

Dann bei Nr. 14 *Four in the Morning* ist die einzelne Kastagnette ideal, da sie auch einen wirklich dichten Pianissimo-
Triller ermöglicht.

14. »Four in the Morning«
♩. = 60   Kastagnetten

Nr. 15 *Something lies beyond the Scene* ähnelt einer Jazznummer von 1920; das Chic-Cymbal ist erforderlich, und das Problem liegt im Abdämpfen. Der traditionelle Griff für kleine Trommel ist dafür von Vorteil, da sie augenblicklich zur linken Hand verlagert und in Verbindung mit dem Griff am Schlägel gedämpft werden kann. Für den zweiten Takt ist der Tempelblock wohl am günstigsten.

15. »Something lies beyond the Scene«
♩ =152   Trompete

Becken mit Schlägel

sim.

Kl. Tr.   Kl. Tr.
Becken   Becken

Kl. Tr.   Kl. Tr.
Becken

Tamburin mit Schlägel

Kl. Tr.   Becken   Kl. Tr.

f

Nr. 16 *Valse* verlangt einige geringfügige Änderungen. Die Anmerkung »Rand« bedeutet hier einen leichten Schlag auf den Spannreifen, *nicht* Randschläge! Da der metallene Reifen natürlich einen anderen Klang hervorbringt als die aus Holz, die man benutzte, als das Werk geschrieben wurde, ziehen einige Spieler es vor, statt dessen den Holzblock zu verwenden. Die Triangel wird mit dem Schlägel für kleine Trommel gespielt. Die Wechsel zu und von den Kastagnetten sind meistens sehr rasch; eine einzelne Kastagnette ist wahrscheinlich besser, trotzdem wird eine Kastagnettenmaschine vorzuziehen sein. Alle Beckentöne sollten kurz auf dem Chic-Cymbal gespielt werden; den Schlußton auf Becken und Trommel spiele ich mit einem Schlägel, indem ich beide gleichzeitig anschlage, da das Becken secco sein *muß*.

16. »Valse«

263

Nr. 17 *Jodelling Song* bedarf keiner Erläuterung. Das einzige Schlagzeug, das vorkommt, ist das von der Triangel selbst angeschlagene Becken.

In der Nr. 18 *Scotch Rhapsody* wird das Chic-Cymbal in der gleichen Weise gespielt wie in der Nr. 15. Die Anweisung »auf dem Holz« im dritten Takt ist hier genauso zu verstehn wie in Nr. 8 – die meisten Spieler ziehen dafür einen Holzblock vor. Der Wechsel von Schlägeln zum Besen bei 3 ist sehr rasch, und die Rückkehr zu Schlägeln nach fünfzehn Takten ist undurchführbar, deshalb wird man den letzten ganzen oder halben Takt des Besenrhythmus auslassen müssen.

Popular Song, Nr. 19, ist wahrscheinlich die bekannteste Nummer von *Façade*. Das Chic-Cymbal dominiert wieder. Wenig Erläuterung ist nötig, da sich dieses Stück »von selber« spielt.

19. »Popular Song«

Nr. 20 wird *Old Sir Faulk* genannt – ♩ = 138 – ein recht schneller Foxtrott. Hier werden die Tempelblöcke benutzt, und zu der Anleitung »auf dem Rand« paßt die Art von Randschlag besser: ein Schlägel wird fest gegen das Fell gehalten, während er von dem anderen Schlägel geschlagen wird.

20. »Old Sir Faulk« (Foxtrott)

Und schließlich Nr. 21 *Sir Beelzebub.* Die kleine Trommel ist Solo in den Takten 1, 7 und 8; die meisten Dirigenten schlagen die Takte 5 und 6 in Dreiern, mit einer kleinen Pause auf dem dritten Schlag von Takt 6.

21. »Sir Beelzebub«

Façade macht viel Spaß – sowohl beim Spielen wie auch beim Anhören. Die Schlagzeugpartie muß mit Feingefühl, Bedacht und Engagement gespielt werden, in einem Wort vielleicht – mit Musizierfreude.

Roberto Gerhard (1896–1970): Concert for Eight

Concert for Eight, geschrieben 1962, ist ein großartiges Beispiel dafür, wie viele Schlaginstrumente von nur einem Spieler gespielt werden können. Bei der ersten Durchsicht bekommt man einen Eindruck von nur mäßigen Schwierigkeiten! Aber bei der ersten Probe muß man dann sehr schnell seine Vorstellungen revidieren! *Concert for Eight* wird sogar Spitzenprofis auf die Probe stellen; wie bei vielen zeitgenössischen Werken liegen für den Schlagzeuger die Hauptschwierigkeiten in der Aufstellung der Instrumente zu einer spielbaren Formation und darin, daß er sich sehr rasch von einem zum anderen bewegen muß. Ich muß gestehen, daß der Komponist etwas von einem Schlagzeugfanatiker hatte: er hat nicht nur sehr ins einzelne gehende Anweisungen gegeben, sondern er hat auch Dinge zu Hause in seiner Küche ausprobiert, dabei hat er Küchengeräte statt Instrumente benutzt, um sicherzugehen, daß der Spieler Zeit für die erforderlichen Umstellungen hatte. Dennoch kann man die verschiedenen Größen und Formen der Schlaginstrumente nicht so ersetzen; und so sind hier einige äußerst schnelle Schlägelwechsel und Bewegungen notwendig – die letzte ein Kopfsprung in den Flügel (was man nicht wörtlich nehmen darf!). Vor Beginn muß der Schlagzeuger seine Stimme genau durchsehen, alle erforderlichen Instrumente und Ausrüstungsgegenstände notieren, und *versuchen,* die beste Anordnung zu treffen. Trotzdem wird er nach Beginn der Probe mit den anderen Mitgliedern der Gruppe feststellen, daß sein erster Plan geändert werden muß.

Die Instrumentenliste liest sich für *Concert for Eight* folgendermaßen:

Marimbaphon	Claves
Vibraphon	Tamburin
Glockenspiel	Cymbales Antiques
4 Tomtoms	3 aufgehängte Becken,
Rührtrommel	klein, mittel und groß

Große Trommel   Cello- oder Baßbogen
3 Tempelblöcke   Tamtam
Maracas   Plektrum

Eine stattliche Zahl von Instrumenten, die recht viel Platz beanspruchen. Auch muß man berücksichtigen, daß ein »Fluchtweg« nötig ist, um zum Schluß den Flügel zu erreichen. In der nachfolgenden Abbildung zeige ich meine Anordnung. Ich muß zugeben, daß ich ein klein wenig mogele, indem ich statt der Rührtrommel das tiefste Tomtom benutze, zumal der Unterschied im Timbre praktisch nicht wahrnehmbar ist. Mein zweiter »Betrug« betrifft die mit dem Bogen gestrichenen Becken. Wie ich schon erwähnte, war Gerhard so etwas wie ein Schlagzeugfanatiker, und ich zitiere folgende Anweisung aus der Partitur:

»Das Becken ›col arco‹ wird folgendermaßen gespielt:

Freihängende Becken kommen nicht in Frage, da das Becken durch den Druck des Bogens so stark schwingen würde, daß es unmöglich sein würde, einen mehr oder weniger kontinuierlichen Ton zu erzeugen.

Geeigneter wäre die Verwendung eines chinesischen Beckens (etwa 16 Zoll = 40 cm im Durchmesser), da es von der Hand leicht und mittels der typischen, türknopfartigen Wölbung festgehalten werden kann. Der Rand des Beckens wie auch das Pferdehaar des Bogens müssen kräftig mit Kolophonium eingestrichen sein, da sonst die Wirkung des Bogens (der vertikal über den Rand gezogen wird) nicht ausreichen würde, das Becken zum Schwingen zu bringen.

Dasselbe gilt für das normale (sogenannte türkische) Becken. Auch dies sollte mit der Hand gehalten werden, aber ›umgekehrt‹, d.h. die hohle Seite nach oben, die Seite mit dem Ledergurt nach unten, die Lage des Beckens mehr oder weniger horizontal. Die Hand gleitet durch die Öse des Ledergurtes, der möglicherweise reguliert (straff gezogen) werden muß, damit er fest am Handgelenk sitzt.

Zu gleicher Zeit werden die fünf Finger so gespreizt, daß die Fingerspitzen wie Stützen für das Becken wirken; so erhält man genug Festigkeit gegen den Bogendruck, ohne das freie Schwingen des Beckens zu beeinträchtigen. Der so erzeugte Klang besteht aus normalen Obertönen. Man entdeckt meistens, daß man ihre jeweiligen Tonhöhen variieren kann, je nachdem an welcher Stelle des Randes der Bogen gezogen wird. Es wird deswegen empfohlen, die Kontaktstelle häufig zu wechseln.«

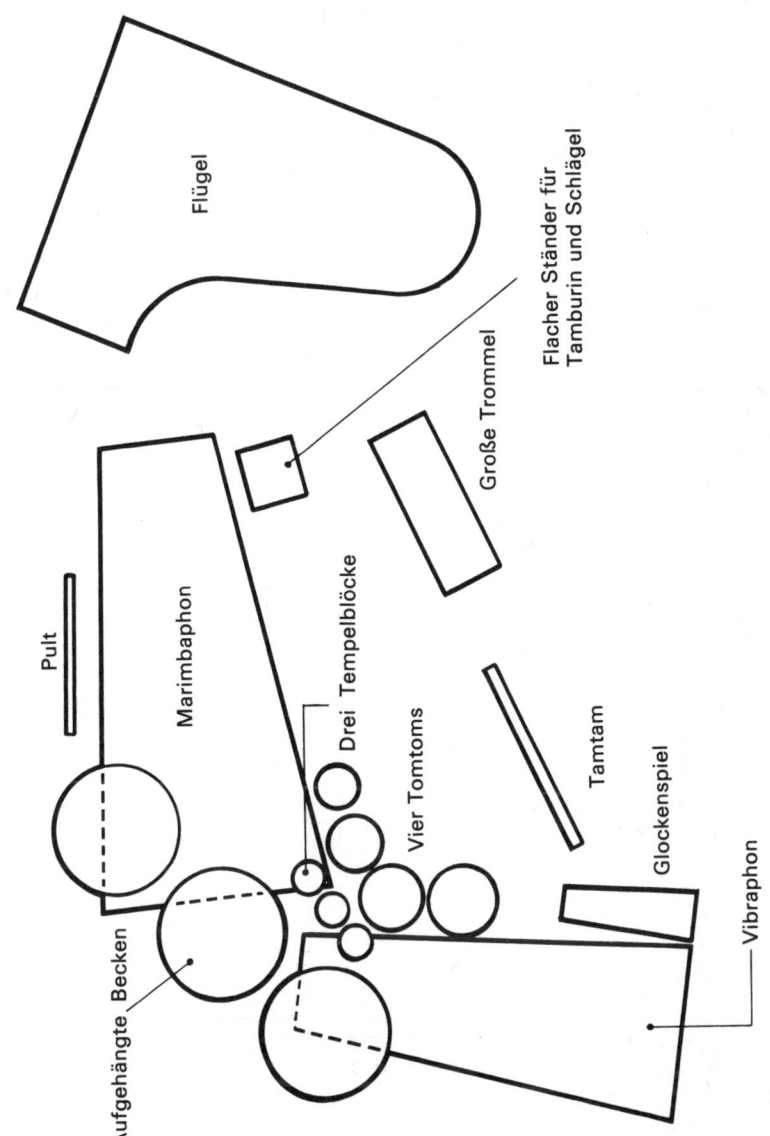

Aufstellung für Gerhards Concert for Eight

Flügel

Pult

Marimbaphon

Drei Tempelblöcke

Flacher Ständer für
Tamburin und Schlägel

Große Trommel

Vier Tomtoms

Tamtam

Aufgehängte Becken

Glockenspiel

Vibraphon

273

Ich stimme zu, daß das chinesische Becken für den gestrichenen Effekt oft besser ist, jedoch bin ich dagegen, das Becken lieber mit einer Hand zu halten anstatt es auf einen Ständer zu tun – was die Schwierigkeiten für den Spieler sehr vergrößern würde. Ich selber benutze eher gewöhnliche Becken mit Ständern, die oben eine Schraube haben, als die mit Gummihaltern; ich montiere die Becken ziemlich hoch und lege die gespreizten Finger um die Glocke des Beckens, um es ruhig zu halten. So sitzt das Becken fest und hoch genug und kann bequem gestrichen werden.

Der erste hier wiedergegebene Ausschnitt bietet keine besonderen Probleme; aber beachten Sie den Beckeneffekt im ersten Takt, die ausdrückliche Bogenanweisung in Takt 9 und den Abriß in Takt 10. Nachdem der Spieler das e′ und f″ des Vibraphons in Takt 15 wiederholt hat, wechselt er auf drei Schlägel um für das Glockenspiel, während er mit dem Pedal den Vibraphonakkord noch hält.

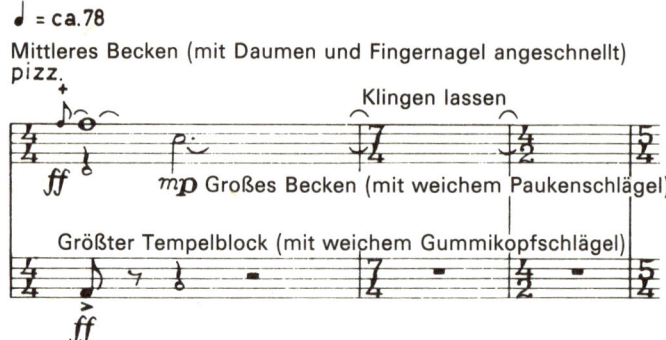

7

p ⸺⸺ *ff*

'Abdämpfen

Mittleres Becken
(mit Bogen)

Klingen
lassen

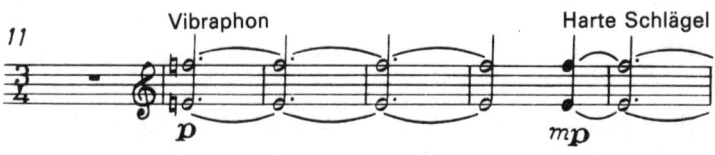

11

Vibraphon

Harte Schlägel

p

mp

17

Glock.

Abdämpfen

ff   Harte Schlägel

Poco più mosso
21 (♩ = ca.88)

Tempelblöcke

Mittleres Tomtom

Pauken-
schlägel
aufnehmen

Weiche Gummikopfschlägel *f*
aufnehmen

f

25 Kl. Tomtom

p 5

3

pp

Weiche
Gummikopfschlägel
aufnehmen
28

Tempel-
block

Pauken-
schlägel

Kl. Tomtom

p

p 6

5

3 3

275

Becken mit Bogen: Spielen Sie mit einem Cellobogen am Rande eines dünnen, mittleren Beckens (vorzugsweise chinesisch). Halten Sie den Bogen senkrecht zum Rand, beginnen Sie den Abstrich im p und steigern sie dann den Druck im Aufstrich bis zum ff. Man sollte viel Kolophonium benutzen, sowohl am Bogen als auch um den ganzen Rand des Beckens, dabei wähle man zum Spielen die Stellen, die die schönsten Flageolettöne hervorbringen; man sollte sie mit Kreide an der Oberfläche des Beckens bezeichnen. Das Becken muß mit einem Ledergurt oder Befestigungsstab fest in der Hand gehalten werden, um zu verhindern, daß es durch den Druck des Bogens wackelt.

Die Takte 36–121 sind heikel, da ♩ = 88 bedeutet, daß ⁵⁄₁₆, ⁸⁄₁₆, ⁷⁄₁₆ etc. entschieden schnell sind; gewöhnlich ist es von Vorteil, die Einteilung solcher Takte nach den Wünschen des Dirigenten zu bezeichnen. Eine Methode, die als »Haus«/»Dreieck« bekannt ist, d.h. △ , ist sehr nützlich – wenn also ⁸⁄₁₆ in drei geschlagen wird: 3 Sechzehntel – 3 Sechzehntel – 2 Sechzehntel, dann erscheint das so:

Es wird ratsam sein, den Tamtamschlägel ständig am Instrument hängen zu lassen – das Gewicht des Tamtams auf dem Band des Schlägels wird ihn festhalten.

Einige der angegebenen Schlägelwechsel sind praktisch undurchführbar, und es ist einfacher, für den größten Teil dieser Passage dieselben mittelharten Vibraphonschlägel zu benutzen. In den Takten 47 und 48 kann der Schlägel in der linken Hand fallen gelassen und durch einen harten (Glokkenspiel?) Schlägel ersetzt werden – das Tamtam wird dann mit der rechten Hand gespielt, auch die Tempelblöcke, und die linke Hand ist dann in Takt 52 bereit für das Cymbale Antique. In Takt 53 wird das Tamtam angeschlagen, man läßt es weiterklingen, während der Spieler sich auf das gestrichene Becken in Takt 54 vorbereitet. (Das Tamtam kann auf dem

letzten Viertel von Takt 53 mit dem Hinterteil des Spielers gedämpft werden!) Natürlich sind in Takt 82 harte Schlägel für
das Glockenspiel erforderlich (sie müssen auf dem Instrument bereit liegen) *oder* Schlägel mit zwei Köpfen, Vibra-
phonkopf an einem Ende, Glockenspielkopf am anderen.

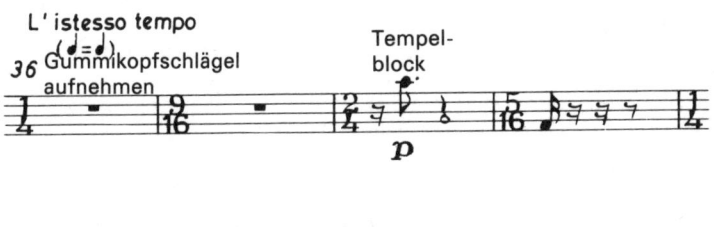

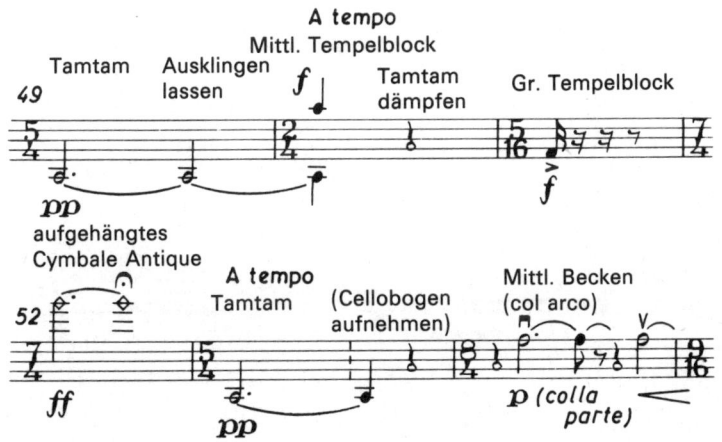

A tempo

55 Ausklingen lassen   Marimbaphon

58   Vibraphon (weiche Schlägel)

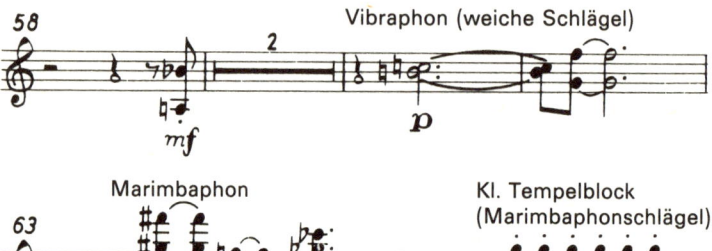

Marimbaphon   Kl. Tempelblock
63   (Marimbaphonschlägel)

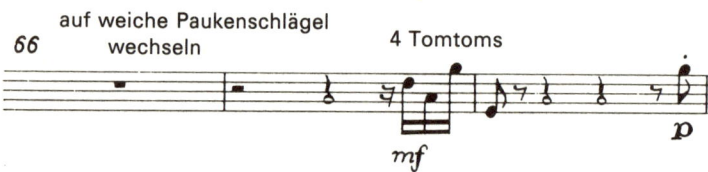

auf weiche Paukenschlägel
66   wechseln   4 Tomtoms

auf Marimbaphonschlägel Kl. Tempelblock
69   wechseln

72   Marimbaphon   (weiche Schlägel)

Glockenspiel
(harte Schlägel)

Vibraphon

Tomtoms

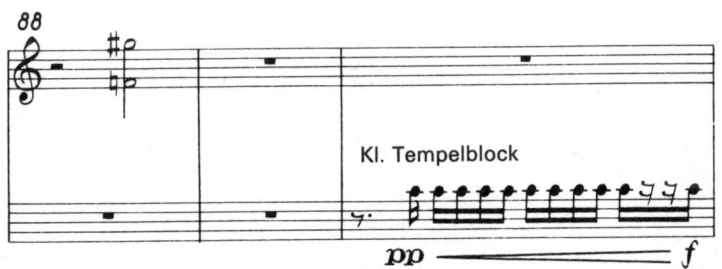

Kl. Tempelblock

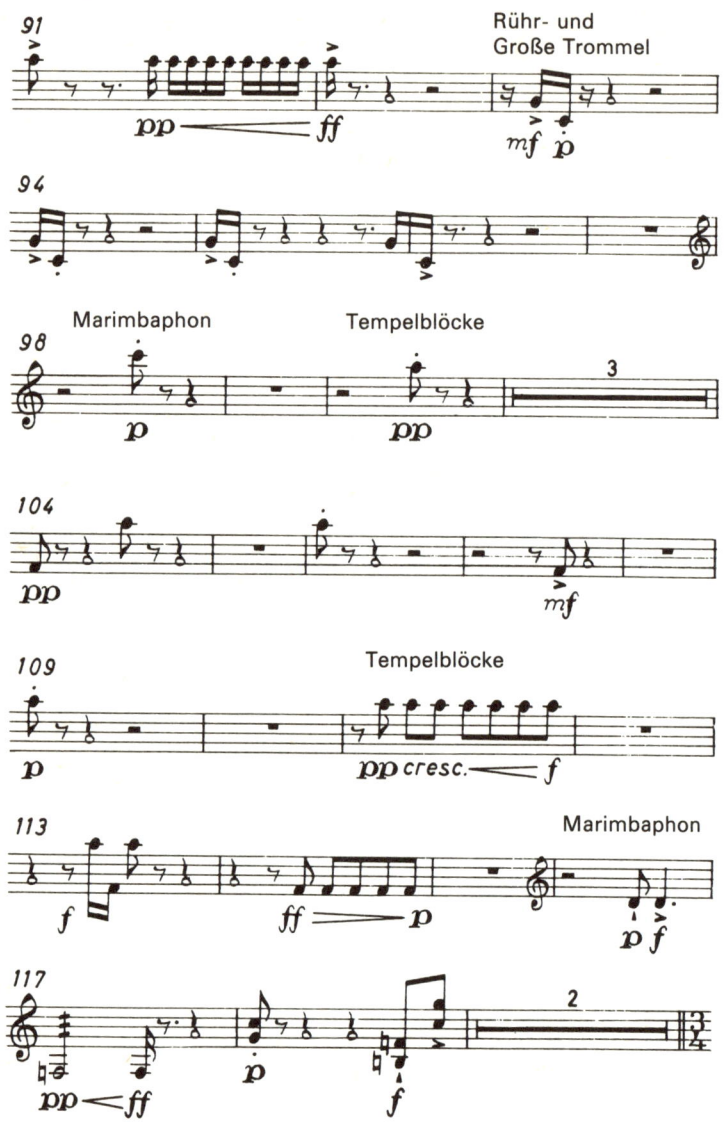

Die Takte 121 – 216. Diese Passage ist einfach bis 143, wo der Spieler, nachdem er das Tamtam geschlagen hat, einen harten Schlägel für das Cymbale Antique in 147 in die linke Hand aufnehmen muß, während er für 145 und 146 einen Vibraphonschlägel in der rechten Hand behält. Ich selber nehme bei 148 *drei* Vibraphonschlägel auf (zwei in die rechte Hand), die ich bei 181 und 186 benutze; aber man kann natürlich auch nur zwei verwenden.

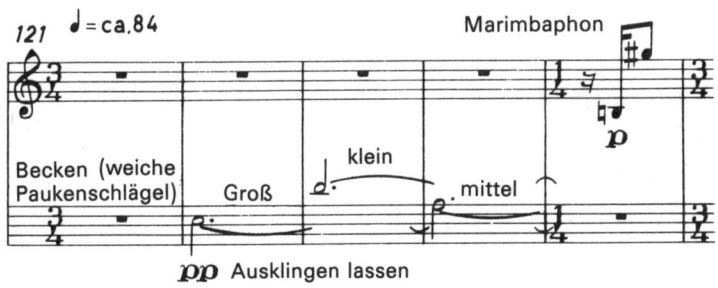

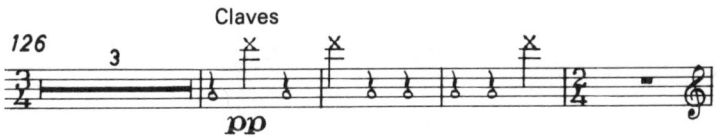

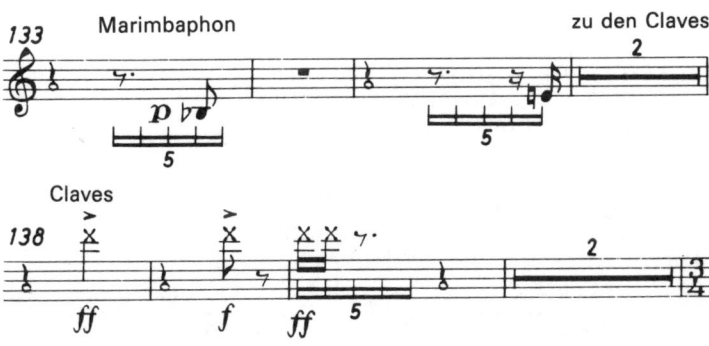

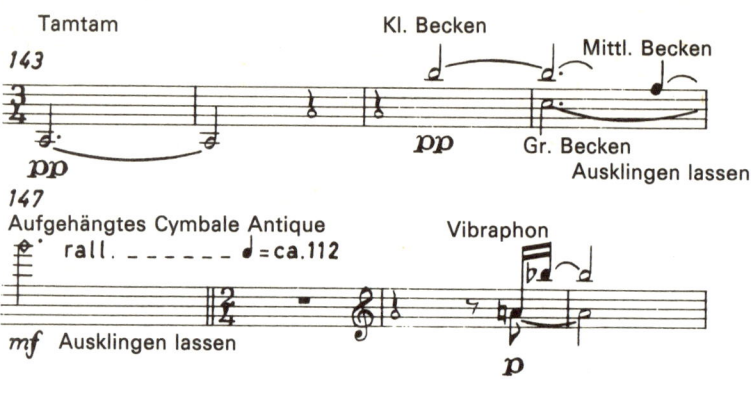

282

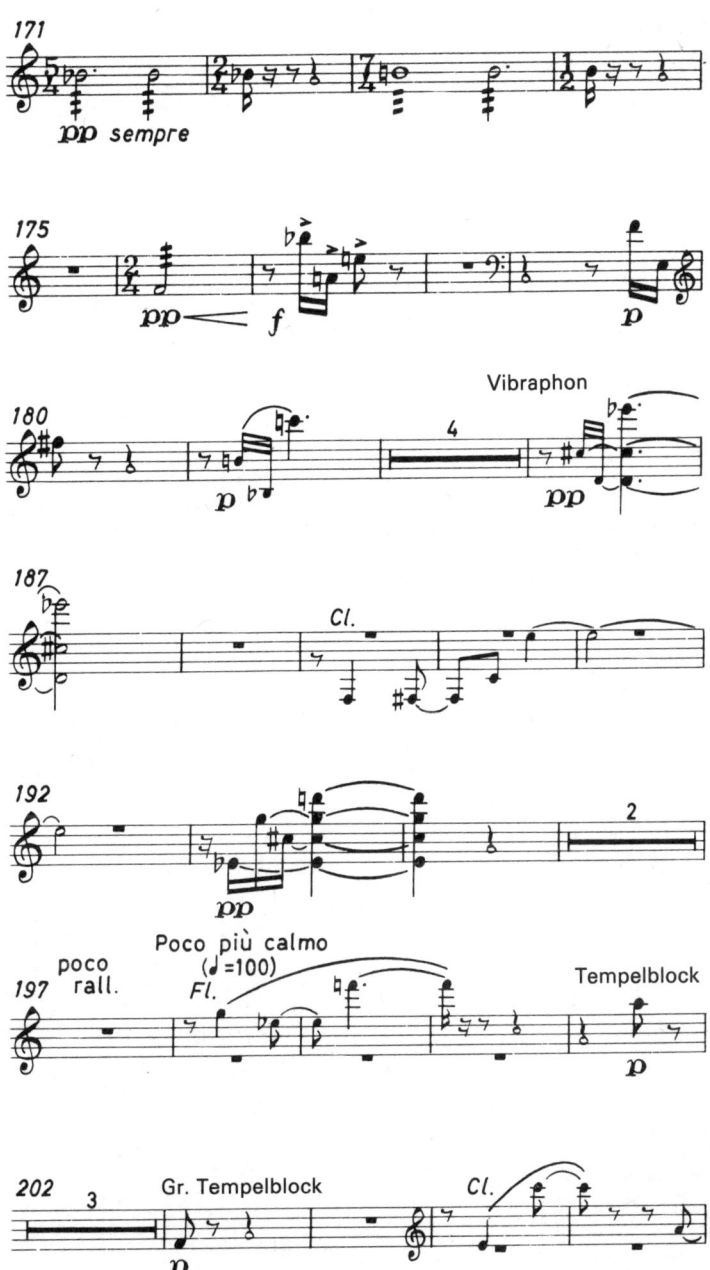

Die nächste Passage, Takt 216 – 302, verursacht Schwierigkeiten. Der Glockenspielakkord mit drei Schlägeln in Takt 236 ist sehr problematisch, da er so bald nach dem Marimbaphon kommt und in 237 vom Vibraphon gefolgt wird. Schlägel mit zwei Köpfen können Abhilfe schaffen; es ist jedoch außerordentlich schwierig, in der zur Verfügung stehenden Zeit die Schlägel umzudrehen, einen dritten aufzunehmen und die Intervalle zu treffen. Es gibt dafür tatsächlich keine einfache Lösung, und wegen des vorgeschriebenen Tempos können nicht alle drei Töne des Glockenspiels angeschlagen werden. Bei Takt 252 findet sich eine ungewöhnliche, aber wirkungsvolle Anweisung für die Maracas. Bei 258 stehen dem Spieler drei Takte zur Verfügung, um die Maracas abzulegen und drei Schlägel für das Marimbaphon in 261 vorzubereiten (alle drei Schlägel werden erst in Takt 269 benötigt, aber dies ist die einzige Gelegenheit, sie bereit zu legen). Die zwei verschiedenen Klatschgeräusche der Hände bei 286 sind ein weiterer origineller »Gerhard-Effekt«, und in dem Takt Pause bei 297 muß ein harter Schlägel für das Cymbale Antique bei 302 in die linke Hand außen genommen werden.

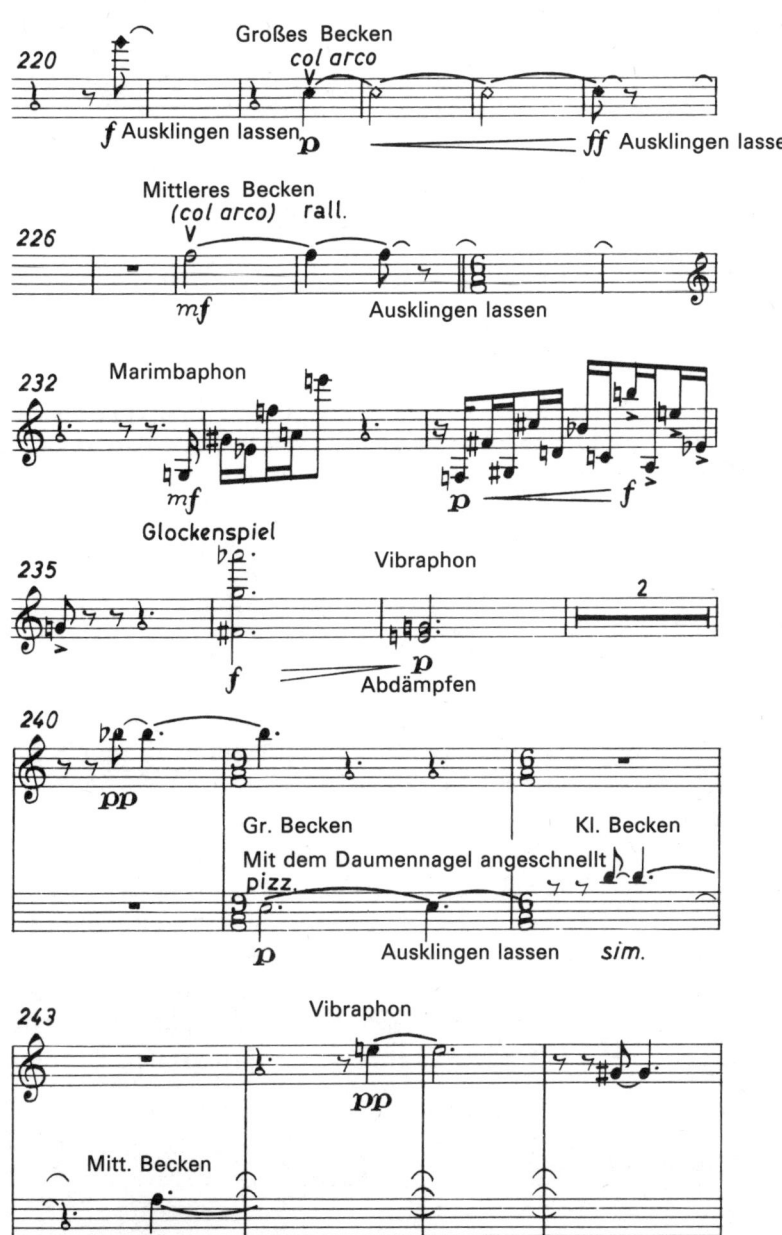

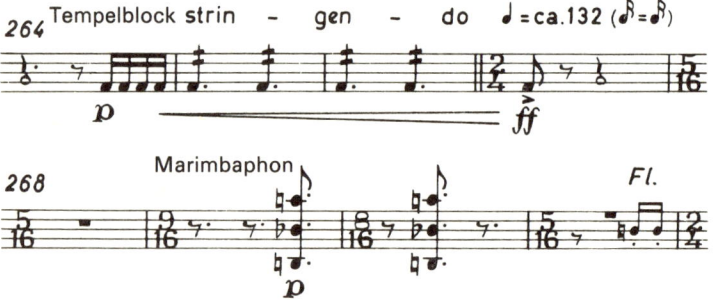

Maracas: eine gegen die andere stoßen mit einer
schwingenden Seitwärtsbewegung

In die Hände klatschen

Frisch

287

strin - gen - do a tempo
Aufgehängtes Cymbale Antique

⊕ β = Mit der gewölbten Handfläche der einen Hand in die
gewölbte Handfläche der anderen klatschen (hohler Klang)

β̄ = Mit den Fingern gegeneinanderklatschen (klapsendes Geräusch)

Das Tempo von Takt 302 bis zum Schluß ist nun entschieden rasch.

Das präzise Erklingenlassen der Marimbaphontöne zwischen Takt 311 und 328 ist sehr heikel, und es folgt eine rasche Bewegung zur großen Trommel mit Tamburin für Takt 331 (ein weiterer, ungewöhnlicher »Gerhard-Effekt«). Bei 338 sind drei Takte, in denen man das Tamburin und die Paukenschlägel ablegen und sich zum Flügel begeben kann. Es empfiehlt sich, von der letzten Seite ab Takt 341 eine Photokopie zu haben und die weichen Paukenschlägel und das Plektrum am Klavier bereitliegen zu haben. Die Angaben des Komponisten für diesen Effekt sind recht klar und gut ausführbar, wie etwa die Glissandi mit dem Plektrum und dem Fingernagel in Takt 359; ein »langer Arm«, um das Tamtam in Takt 361 zu erreichen und einige »freie« Wirbel auf den tiefen Klaviersaiten tragen dazu bei, das Werk zu einem stürmischen Höhepunkt zu führen.

Ein sehr heikles Stück bei der Aufführung, aber sehr amüsant zu spielen und anzuhören.

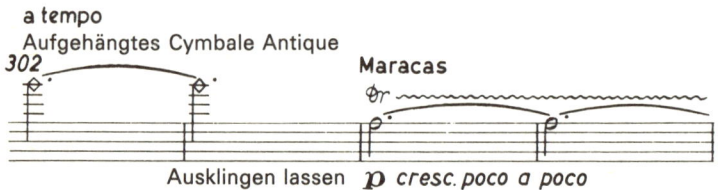

a tempo
Aufgehängtes Cymbale Antique

Maracas

Ausklingen lassen *p cresc. poco a poco*

289

Zum Flügel mit Paukenschlägeln

(1) An der großen Trommel stehend halten Sie das Tamburin in einer Hand und schlagen Sie beide mit dem selben weichen Paukenschlägel.
(2) Stellen Sie sich an das Ende des Flügels und schlagen Sie leicht mit weichen Paukenschlägeln auf die tieferen Saiten, ungefähr (nicht unbedingt genau) wie notiert, der tiefste Ton ist das unterste A des Flügels.

290

355

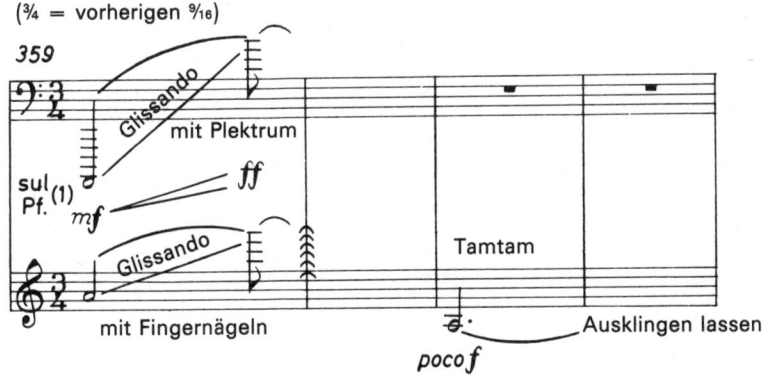

(¾ = vorherigen ⁹⁄₁₆)

359

sul
Pf. (1)
mf

Glissando   mit Plektrum   *ff*

Glissando

mit Fingernägeln

Tamtam

Ausklingen lassen

poco f

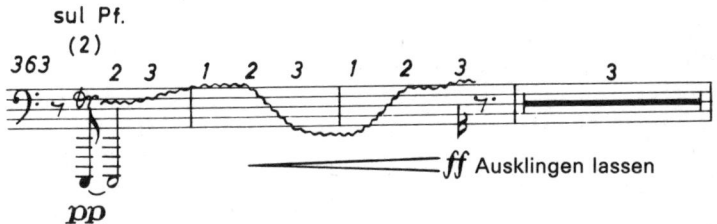

sul Pf.
(2)

363   2 3 1 2 3 1 2 3   3

ff Ausklingen lassen

pp

369

pp cresc. _____ *ff*

(1) Schaben Sie die tiefste Klaviersaite mit dem Plektrum oder mit der breiten
    Seite einer Nagelfeile die ganze Länge entlang, von der Nähe der Dämpfer bis
    zum Ende. Lassen Sie die linke Hand mit den Fingernägeln horizontal über die
    mittleren Saiten gleiten – über den vom Eisenrahmen des Flügels offen gelas-
    senen breitesten Abschnitt.
(2) Wirbeln Sie mit weichen Paukenschlägeln, indem Sie sich aufs Geratewohl
    auf dem tiefsten Bereich der Klaviersaiten bewegen.

Karlheinz Stockhausen: Kontakte

Kontakte, 1960 geschrieben, existiert in zwei Fassungen – als reine elektronische Musik und für elektronische Klänge, Klavier und Schlagzeug. Natürlich soll hier über die zweite Fassung geschrieben werden, die für den Schlagzeuger Schwierigkeiten enthält – völlig andere als die in den Werken von Walton und Gerhard.

Zunächst die notwendigen Instrumente:
Ein vieroktaviges Marimbaphon, von c–c''''
Schlitztrommeln mit bestimmter Tonhöhe

Schlitztrommeln

2 Holzblöcke, möglichst in d' und f'
Bambus-Windglocken
Guiro, auf einem Ständer befestigt
3 Tomtoms mit *einem* Schlagfell, an Stelle von normalen Fellen Sperrholzscheiben
1 Oktave Crotales von c''–c'''
Kleines Tamtam
Aufgehängtes Becken
Hi-Hat
Schellen
4 Kuhglocken in bestimmter Tonhöhe

4 Kuhglocken

3 Tomtoms und ein Bongo
Kleine Trommel

Ein umgedrehtes Bongo, mit einigen Erbsen, die herumrollen, wenn das Bongo geschüttelt wird.

Zusätzlich müssen ein sehr großes Tamtam und ein großer Buckelgong zwischen dem Pianisten und dem Schlagzeuger aufgestellt werden, die von beiden Spielern benutzt werden sollen.

Es wird erwartet, daß der Schlagzeuger für einige Instrumente sorgt, die der Pianist braucht:

Bambus-Windglocken

3 Crotales in gis', fis' und h'

Kuhglocken, f, c, g, d

2 Holzblöcke g und a

Aufgehängtes Becken

Hi-Hat

Schellen

umgedrehtes Bongo mit Erbsen

Es kostet beträchtliche Zeit, alle diese Instrumente aufzustellen, da die Anordnung entscheidend ist. Mit dem Gesicht zur Bühne, befindet sich der Pianist links, das Tamtam und der Gong in der Mitte und der Schlagzeuger rechts. Die Schlagzeuganordnung, die in der Partitur als die von Christoph Caskel verwendete angegeben wird, scheint mir nicht die beste zu sein, da der größte Teil der Ausrüstung nahe dem unteren Ende des Marimbaphons plaziert ist, das natürlich mehr Platz beansprucht als das obere Ende. Ich fand heraus, daß es mir umgekehrt besser paßt, und obwohl es bei weitem keine ideale Lösung ist, habe ich die Instrumente gemäß der Abbildung auf der nächsten Seite aufgestellt.

Kontakte ist außerordentlich schwer zu spielen. Man muß allein mehrere Stunden das Band abhören, um das Werk in etwa kennenzulernen. Die Partitur ist sehr schlecht, da die Schlagzeugstimmen völlig unzureichend – angefüllt mit den gefürchteten Symbolen – gesetzt sind, und man benötigt ein Vergrößerungsglas, um einige Töne lesen zu können. Dazu kommt, daß die Wiedergabe der Bandklänge oft verwirrend und irreführend ist und manchmal sogar völlig falsch.

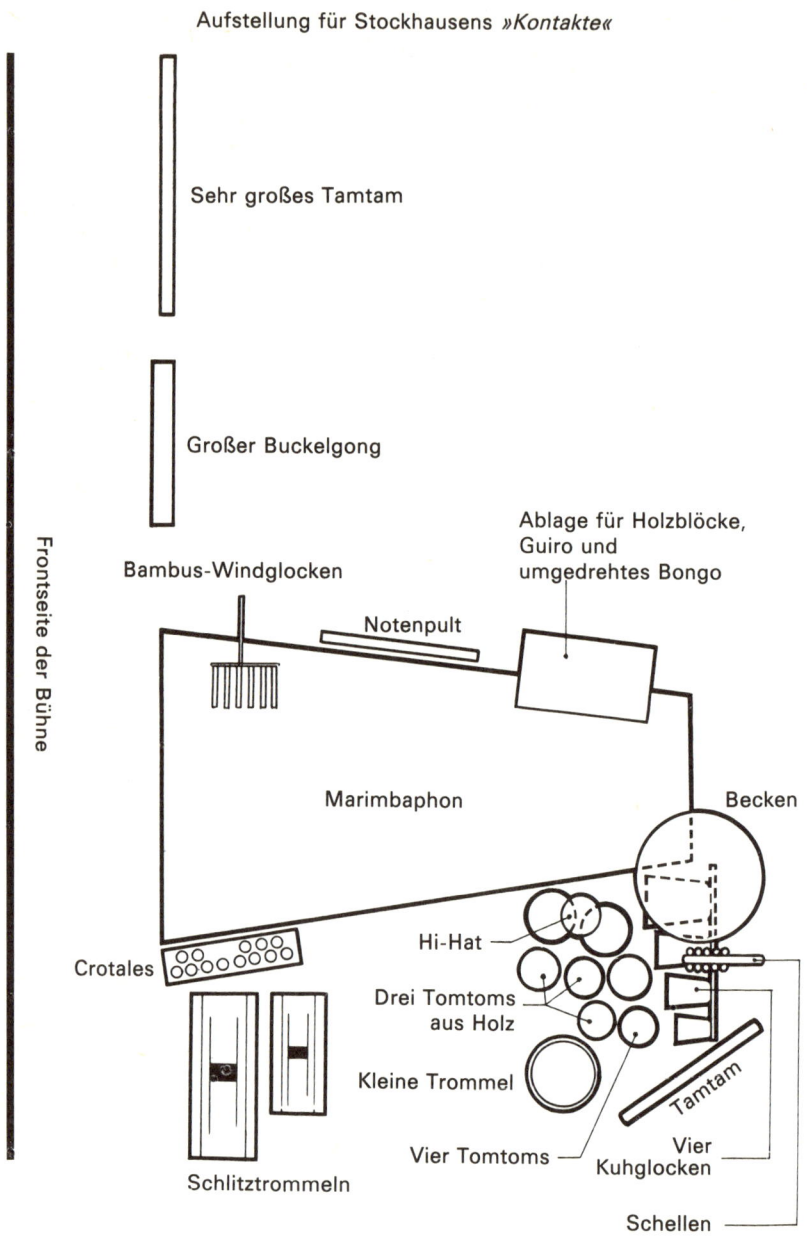

Aufstellung für Stockhausens »*Kontakte*«

Sehr großes Tamtam

Großer Buckelgong

Bambus-Windglocken

Ablage für Holzblöcke, Guiro und umgedrehtes Bongo

Notenpult

Frontseite der Bühne

Marimbaphon

Becken

Crotales

Hi-Hat

Drei Tomtoms aus Holz

Kleine Trommel

Tamtam

Schlitztrommeln

Vier Tomtoms

Vier Kuhglocken

Schellen

294

Symbole für Stockhausens »*Kontakte*«

Der Schlagzeuger muß zuerst die Bedeutung der Symbole in seine Stimme eintragen. In diesem Fall:

[Symbol]	= Haupttamtam	⎫ in der Mitte
[Symbol]	= Hauptgong	⎭ der Bühne
[Symbol]	= Tamtam	
[Symbol]	= Marimbaphon	
[Symbol]	= Schlitztrommel	
[Symbol]	= Tomtoms mit Holzplatten	
[Symbol]	= Guiro	
[Symbol]	= Kuhglocken	
[Symbol]	= Crotales	
[Symbol]	= Hi-Hat	
[Symbol]	= Becken	
[Symbol]	= Schellen	
[Symbol]	= Tomtoms und Bongo	
[Symbol]	= Bongo mit Erbsen	
[Symbol]	= kleine Trommel	

Aus irgendeinem unbekannten Grund sind die zwei Holzblöcke und die Bambus-Windglocken nicht durch ein Symbol dargestellt. Es gibt dagegen einige Extrabezeichnungen für verschiedene Schlägel.

Die fast einzige konventionelle Passage mit einem regelmäßigen Schlag, der mit ♩ = 60 angegeben ist, beträgt 13 Takte; wir stellten jedoch fest, daß der Schlag auf dem Band eher ♩ = 144 war!) Die zwei ersten Partiturseiten (wiedergegeben auf den Seiten 297 und 298) sind relativ einfach.

Der Schlagzeuger muß ein Auge auf die Notenlinie des Bandes, eins auf die des Klaviers, ein Auge auf den Pianisten und eins auf seine eigene Schlagzeuglinie halten! Auch im weiteren Verlauf des Stückes sind die zeitlichen Abstimmungen entscheidend, und die kleinen Zahlen unter der dicken schwarzen Linie unterhalb des Tonbandes geben die Dauer jedes bezeichneten Abschnittes in Sekunden wieder.

Der erste gemeinsame Einsatz von Klavier, Tamtam und Tonband ist nach ungefähr acht Sekunden. Dieser und viele andere Einsätze *müssen* mit dem Pianisten gemeinsam begonnen werden, und es ist ratsam, sie in der Stimme zu bezeichnen und durch ein Nicken des Pianisten das Ensemble zu unterstützen. Der Schlagzeugeinsatz bei 15,7 muß enden, wenn das Tonband die vier Abwärtsrülpser beginnt. Bei 46,4 antworten die Schlitztrommel und dann Tomtom, Schlitztrommel und Kuhglocke den Tonbandklängen. Die Holztrommel muß präzise am Ende der abwärtsgehenden Zickzackklänge des Tonbandes kommen.

Einiges vom Tonbandklang ist leicht erkennbar, einiges ist äußerst unklar, und manchmal ist es auch schwierig, zwischen Band und Klavier zu unterscheiden. Bei 1'28,3 verdünnt sich der Tonbandklang beträchtlich, durch eine einzelne horizontale Linie dargestellt, damit die Crotales in dis″ und a″ gespielt werden können.

Auf Seite 299 ist die anfangs erwähnte Passage, die mit ♩ = 60 bezeichnet ist.

Das Schlagzeug und das Klavier haben hier die gleiche rhythmische Passage, die sich mit dem Tonband abwechseln soll. An sich sollte das recht einfach sein, aber das Tonband ist alles andere als klar, so ist diese Passage sehr heikel – dazu kommt die Tatsache, daß das Tempo eher ♩ = 144 ist.

Nr.12 Kontakte

Karlheinz Stockhausen
Seite 1

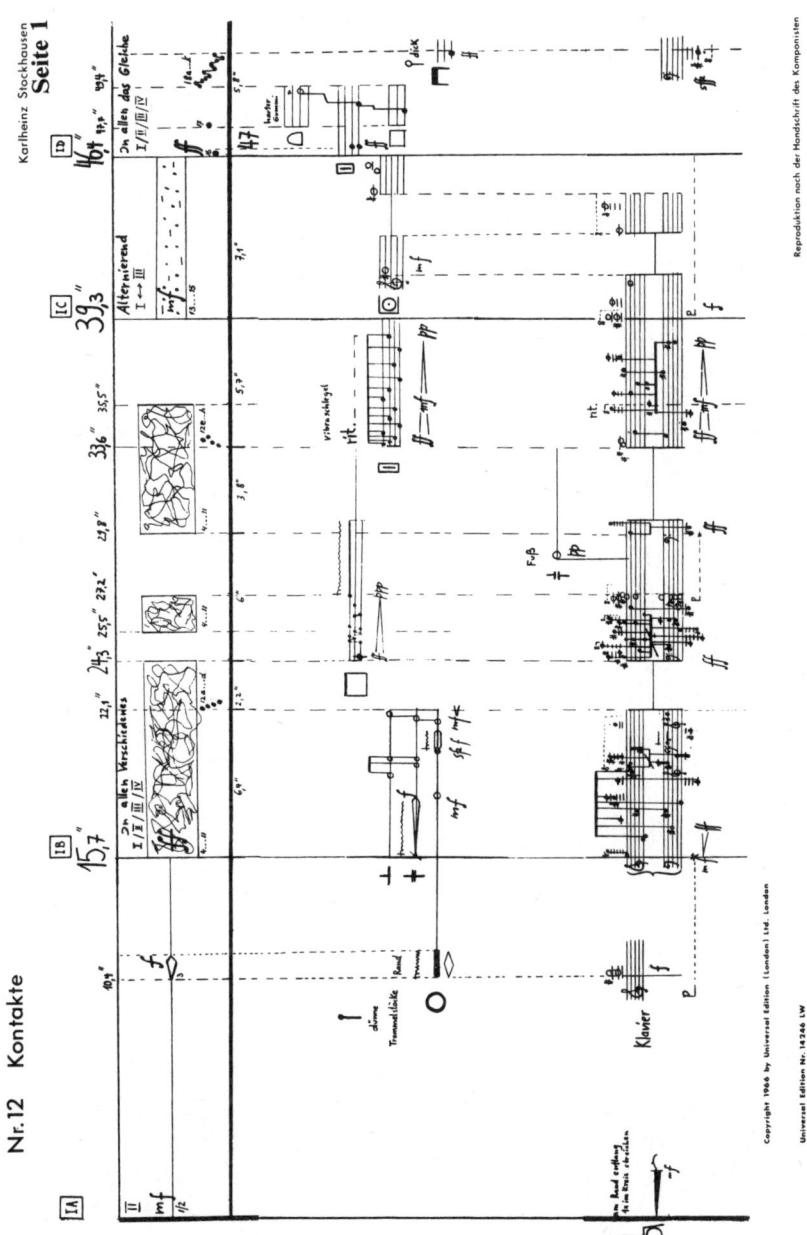

2

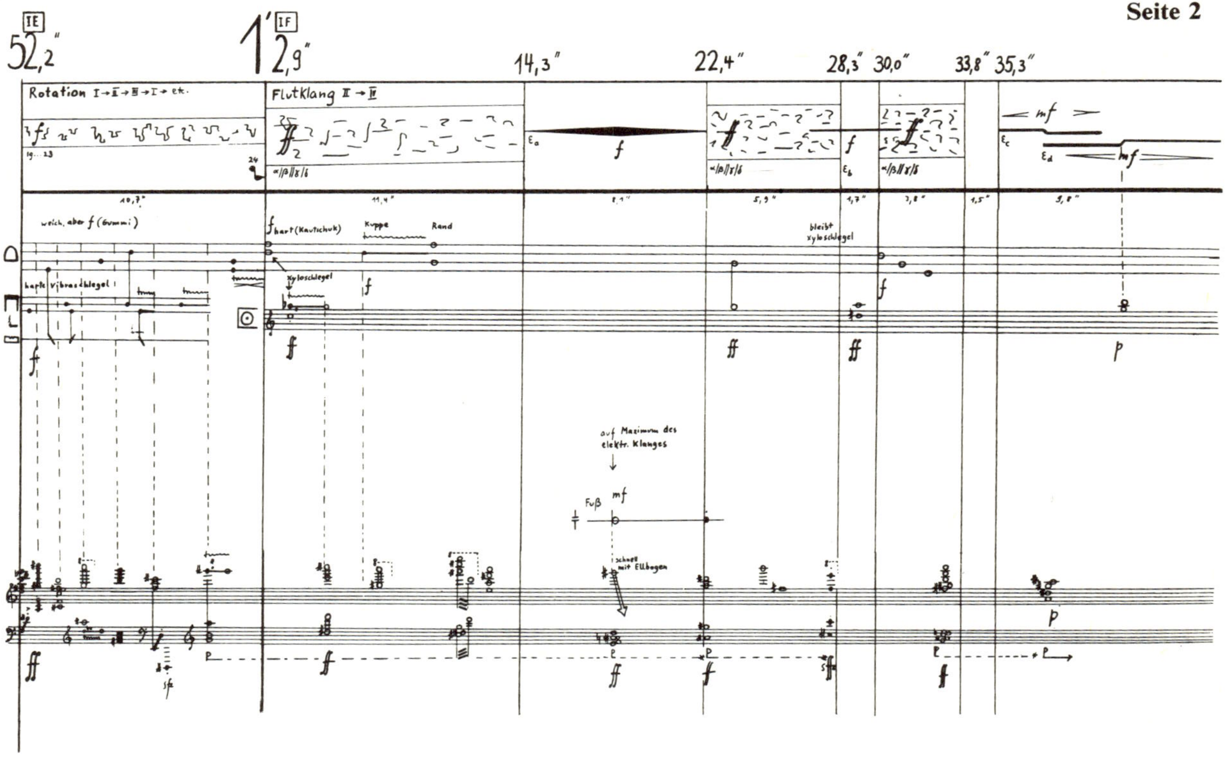

IE
52,2"
1' IF
2,9"
14,3"
22,4"
28,3"
30,0"
33,8"
35,3"
Rotation I→II→III→I→ etc.
Flutklang II→IV
weich, aber f (Gummi)
harte Vibraschlegel
hart (Kautschuk)
Xyloschlegel
Kuppe
Rand
bleibt Xyloschlegel
auf Maximum des elektr. Klanges
Fuß
schnell mit Ellbogen

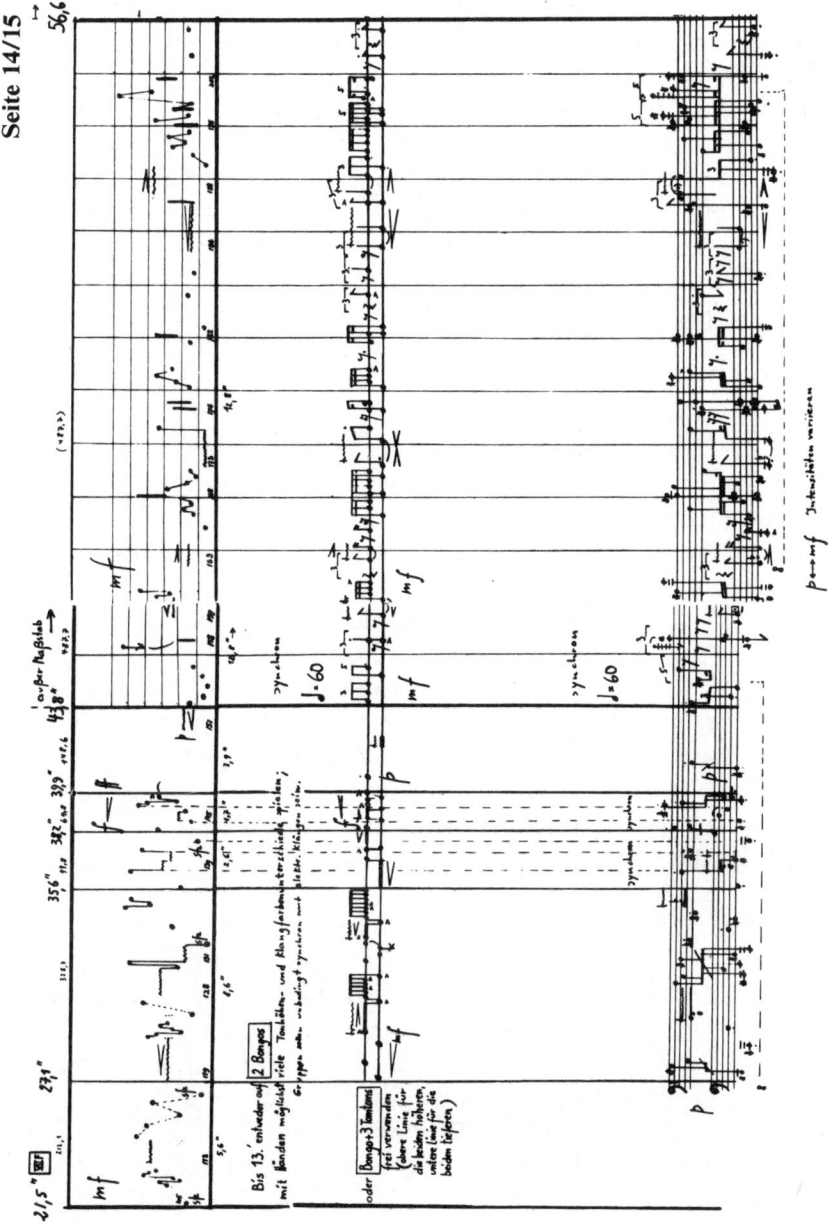

Seite 14/15

299

Endlich (auf der gegenüberliegenden Seite) gibt es keine Klavierstimme mehr, mit der man übereinstimmen muß, und nur noch ein Schlaginstrument, das Marimbaphon.

Viele Probleme sind von anderen jedoch nur verdrängt worden! Ich möchte den Spieler sehen, der ohne weiteres die Stimme des Marimbaphons lesen kann, wenn sich zwischen ihm und den Noten ein vieroktaviges Marimbaphon befindet. Es ist nicht möglich, die Marimbaphonstimme umzuschreiben, ohne auch die Tonbandzeile mit einzubeziehen, die, gelinde gesagt, kompliziert ist. Das Erklingenlassen der Marimbaphontöne muß mit dem Tonbandklang abgestimmt werden; entscheidend ist aber, daß der Rhythmus bei 14'57,4 präzise übereinstimmen muß.

Bei 15'2,6 ist in den 6,5 Sekunden mehr Zeit, als man denkt. Es ist äußerst schwierig, diese Passage abzumessen – mir persönlich wäre es unmöglich, diesen Abschnitt auswendig zu lernen, und natürlich ist es im Grunde sogar unmöglich, ihn zu lesen.

In der Mitte des Werkes passiert wenig, und bei 23'3,9 ist eine Passage, bei der sich schließlich beide Spieler in der Mitte des Podiums befinden und Tamtam und Gong spielen! Das erreicht einen ohrenbetäubenden Höhepunkt; das Tonvolumen übertönt sogar manchmal das Tonband, und die Spieler müssen gewissenhaft innerlich die Sekunden weiter zählen bis zum nächsten wahrnehmbaren Klang.

Der letzte Teil des Werkes enthält auch einige der schwierigsten Abschnitte.

Bei 26'62,8 (sic!) auf Seite 302 ist das Tonband unproblematisch, da es nur ein langes Diminuendo enthält. Die Schlagzeugpartie ist jedoch über vier Linien geschrieben, für Marimbaphon, Kuhglocken, Schlitztrommeln und Holztrommeln, und ist außerordentlich schwierig; zudem muß das Schlagzeug mit dem Klavier übereinstimmen.

Man könnte den Versuch, Seite 303 zu bewältigen, vergleichen mit einem Versuch, seinen Weg durch ein Minenfeld zu finden!

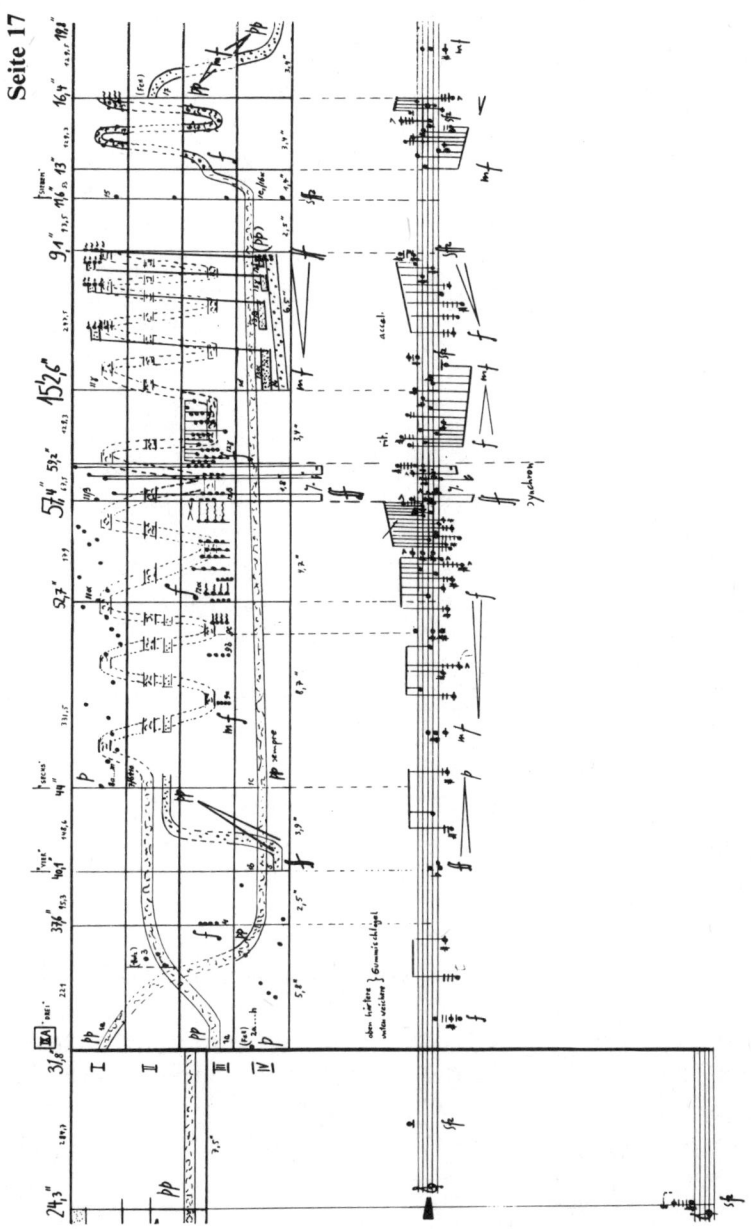

301

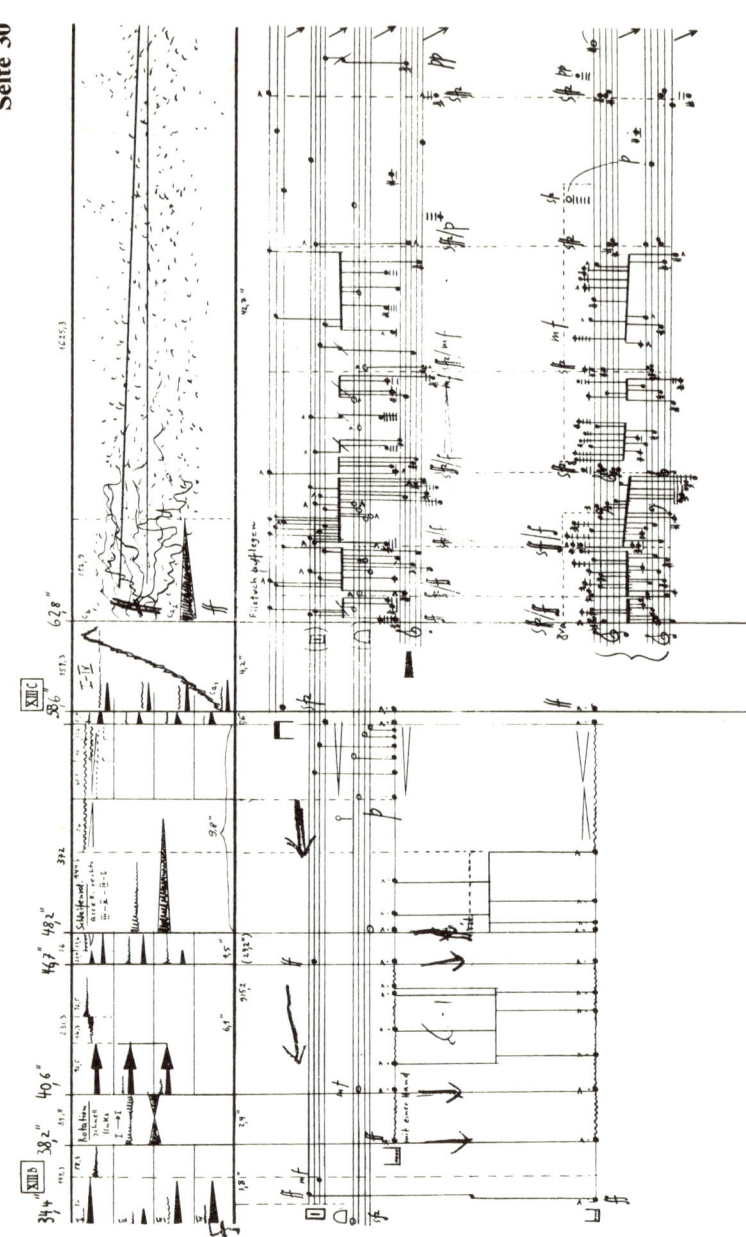

Seite 36

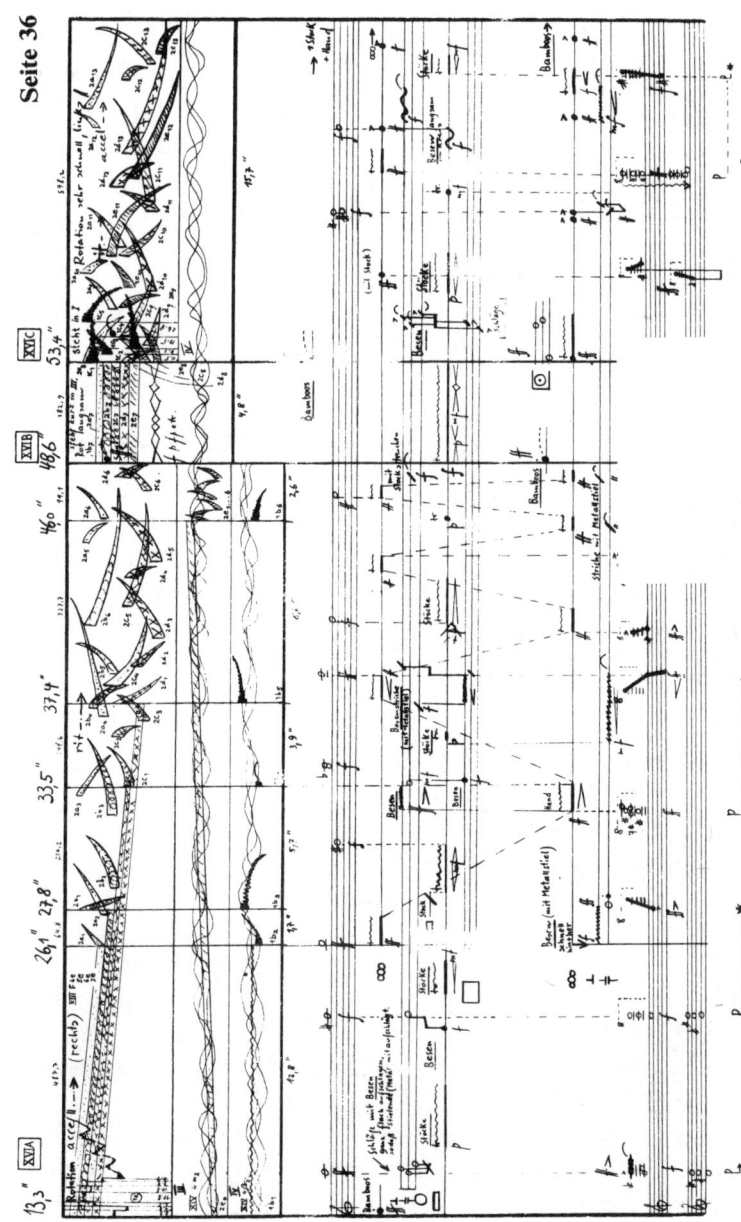

303

In sehr rascher Folge bewegt sich der Spieler zwischen Windglocken, Crotales, Becken, Hi-Hat, Tamtam, kleiner Trommel, Schellen, Guiro und Tomtoms mit Besen und Metallschlägel, die zusätzlich zu den traditionellen Schlägeln benötigt werden. Zu gleicher Zeit ist Synchronizität mit Tonband und Klavier wichtig, und dieser Schlußteil des Werkes, der bei 31'45,4 beginnt und bis zum Ende bei 34'31,8 dauert, gehört mit zum Schwierigsten.

Zusammenfassend kann man sagen, daß *Kontakte* extrem schwierig mit Genauigkeit aufzuführen ist, und die Probleme für die Spieler werden durch die Art, wie die Schlagzeugstimme zu Papier gebracht wurde, enorm erschwert. Ferner würde es sehr problematisch sein, die Schlagzeugstimme leserlich neu zu schreiben, da man daran denken muß, daß sie mit dem Tonband und dem Klavier übereinstimmen muß. Ich besitze eine Aufnahme von Aloys Kontarsky, Klavier und Schlagzeug, und Christoph Caskel, Schlagzeug, Stockhausen selber als Leiter. Sie scheint sehr genau zu sein, aber ich kann mir nicht vorstellen, daß sie die von der Universal Edition herausgegebene Partitur benutzt haben.

Das Schlagzeugensemble

Eine andere Folge der Entwicklung des Schlagzeuges ist das Schlagzeugensemble, sowohl in der ernsten wie auch in der Unterhaltungsmusik. Die Idee stammte, so glaube ich, aus den USA und verbreitete sich rasch. In England haben wir das London Percussion Ensemble; die bekanntesten sind jedoch Les Percussions de Strasbourg. Obwohl ihre sechs Spieler Mitglieder des Orchesters in Straßburg sind, werden die Orchesterprogramme so vereinbart, daß ihnen als Gruppe ein Maximum an Bewegungsfreiheit gelassen wird.

Hier muß ich nun etwas bekennen: Obwohl ich ein leidenschaftlicher Schlagzeuger bin und viel »in Sachen Schlagzeug« gearbeitet und auch geholfen habe, das London Percussion Ensemble zu gründen, bin ich doch der Ansicht, daß ein Nur-Schlagzeugprogramm ohne »Belebung« durch ein anderes Instrument oder die menschliche Stimme etwas wie eine »kleine Katastrophe« sein kann. Blasphemie? Vielleicht – reine Schlagzeugprogramme mögen für die beteiligten Spieler schön sein; aber wie steht es mit dem Publikum? Ununterbrochenes Schlagzeug während eines ganzen Konzertes führt meiner Ansicht nach zu einem recht langweiligen, uninteressanten Programm. Ferner – verhältnismäßig wenige Komponisten schreiben wirklich effektvoll für Schlagzeug, und obwohl viele Werke speziell für die Straßburger Gruppe geschrieben wurden, kann nur ein ziemlich kleiner Teil davon durch die eigene musikalische Qualität bestehen – zu viele verlassen sich auf Tricks und/oder Phonstärke.

Die Bearbeitung z.B. von Varèses *Ionisation* (die dreizehn Spieler benötigt) für sechs Spieler ist nach meiner Ansicht völlig unmöglich. Alle professionellen Schlagzeuger sind gewohnt, mehrere Partien gleichzeitig zu spielen, aber im Fall der *Ionisation* ist es ein Ding der Unmöglichkeit, daß sechs noch so gute Spieler hinreichend das Spiel von dreizehn übernehmen können – es ist physisch unmöglich. Ich glaube, es gibt einen französischen Schlagzeuger, der *beide* Partien von Bartóks Sonate spielt – oder ich sollte vielleicht sagen, »an« ihnen spielt; das ist sogar noch spaßiger als der Varèse und hat genausoviel Sinn, wie wenn ein Pianist es mit beiden Klavierstimmen aufnähme.

So wird nach meiner Ansicht (und meinem Ohr) ein Schlagzeugensemble mit größerem Effekt eingesetzt, wenn es etwa mit einer Blechbläsergruppe zusammengespannt wird, oder wenn einige Werke Gesang oder andere Instrumente miteinschließen. Weitere Nachteile sind die sehr hohen Kosten für den Transport einer großen Schlagzeugausrüstung und die unvermeidlichen langen Unterbrechungen zwischen den Werken, während die Instrumente umgestellt werden.

Nach allem Gesagten ist das Schlagzeugensemble sicherlich eine sehr wichtige Erscheinung und pädagogisch von großem Wert, weil sie einer Gruppe hilft, aufeinander zu hören und als eine fest zusammenhängende Einheit spielen zu lernen. Auf dem Gebiet der Unterhaltungsmusik ist die Ausnutzung der Möglichkeiten viel größer gewesen, und Ensembles wie das von Dick Schory in den USA müssen das Interesse für Schlagzeug sehr gesteigert haben.

In den frühen Werken für Schlagzeugensemble wie der *Toccata für Schlagzeug* von Chavez liegt der Hauptakzent gewöhnlich auf dem rhythmischen Bereich; von den Melodieinstrumenten wurde wenig Gebrauch gemacht. Im Gegensatz dazu verwendet *Chant Après Chant* von Barraque, das ein Sopransolo und Klavier zu den sechs Schlagzeugern hinzufügt, möglichst viele Instrumente, obwohl – wie ich meine – ohne großen Effekt. Der erste Spieler braucht z.B.:

Guiro	Glockenspiel
2 Congas	5 Pauken
2 aufgehängte Becken	4 Gongs mit bestimmter
Tamburin	Tonhöhe
Marimbaphon (fünfoktavig)	2 Holzblöcke
Tamtam	Maracas
2 Oktaven Crotales	Tabla

Eine rasche Überprüfung der Liste zeigt, daß einige dieser Instrumente recht groß sind – tatsächlich hätte ein achtarmiger Tintenfisch mit solch einer Schlagzeugstimme eine bessere Chance!

Schlagzeug, ob im Ensemble oder im Orchester, ist viel wirkungsvoller, wenn den Spielern die Chance geboten wird, die richtigen Klänge mit den richtigen Schlägeln hervorzubringen, kurz – die Spieler sind dankbar, wenn die Komponisten ihnen die Gelegenheit geben, mit Schlagzeug *Musik* zu machen.

Nachwort

Wie ich schon in meiner Einleitung sagte, entwickelt sich das Schlagzeug sehr schnell weiter. Aus diesem Grunde bin ich dem Verleger der deutschen Ausgabe dankbar für die Möglichkeit, ein Nachwort zu schreiben und einige der Veränderungen aufzuzeigen, die in den letzten sechs bis sieben Jahren, seit ich das Buch geschrieben habe, stattgefunden haben.

Auf den Seiten 213–216 beschreibe ich den Gebrauch von vier Schlägeln in einer konventionellen Haltung, um die Ausführung einiger besonders schwieriger Passagen zu erleichtern. In den USA wurden nun ganz andere Schlägelhaltungen entwickelt: die Burton-Haltung – nach Gary Burton, dem virtuosen Jazzvibraphonspieler, die Musser-Haltung und Haltungen, die einen Kompromiß von beiden darstellen.

Diese Schlägelhaltungen sind sich alle ähnlich, sie wurden für die in den USA so populären Marimba-Ensembles – und von Gary Burton für das Jazzvibraphon – entwickelt. Die konventionelle Vierschlägelhaltung bedeutet, daß zwei Schlägel in jeder Hand gegeneinandergedrückt werden (Seite 213). Um das jeweilige Intervall zu treffen, wird der Winkel zwischen Daumen und Zeigefinger entsprechend geändert. Das ist bei kleinen Intervallen schwierig, wie bei c″ und es″ zum Beispiel, bei denen außerdem auch das Handgelenk gedreht wird.

Bei den neuen Haltungen werden längere Schlägel benutzt, als es bisher üblich war. Bei der Musser-Haltung wird ein Schlägel zwischen dem zweiten und dritten Finger gehalten und der andere zwischen Daumen und Zeigefinger. Dabei werden ganz andere Muskeln beansprucht, große und kleine Intervalle sind leichter zu spielen, das Handgelenk muß nicht gedreht werden, und es sind sogar Triller möglich zwischen zwei Schlägeln in derselben Hand. Von großem Nachteil ist jedoch, daß die Verlängerung der Schlägel das Gleichgewicht stört und daß das Tonvolumen eher vom Gewicht des Schlägelkopfes als vom Handgelenk bestimmt wird.

Wenn auch diese Technik für Solisten und Marimba-Ensembles sehr gut sein mag, so finde ich sie für das Spiel im Orchester weniger vorteilhaft, denn die Kraft, die im Orchester häufig verlangt wird, fehlt ihr mit Sicherheit. Selbst überzeugte Anhänger der neuen Schlägelhaltung geben die Nachteile zu, und welche Haltung man auch wählt, sie haben alle Vor- und Nachteile. Ich weiß, daß viele Schüler heutzutage mit der Musser-Haltung beginnen, doch vielleicht werden die Schüler der nächsten Generation beide Techniken gleichermaßen beherrschen.

Bei den Schlaginstrumenten haben sich die bewährten weiterentwickelt, doch sind natürlich auch neue Ideen aufgetaucht. Die Ludwig Drum Co. wurde von Selmer übernommen, wird jedoch weiterhin von William F. Ludwig jun. geleitet. Ihr Angebot ist stark reduziert. Kolberg Percussion GmbH (BRD) und Latin Percussion (USA) hingegen haben sehr expandiert.

Pauken

Die Originalfirma in Dresden (DDR), eine holländische Firma mit dem Markenzeichen Big Sound und Yamaha in Japan stellen jetzt neue Sätze und Modelle von Pauken her. Ich hatte noch keine Gelegenheit, diese unter guten Bedingungen zu spielen (das heißt, ohne daß 150 kleine Trommeln mitschwingen!), und sage deshalb nur, daß sie alle qualitativ sehr gut zu sein scheinen und der Beachtung wert sind.

Agogo-Glocken

Dieses lateinamerikanische Schlaginstrument klingt ähnlich

wie zwei hochgestimmte Kuhglocken. Zwei konisch geformte Glocken sind miteinander durch einen U-förmig gebogenen Metallstab verbunden. Es gibt auch afrikanische Agogo-Glocken, die den lateinamerikanischen ähnlich, aber viel tiefer gestimmt sind. Dann gibt es noch Agogos aus Holz mit einer gerillten Oberfläche, so daß ein zusätzlicher Guiro-Klangeffekt entsteht.

Plattenglocken (Seite 77)
Bei Kolberg (BRD) gibt es jetzt einen fünfoktavigen Satz von C–c″ ‴.

Boobams (Seite 84)
Sie werden jetzt auch bei Kolberg in dreioktavigen Sätzen von C–c″ hergestellt.

Congas (Seite 100)
Sie werden jetzt oft in Sätzen von drei Congas gespielt. Die kleine, Quinto, hat einen Durchmesser von etwa 11 Zoll (= 28 cm), die mittlere, Conga, von 12 Zoll (= 30 cm) und die große, Tumbadora, von etwa 13 Zoll (= 32 cm). Aber es werden auch andere Größen für höhere oder tiefere Tonlagen ausprobiert.

Flexaton (Seite 116)
Jetzt gibt es dieses Instrument in verschiedenen Ausmaßen. Der Tonumfang des jeweiligen Instrumentes entspricht selbstverständlich seiner Größe.

Guiro (Seite 120)
Heutzutage ist eine große Auswahl erhältlich, besonders bei Latin Percussion. Es gibt auch Guiros aus Metall, Guiros mit verschiedenartigen Oberflächen, die große Klangvarianten ermöglichen, und Guiros, die Schrot oder ähnliches enthalten und deshalb auch wie ein »Shaker« geschüttelt werden können.

Japanische Tempelglocken (Seite 123)
Sie sind jetzt in großer Auswahl und in verschiedenen Ausführungen erhältlich, besonders bei Kolberg (BRD) und Carroll Sound Inc. (USA).

Timbales (Seite 177)
Es gibt nun auch Timbolitos, eine »Piccolo«-Version mit Felldurchmesser von etwa 23,5 und 26 cm.

Vibraslap (siehe Schlagrassel auf Seite 124)
Es gibt zwei Größen bei Latin Percussion, außerdem ein Modell mit austauschbaren Resonanzkästchen, die eine noch größere Vielfalt an Klangfarben ermöglichen.

Marimbaphon (Seite 198)
Jetzt gibt es ein Baßmarimbaphon bei Bergerault (Frankreich). Es sollte noch darauf hingewiesen werden, daß die Schlägel, die für die tiefen Töne verwendet werden, für die obere Hälfte des Instrumentes nutzlos sind. Das heißt, daß die Baßtöne mehr oder weniger für sich stehen müssen oder von einem besonderen Spieler gespielt werden.

Das Ergebnis der Entwicklung in den letzten zwanzig Jahren bietet dem Schlagzeuger und Komponisten eine unvorstellbare Vielfalt ohne Ende an Klängen, aus der sie ihre Auswahl treffen können. Die etwa hundert Instrumente, die in diesem Buch aufgeführt sind, sind nur die bekanntesten, und es gibt keine Anzeichen dafür, daß die Ausweitung und Weiterentwicklung der Schlaginstrumente aufhört.

Sommer 1983

James Holland

310

Anhang

An Komponisten

1. Benutzen Sie keine Symbole. Es gibt kein anerkanntes System. Schlagzeuger hassen sie, und es ist auf jeden Fall genausowenig zeitraubend »Vibr.« wie ⟿ oder Kl. Tr. wie ⟍ zu schreiben.
2. Denken Sie daran, daß es Zeit kostet, die Schlägel zu wechseln, sich fortzubewegen und die Pauken nachzustimmen.
3. Einige Schlaginstrumente beanspruchen erheblichen Raum, und dem Spieler sind Grenzen gesetzt – er mag noch so behende sein.
4. Falls Zweifel auftreten, zögern Sie nicht, sich von einem professionellen Spieler Rat zu holen.
5. Die Verfügbarkeit bestimmter Instrumente variiert von Stadt zu Stadt und von Land zu Land.

An Verleger

1. Bedenken Sie, daß Schlagzeugstimmen häufig von größerer Distanz aus gelesen werden müssen.
2. Man braucht Zeit und eine Hand, um eine Seite umzuwenden.
3. Beim Drucken einer Schlagzeugpartitur müssen die einzelnen Instrumente leicht erkennbar sein und die Reihenfolge der Notenlinien für die Instrumente konstant bleiben.
4. Sollte die Schlagzeugpartitur sehr kompliziert sein, dann ziehen Sie einen kompetenten Spieler zu Rate, der den besten Weg finden soll, mit den Problemen fertig zu werden; eine Photokopie der Partitur des Komponisten ist oft für die Spieler völlig unleserlich.

Literaturhinweise

Da die Welt des Schlagzeuges sich sehr verändert hat, scheinen einige dieser Bücher nun etwas veraltet zu sein. Trotzdem behalten sie ihre Bedeutung, weil sie die geschichtliche Entwicklung und den Hintergrund unserer heutigen Instrumente aufzeigen.

Arbeau *Orchesography.* Verlag *Dover Publications,* New York.

Gerassimos Avgerinos *Handbuch der Schlag- und Effektinstrumente.* Ein Wegweiser für die Komponisten, Dirigenten, Musiker und Instrumentenbauer. Fachbuchreihe *Das Musikinstrument* Band 19. 1967 im Verlag *Das Musikinstrument,* Frankfurt a. M.

Gerassimos Avgerinos *Lexikon der Pauke.* Technologie, Spielweisen und Schlagmanieren aus Vergangenheit und Gegenwart. Vorwort Dr. Alfred Berner. Fachbuchreihe *Das Musikinstrument* Band 12, 1964 im Verlag *Das Musikinstrument,* Frankfurt a. M.

James Blades *Orchestral Percussion Technique.* Verlag O. U. P.

James Blades *Percussion Instruments and their History.* 2. Auflage 1975 revidiert. Auslieferung in der BRD *Bärenreiter Verlag,* Kassel.

Bonnani *Antique Musical Instruments and their Players,* Verlag *Dover Press.*

Eugen Giannini *Platzkonzert – Marschmusik.* Ein Nachschlagewerk über alle Probleme der Blasmusik und der Schlagzeuge. 3893 Zeichnungen. 1978 im Verlag *Eugen Giannini.*

Fred D. Hinger *Technique for the Virtuoso Timpanist,* erschienen bei *Hinger Touch-Tone Corp.*

Siegfried Hofmann *Das große Buch für Schlagzeug und Per-*

cussion. Techniken, aktuelle Rhythmen für Schlagzeug und alle anderen Percussionsinstrumente. 1981 im *Voggenreiter* Verlag, Bonn.

Dr. J. Howard *Drums in the Americas,* im *Oak* Verlag.

K. G. Izikowitz *Musical Instruments of the South American Indians.* Verlag S. R. P.

Friedrich Jakob *Das Schlagzeug.* 1979 in der Reihe *Unsere Musikinstrumente* Band 8, *Hallwag* Verlag, Bern.

P. R. Kirby *Musical Instruments of the Native Races of South Africa.* Verlag *Witwatersrand University Press.*

P. R. Kirby *The Kettledrums.* Verlag *O. U. P.*

Wlodzimierz Kotonski *Schlaginstrumente im modernen Orchester.* 1968 im Verlag *B. Schott's Söhne,* Mainz.

Hans Kunitz *Schlaginstrumente.* 1963 im Verlag VEB Breitkopf & Härtel, Leipzig.

B. S. Mason *Drums, Tomtoms and Rattles.* Verlag *Dover Publications,* New York.

Jeremy Montagu *Geschichte der Musikinstrumente im Mittelalter und Renaissance.* 1981 im *Herder* Verlag, Freiburg.

Jeremy Montagu *Geschichte der Musikinstrumente im Barock und Klassik.* 1982 im *Herder* Verlag, Freiburg.

Harry Partch *Genesis of Music, University of Wisconsin Press.*

Karl Peinkofer – Fritz Tannigel *Handbuch des Schlagzeugs.* Praxis und Technik. 2. Auflage erweitert 1981 im Verlag *B. Schott's Söhne,* Mainz.

Gordon Peters *The Drummer: Man, a Treatise on Percussion.* Verlag Kemper-Peters Publications.

Gyula Racs *Handbuch der Schlagzeugpraxis.* 1982 im Verlag *Heinrichshofen,* Wilhelmshaven.

R. Smith – Brindle *Contemporary Percussion.* Verlag O. U.P.

Emil Teuchert/Erhard W. Haupt *Musik – Instrumentenkunde in Wort und Bild.* 1979 im *Bärenreiter* Verlag, Kassel.

Herbert Tobischek *Die Pauke.* Ihre spiel- und bautechnische Entwicklung in der Neuzeit. 1977 in der Reihe *Wiener Veröffentlichungen zur Musik* im *Hans Schneider Verlag.*

C. L. White *Drums through the Ages.* 1960 Los Angeles.

Diskographie

Diese Liste enthält alle im Buch genannten Werke, von denen Schallplatten in der Ausgabe 1 – 1983 des Bielefelder Kataloges aufgeführt sind. Wenn die Aufzählung auch keinen Anspruch auf Vollständigkeit erhebt, so sind die hier genannten Schallplatten zum Zeitpunkt der Drucklegung lieferbar. Dem Leser soll so eine Übersicht gegeben werden, die es ihm erleichtert, seine Auswahl zu treffen.

Bela Bartók

Herzog Blaubarts Burg op. 11 Sz 48	Boulez/Troyanos, Nimsgern/BBC Symph. Orch.	CBS 79 338
	Ferencsik/Kasza, Melis/Budapester Philh. Orch.	DC Hun 11 486
	Sawallisch/Varady, Fischer-Dieskau/Bayer. Staatsorchester	DG 2531 172
	Solti/Sass, Kovats/Philh. Orch. London	TIS SET 630 AW
Konzert für Orchester Sz 116	Fricsay/RSO Berlin	DG 2740 233
	Karajan/Berliner Philh.	EMI 065-02536
	Kubelik/Boston Symph. Orch.	DG 2530 049 IMS
	Maazel/Berliner Philh.	DG 2531 269
	Solti/London Symph. Orch.	Dec 642 573 AN
Musik für Saiteninstrumente, Schlagzeug und Celesta Sz 106	Boulez/BBC Symph. Orch.	CBS 79 406
	Fricsay/Rias-Sinf.-Orch. Berlin	DG 2740 233
	Karajan/Berliner Philh.	DG 2530 065 IMS
	Marriner/Academy of St. Martin-in-the-Fields	TIS ZRG 657 AW
	Solti/London Symph. Orch.	Dec 641 418 AN
Sonate für zwei Klaviere und Schlagzeug Sz 110	Bartók, Bartók-Pasztory, Baker, Rubsan	DC Hun 12 326/33
	Argerich, Bishop, Goudswaard, Roo	Ph 6768 053
	Brendel, Zelka, Schuster, Berger, Minarich, Zimmermann	FSM 34 465
	Klavierduo Kontarsky, Caskel, König	DG 2530 964

Ludwig van Beethoven

Konzert für Klavier und Orchester Nr. 5 op. 73 Es-Dur	Arrau/Haitink/Concertgebouw-Orch. Amsterdam	Ph 6527 055
	Backhaus/Schmidt-Isserstedt/ Wiener Philh.	Dec 641 919 AH

	Brendel/Mehta/Wiener Symph.	FSM VXDS 117
	Fischer/Furtwängler/Philh. Orch. London	EMI 027-00803 M
	Gilels/Szell/Cleveland Orch.	Ar 200450-250
	Kempff/Leitner/Berliner Philh.	DG 138777
	Pollini/Böhm/Wiener Philh.	DG 2531194
	Rubinstein/Leinsdorf/Boston Symph. Orch.	RCA 2648054 DT
	Serkin/Bernstein/New Yorker Philh.	CBS 61918
Konzert für Violine und	Ferras/Karajan/Berliner Philh.	DG 139021
Orchester op. 61 D-Dur	Heifetz/Munch/Boston Symph. Orch.	RCA 2648054 DT
	Kremer/Marriner/Academy of St. Martin-in-the-Fields	Ph 6514075
	Menuhin/Furtwängler/Philh. Orch. London	EMI 047-00117
	Mutter/Karajan/Berliner Philh.	DG 2531250
	Oistrach/Oistrach/Wiener Symph.	ArH 25932 K
	Perlman/Giulini/Philh. Orch. London	EMI 067-43063 T
	Stern/Bernstein/New Yorker Philh.	CBS 60123
	Zuckerman/Barenboim/Chicago Symph. Orch.	DG 2530903
Sinfonie Nr. 9 op. 125 d-Moll	Blomstedt/Döse, Schiml, Schreier, Adam/Rundfunkchor Leipzig, Chor der Staatsoper Dresden/Staatskapelle Dresden	RCA RL 30440 EF
	Böhm/Norman, Fassbänder, Domingo, Berry/Chor der Wiener Staatsoper/Wiener Philh.	DG 2741009
	Fricsay/Seefried, Forrester, Häfliger, Fischer-Dieskau/Chor d. St.-Hedwigs-Kathedrale Berlin/Berliner Philh.	DG 2535203
	Karajan/Janowitz, Rössl-Majdan, Kmentt, Berry/Wiener Singverein/Berliner Philh.	DG 2740261
	Munch/Price, Forrester, Poleri, Tozzi/New England Conservat. Chor/Boston Symph. Orch.	RCA GL 42085 AG
	Solti/Lorengar, Minton, Burrows, Talvela/Chor d. Chicago Symph. Orch./ Chicago Symph. Orch.	Dec 648025 DX

Alban Berg

Drei Stücke für Orchester op. 6	Karajan/Berliner Philh. Wakasugi/Sinf. Orch. d. WDR Köln	DG 2531 144 IMS EMI 065-99848

Luciano Berio

Circles für Stimme, Harfe und Schlagzeug	Berberian/Pierre, Drouet, Casadesus	Wer 60021-FSM 31027
Epifanie für Sopran und Orchester	Berberian/BBC Symph. Orch.	RCA 2635048 DX
Folk Songs für Sopran u. Orch.	Berberian/BBC Symph. Orch.	RCA 2635048 DX

Hector Berlioz

Requiem op. 5 (Gr. messe des morts)	Barenboim/Domingo/Chor und Orch. de Paris	DG 2707119
	Davis/Down/Wandsworth School Boys Chor/London Symph. Chor und Orch.	Ph 6768002
	Maazel/Riegel/Cleveland Chor und Orchester	TIS D 137 D 2 FA
	Munch/Schreier/Chor u. Sinf. Orch. d. Bayer. Rdf. München	DG 2726050
Romeo und Julia op. 17 Dramatische Sinfonie	Barenboim/Minton, Araiza, Bastin/Chor u. Orch. de Paris	DG 2707115
	Davis/Kern, Tear, Shirley-Quirk/London Symph. Chor u. Orch.	Ph 6747271
	Maazel/Ludwig, Sénéchal, Ghiaurov/Chor d. l'ORTF, Chor d. Wiener Staatsoper/Wiener Philh.	TIS SET 570/71 FA
Symphonie Fantastique op. 14 Episode aus dem Leben eines Künstlers	Barenboim/Orch. de Paris	DG 2531092
	Bernstein/New Yorker Philh.	CBS 61910
	Davis/London Symph. Orch.	Ph 6527081
	Karajan/Berliner Philh.	DG 2535256
	Maazel/Cleveland Orch.	CBS 76652
	Mehta/New Yorker Philh.	Dec 642612 AZ
Symphonie Funèbre et Triumphale op. 15	Davis/Concertgebouw-Orch. Amsterdam	Ph 6747271

Georges Bizet

L'Arlésienne Suite Nr. 1 und 2	Abbado/London Symph. Orch.	DG 2531329
	Bernstein/New Yorker Philh.	CBS 78229
	Davis/Toronto Symph.	CBS 36713
	Karajan/Berliner Philh.	DG 2530128
	Marriner/London Symph. Orch.	Ph 9500566

Pierre Boulez

Eclat	Thome/Orch. of our Time	FSM 31 113
Le Marteau sans Maître	Boulez/Deroubaix/Collot,	EMI 065-99831
Für Alt und sechs	Gazzelloni, Gucht, Ricou,	
Instrumente	Batigne, Stingl	

Benjamin Britten

War Requiem op. 66	Britten/Wischnewskaja, Pears,	Dec 635 157 EK
	Fischer-Dieskau/Bach-Chor	
	London, Highgate School	
	Chor/London Symph. Chor und	
	Orch., Melos Ensemble	
	London	
The Young Person's	Bernstein/New Yorker Philh.	CBS 72 567
Guide to the Orchestra	Britten/London Symph. Orch.	Dec 641 561 AN
op. 34 Variationen und Fuge	Kegel/Ludwig/Staatskapelle	Ar XB 89 518 K
über ein Thema von Purcell	Dresden	
	Maazel/Klavierduo Kontarsky	DG 2546 304
	Previn/Previn/London Symph.	EMI 037-02 558
	Orch.	

John Cage

First Construction in Metal	Farberman/London Percussion	FSM Mo 105 D
	Ensemble	

Aram Chatschaturjan

Gayaneh (1941)	Kachidse/Gr. Rdf.-Symph.	Ar 300 080-435
Ballett in drei Akten	Orch. d. UdSSR	
	Tjeknavorian/National Philh.	RCA RL 25 035 DX
	Orch. London	
Konzert für Klavier und	Oborin/Chatschaturjan/Gr.	ArXA 87 958 K
Orchester Des-Dur	Rdf.-Symph. Orch. der UdSSR	

Claude Debussy

Images pour Orchestre	Baudo/Tschech. Philh. Prag	Ar 204 373-250
Nr. 2 *Iberia*	Lehel/Budapester Symph.	DC Hun 11 876
La Mer	Ansermet/Orch. de la Suisse	Dec 635 502 EK
Trois Equisses	Romande	
Symphoniques	Barenboim/Orch. de Paris	DG 2531 056
	Boulez/New Philh. Orch.	CBS 75 533
	London	
	Karajan/Berliner Philh.	EMI 065-02953 Q
	Maazel/Cleveland Orch.	TIS SXL 6905 AW
	Munch/Orch. National de	FSM 34 637
	l'ORTF, Paris	
	Solti/Chicago Symph. Orch.	Dec 642 200 AS
	Szell/Cleveland Orch.	CBS 61 075

Prélude à l'après-midi d'un faune	Ansermet/Orch. de la Suisse Romande	Dec 635502 EK
	Boulez/New Philh. Orch. London	CBS 75533
	Karajan/Berliner Philh.	EMI 065-02953 Q
	Maazel/Philh. Orch. London	EMI 037 03014
	Munch/Boston Symph. Orch.	RCA 2641 187 AG
	Munch/Orch. National de l'ORTF	FSM 34637
	Previn/London Symph. Orch.	EMI 065-03692 T
	Solti/Chicago Symph. Orch.	Dec 642200 AS

Manuel de Falla

Der Dreispitz Ballett mit Altsolo	Ozawa/Berganza/Boston Symph. Orch.	DG 2530823

George Gershwin

Ein Amerikaner in Paris	Bernstein/New Yorker Philh.	CBS 75080
	Maazel/Cleveland Orch.	Dec 641 954 AS
	Mehta/Los Angeles Philh.	Dec 642377 AH
	Ormandy/Philadelphia Orch.	CBS 78214
	Previn/London Symph. Orch.	EMI 063-02199
	Slatkin/Hollywood Bowl Symph. Orch.	EMI 147-81 633/34

Zoltan Kodály

Háry János Suite 1926	Ferencsik/Budapester Philh. Orch.	DC Hun 1194
	Ormandy/Philadelphia Orch.	CBS 61 930

Franz Liszt

Konzert für Klavier und Orchester Nr. 1 Es-Dur	Arrau/Davis/London Symph. Orch.	Ph 6725013
	Argerich/Abbado/London Symph. Orch.	DG 139383
	Berman/Giulini/Wiener Symph.	DG 2530770
	Brendel/Haitink/London Philh. Orch.	PH 6500374
	Cherkassky/Wallberg/Bamberger Symph.	Ar XB 86992 K
	Richter/Kondraschin/London Symph. Orch.	Ph 5835474
	Rubinstein/Wallenstein/RCA Symph. Orch.	RCA RL 43659 AW

Gustav Mahler

Symphonie Nr. 3 d-Moll für Altsolo, Chor u. Orchester	Abbado/Norman/Wiener Sängerknaben, Chor d. Wiener Staatsoper/Wiener Philh.	DG 2741 010
	Haitink/Niederländ. Rundfunkchor, Knabenchor d. St. Willibrod Kirche Amsterdam/Concertgebouw-Orch. Amsterdam	PH 6747 435
	Kubelik/Thomas/Chor d. Bayer. Rdf., Tölzer Knabenchor/ Symph. Orch. d. Bayer. Rdf. München	DG 2726 063
	Levine/Horne/Frauenchor d. Chicago Symph. Orch., Glen Ellyn Kinderchor/Chicago Symph. Orch.	RCA RL 01 757 EK
	Solti/Watts/Ambrosian Singers, Wandsworth School Boys Chor/London Symph. Orch.	Dec 635 230 JY
Symphonie Nr. 4 G-Dur für Sopransolo u. Orchester	Abbado/Stade/Wiener Philh.	DG 2530 966
	Karajan/Mathis/Berliner Philh.	DG 2531 205
	Klemperer/Schwarzkopf/Philh. Orch. London	EMI 063-00553
	Kubelik/Morison/Symph. Orch. d. Bayer. Rdf. München	DG 2535 119
	Levine/Blegen/Chicago Symph. Orch.	RCA 2641 326 AW
	Mehta/Hendricks/Israel Philh. Orch.	Dec 642 601 AZ
	Solti/Stahlman/Concert-gebouw Orch. Amsterdam	Dec 635 230 JY
	Szell/Raskin/Cleveland Orch.	CBS 61 056
Symphonie Nr. 6 a-Moll	Abbado/Chicago Symph. Orch.	DG 2707 117
	Barbirolli/New Philh. Orch. London	EMI 161-01 285/86
	Karajan/Berliner Philh.	DG 2707 106
	Kubelik/Symph. Orch. d. Bayer. Rdf. München	DG 2726 065
	Neumann/Tschech. Philh. Prag	Ar 300 632–420
	Solti/Chicago Symph. Orch.	Dec 635 230 JY
Symphonie Nr. 7 e-Moll	Klemperer/New Philh. Orch. London	EMI 163-01 931/32
	Kubelik/Symph. Orch. d. Bayer. Rdf. München	DG 2726 066
	Levine/Chicago Symph. Orch.	RCA RL 04 245 EX
	Solti/Chicago Symph. Orch.	Dec 635 230 JY

Felix Mendelssohn-Batholdy

Ruy Blas Ouverture op. 95	Ansermet/Orch. de la Suisse Romande	Dec 648 157 DM
	Chmura/London Symph. Orch.	DG 2530 782 IMS

Darius Milhaud

La Création du Monde	Bernstein/Orch. National de France	EMI 065-02945 Q
Konzert für Schlagzeug und kleines Orchester	Daniel/Milhaud/Orch. v. Radio Luxemburg	FSM 31 013

Wolfgang Amadeus Mozart

Deutsche Tänze Nr. 1–12 K.V. 586	Paillard/Kammerorch. J. F. Paillard	RCA ZL 30 742 AW

Carl Nielsen

Symphonie Nr. 4 op. 29	Karajan/Berliner Philh.	DG 2532 029
Det Uutslukkelige	Schmidt/London Symph. Orch.	TIS KPM 7004 AV

Carl Orff

Catulli Carmina	Jochum/Auger, Ochman/Chor d. Dt. Oper Berlin	DG 2530 074
	Leitner/Pütz, Grobe/Chor u. Symph. Orch. d. WDR	RCA 4022 453 AS

Maurice Ravel

Daphnis et Chloë Ballett in drei Teilen	Abbado/New England Conserv. Chor/Boston Symph. Orch.	DG 2530 038 IMS
	Boulez/Camarata Singers/New Yorker Phil.	CBS 79 404
L'Enfant et les Sortilèges	Maazel/Chor d. RTF/Orch. National Paris	DG 138 675 IMS
	Previn/Ambrosian Singers/London Symph. Orch.	EMI 067-43 169 T
Ma Mère l'Oye	Boulez/New Yorker Phil.	CBS 79 404
	Giulini/Los Angeles Philh.	DG 2531 264
	Previn/Pittsburgh Symph. Orch.	Ph 9500 973
	Seibel/Nürnberger Symph.	Colos 6601
Miroirs (1905)	Bernstein/New Yorker Philh.	CBS 60 101
Nr. 4 *Alborado del gracioso*	Boulez/Cleveland Orch.	CBS 79 404
	Maazel/New Philh. Orch. London	EMI 063-02 312
	Muti/Philadelphia Orch.	EMI 067-43 268 T

322

Nikolai Rimskij-Korssakow

Scheherazade op. 35 Symphon. Dichtung n. 1001 Nacht	Bernstein/New Yorker Philh. Karajan/Berliner Philh. Kondraschin/Concertgebouw Orch. Amsterdam Muti/Philadelphia Orch. Previn/London Symph. Orch.	CBS 79330 DG 139022 Ph 9500681 EMI 067-43240 T RCA 2641 386 AG

Camille Saint-Saëns

Danse macabre op. 40	Barenboim/Orch. de Paris Dutoit/Philh. Orch. London Fried/Berliner Philh. Paray/Detroit Symph. Orch. Steinberg/Boston Symph. Orch.	DG 2531 331 TIS SXL 6975 AW DG 2740 259 Ph 6736 006 RCA 2641 209 AG

Erik Satie

Parade Ballett	Froment/Orch. v. Radio Luxemburg	FSM 31018

Arnold Schönberg

Gurre-Lieder für Soli, Chor u. Orchester	Kubelik/Borkh, Töpper, Fehenberger, Engen/Chor d. Bayer. Rdf./Symph. Orch. d. Bayer. Rdf. München Ozawa/Norman, Troyanos, Arnold, McCracken/ Tanglewood Festival Chor/ Boston Symph. Orch.	DG 2726 046 Ph 6769 038

Karlheinz Stockhausen

Gruppen (1955–57) für drei Orchester *Kontakte* für elektronische Klänge, Klavier und Schlagzeug	Stockhausen/Symph. Orch. d. WDR Köln Kontarsky, Caskel/ Stockhausen/Elektron. Studio WDR Köln	DG 137002 IMS DG 138811 IMS

Richard Strauss

Don Quixote op. 35 Phant. Variationen für Cello, Violine, Viola u. Orch.	Karajan/Rostropowitsch/Koch/ Berliner Philh. Kempe/Rostal, Tortelier/ Staatskapelle Dresden Toscanini/Guilet, Cooley, Miller/NBC Symph. Orch.	EMI 065-02641 Q EMI 137-53 260/69 RCA 2641 369 AG

Eine Alpensymphonie op. 64	Karajan/Berliner Philh.	DG 2532 015
	Kempe/Staatskapelle Dresden	EMI 063-02341 Q
	Mehta/Los Angeles Philh. Orch.	Dec 641 990 AW
	Solti/Symph. Orch. d. Bayer. Rdf. München	Dec 642 800 AZ
Till Eulenspiegels lustige Streiche op. 28 nach alter Schelmenweise in Rondoform	Ancerl/Tschech. Philh. Prag	Ar 301 026-435
	Böhm/Berliner Philh.	DG 2726 028
	Furtwängler/Berliner Philh.	DG 2535 816 IMS
	Karajan/Wiener Philh.	Dec 642 511 AH
	Keilberth/Berliner Philh.	Tel 642 889 BA
	Kempe/Staatskapelle Dresden	EMI 137-53260/69
	Maazel/Philh. Orch. London	EMI 037-00 781
	Munch/Boston Symph. Orch.	RCA VL 42 447 AG
	Solti/Chicago Symph. Orch.	Dec 642 006 AW
	Steinberg/Boston Symph. Orch.	RCA 2641 209 AG
	Szell/Cleveland Orch.	CBS 60 108

Igor Strawinsky

Die Geschichte vom Soldaten (1918)	Gobert, Striebeck, Meisel/Boston Symph. Chamber Players	DG 2530 489
Petruschka (1911) Burleske in vier Szenen	Abbado/London Symph. Orch.	DG 2532 010
	Ansermet/Orch. de la Suisse Romande	Dec 635 456 FK
	Boulez/New Yorker Philh.	CBS 79 318
	Dutoit/London Symph. Orch.	DG 2530 711 IMS
	Giulini/Chicago Symph. Orch.	EMI 151-54 146/ 49 Q
	Skrowaczewski/Minnesota Symph. Orch.	FSM 31 103
	Strawinsky/Columbia Symph. Orch.	CBS GM 31
Renard (1915/16) Burleske in einem Akt	Strawinsky/Driscoli, Shirley, Gramm, Murphy/Columbia Chamber Orch.	CBS GM 31
Le Sacre du Printemps (1913)	Abbado/London Symph. Orch.	DG 2530 635
	Ancerl/Tschech. Philh. Prag	BM 1609
	Ansermet/Orch. de la Suisse Romande	Dec 635 456 FK
	Boulez/Cleveland Orch.	CBS 79 318
	Karajan/Berliner Philh.	DG 2530 884
	Maazel/Cleveland Orch.	TIS T 10054 AY
	Mehta/Los Angeles Philh.	Dec 648 171 DM
	Skrowaczewski/Minnesota Orch.	FSM 31 108
	Strawinsky/Columbia Symph. Orch.	CBS GM 31

Peter Tschaikowskij

Ouverture 1812 op. 49	Barenboim/Chicago Symph. Orch.	DG 2532 022
	Bernstein/New Yorker Philh.	CBS 60 110
	Karajan/Don Kosaken Chor/Berliner Philh.	DG 2535 125
	Maazel/Chor d. Wiener Staatsoper/Wiener Philh.	CBS 37 252
	Markevitch/Concertgebouw Orch. Amsterdam	PH 6527 057
	Previn/London Symph. Orch.	EMI 063-02365 Q

Edgar Varèse

Ameriques *Hyperprism* für kl. Orch. u. Schlagzeug	Boulez/New Yorker Philh. Cerha/Die Reihe, Wien	CBS 76 520 FSM 331 028
Ionisation für Schlagzeug-Ensemble mit dreizehn Spielern	Boulez/New Yorker Philh. Cerha/Die Reihe, Wien Farberman/London Percussion Ensemble	CBS 76 520 FSM 331 028 FSM Mo 105 D

William Turner Walton

Belshazzar's Feast	Solti/Luxon/Philh. Chor und Orch. London	TIS SET 618 AW

Bundesrepublik Deutschland

M. Grabmann
Uerdinger Str. 692
D–415 Krefeld-Bockum
Tel. 0 21 51/59 94 17

B. Kolberg
Percussion GmbH
Stuttgarter Str. 157
D–7336 Uhingen
Tel. 0 71 61/3 76 96
Deutsche Vertretung von
Bergerault, Fance

Eugen Giannini
Reinhard-Rechenbach-Str. 2
D–6220 Rüdesheim am
Rhein
Tel. 0 67 22/43 27
vormals Zürich

Royal Percussion
Lochhammer Schlag 2
D–8032 Gräfefing bei
München

Sonor Schlaginstrumente
und Trommelfellfabrik
D–5920 Bad Berleburg-Aue
Tel. 0 27 59/791

Schweiz

M. M. Paiste & Sohn KG
Ch–6207 Nottwil
Tel. 0 45/54 13 16

Frankreich

Bergerault
P. O. Box 2
F–37240 Ligueil
Tel. 0 47/59 60 23

England

L. W. Hunt Drum Co. Ltd.
351 Edgware Road
London W 2 1 IBS

F. & H. Percussion Ltd.
131 Wapping High Street
London E 1

Percussion Services
17/23, Vale Royal
York Way, King's Cross
London N 7

Premier Drum Co. Ltd.
Blaby Road
Wigston
Leicester LE 8 2 DF

Whitechapel Bell Foundry
34 Whitechapel Road
London E1

USA

Avedis Zildjian Co.
Long Water Drive
Norwell, Mass. 0 2061

Niederlassung in der Schweiz:

Percussion S. A.
CH-1814 La Tour De Peiez
Tel. 0 21/54 12 07

Carroll Sound Inc.
895 Broadway
New York, N. Y. 10003

Franks Drum Shop Inc.
226 S. Wabash Ave.
Chicago, Illinois 60604

Hinger Touch – Tone Corp.
P. O. Box 232
Leonia, New Jersey 07605

Latin Percussion
160 Belmont Ave.
Garfield, New Jersey 07026

Ludwig Drum Co.
1728 N. Damen Ave.
Chicago, Illinois 60647

Remo Inc.
12804 Raymer Street
North Hollywood, Calif.
91605

Rogers Drums
1300 E. Valencia Drive
Fullerton, Calif. 92631

Slingerland, J. C. Deagan
6633 N. Milwaukee Ave.
Niles, Illinois 60648

Herausgeber-Danksagung

Herausgeber:	Yehudi Menuhin
Mitherausgeber:	Patrick Jenkins
Berater:	Martin Cooper
	Eric Fenby
	Robert Layton
	Denis Stevens
Zeichnungen:	Tony Matthews
Notenbeispiele:	Malcolm Lipkin
Photographien:	Jan Dickson
Gestaltung:	Paul Chevannes

Der Autor und die Herausgeber möchten denen Dank sagen, durch deren Mitarbeit die Wiedergabe von Beispielen aus Partituren möglich wurde. Besonderer Dank gebührt:
Breitkopf und Härtel Limited London: Berlioz, *Symphonie Fantastique;* Liszt, *Klavierkonzert Nummer 1.*
Universal Edition Limited London: Bartók, *Musik für Saiteninstrumente, Schlagzeug und Celesta;* Boulez, *Le Marteau sans Maître;* Liebermann, *Geigy Festival Konzert für Basler Trommel und Orchester;* Stockhausen, *Kontakte.*

Oxford University Press: Gerhard, *Concert for Eight.*
Walton, *Façade.*

Boosey und Hawkes Musik Publishers Limited: Bartók,
Konzert für Orchester; Britten, *War Requiem, Turn of the
Screw und Nocturne für Tenor Solo, sieben obligate Instru-
mente und Streicher.*

Anglo-Soviet Music Press Limited: Chatschaturjan, *Ballett
Gayaneh.*

Schott und Co. Limited: Tipett, *The Knot Garden.*

Edition Durand et Cie., Paris: Ravel, *Ma Mère l'Oye.*

Enoch et Cie.: Milhaud, *Konzert für Marimbaphon und Vibraphon.*

J & W Chester Limited/Edition Wilhelm Hensen Limited
London: Strawinsky, *Die Geschichte vom Soldaten.*

Premier Drum Company: Hackford, *Hittin' 'Em Up.*

Vielen habe ich für ihre Hilfe an diesem Buch zu danken. Zu-
allererst möchte ich meiner Frau Rita danken für alle Stunden geduldiger Arbeit, mein gewöhnlich unleserliches Ge-
schreibsel und meine Notizen in die Ordnung der Maschinen-
schrift umzuwandeln; zweitens, meinen Berufskollegen, vor
allem der BBC Symphony-Group, für ihre Hilfe und Geduld
bei meinen ewigen Fragereien; besonders erwähnen möchte
ich John Chimes, Terry Emery, David Johnson, Janos Keszei
und Kevin Nutty. Dank auch an James Blades, David Cork-
hill, Michael Frye, Kurt Goedicke, Nigel Shipway, L.W. Hunt
Drum Co., Percussion Services, F & H Percussion Hire und
allen denen, die mit Zeichnungen und Photographien geholfen haben.

Die Edition Sven Erik Bergh